本书是国家社科基金项目“基于管理沟通的图书馆组织文化研究”（编号：13BTQ001）的研究成果之一

公共图书馆组织文化诊断：模型与方法

Diagnosis of Public Libraries' Organizational Culture：Model and Method

张文亮　著

海洋出版社

2015 年 · 北京

内 容 简 介

公共图书馆组织文化是公共图书馆在长期的实践活动中所形成的并且为公共图书馆的所有员工普遍认可并遵循的具有自身特色的价值观念、团体意识、行为规范和思维模式的总和。卓越的组织文化能够凝聚组织的价值观，并潜移默化地影响馆员个人的性格、态度和能力。一般而言，组织文化建设要经历诊断、设计、实施等过程，诊断是组织文化建设的起点，本研究以组织文化诊断为切入点，为公共图书馆组织文化建设提供理论指导。本研究通过专家访谈、图书馆员访谈、专家问卷调查和案例研究构建了公共图书馆组织文化诊断模型，为公共图书馆组织文化诊断提供一个具有适用性和可操作性的参考模型。在此基础上，提出了图书馆组织文化诊断的方法与策略。

图书在版编目（CIP）数据

公共图书馆组织文化诊断：模型与方法/张文亮著. —北京：海洋出版社，2015.9

ISBN 978-7-5027-9238-1

Ⅰ. ①公… Ⅱ. ①张… Ⅲ. ①公共图书馆-组织文化-研究 Ⅳ. ①G258. 2

中国版本图书馆 CIP 数据核字（2015）第 220614 号

责任编辑：杨海萍　张　欣
责任印制：赵麟苏
海洋出版社　出版发行
http://www.oceanpress.com.cn
北京市海淀区大慧寺路 8 号　邮编：100081
北京朝阳印刷厂有限责任公司　　新华书店发行所经销
2016 年 1 月第 1 版　2016 年 1 月北京第 1 次印刷
开本：787mm×1092mm　1/16　印张：18.75
字数：326 千字　定价：56.00 元
发行部：62132549　邮购部：68038093　总编室：62114335

谨以本书献给我的父亲母亲

勤劳善良的刘艳华女士
为我付出一切的张有成先生

序

图书馆作为保存和传播人类文明记录的社会组织存在，有着悠久的历史，其本质为一种文化镜像。虽然文化作为一个最复杂的概念被学术界广泛讨论并产生无数的定义，但人们总是用这一概念去反映社会的某种形态，概括由人类创造的物质财富和精神财富，表现人的行为、知识、思想、信仰、价值观等等。在著名图书馆学家谢拉看来，古代苏美尔人和埃及人就是因为人们需要建立了图书馆，对于文化一代又一代的传播，对于克服个人记忆的局限性，对于培养传教士，对商业贸易和其他需要历史记载的事务交流、处理国务等，文化记载的保存是极其必要的。谢拉在《图书馆学基本原理》中指出：文化由物质设施、学术成就和社会组织三个方面维持继续着，图书馆是社会文化交流体系中的一个重要机构。

在20世纪80年代管理学界掀起“组织文化”热潮之前，图书馆学界普遍重视图书馆与文化的关联，不仅定义图书馆为文化机构，而且特别关注图书馆外部的文化环境。图书馆被誉为“文化殿堂”“文化中心”“文化事业”等，文化成为影响图书馆事业的重要因素，也成为各类型图书馆特别是公共图书馆管理和服务的重要内容。

自从组织文化引入图书馆，其意义在于在图书馆学领域对图书馆的文化机构认知上升到从组织文化的角度研究图书馆，从而打开了图书馆学的另一个视域。从文化的视角看待图书馆，图书馆是人类一种特有的社会现象，具体表现为文化现象，是社会发展到一定阶段的必然产物和精神财富积累的必然结果。而从组织文化的角度，图书馆作为组织存在，其组织内部存在着特有的一种运作过程及其规律，其中反映出鲜明的文化特性，这是作为一种组织必定具备的共性。

然而，组织文化毕竟源起于企业，图书馆作为非营利机构与作为营利机构的企业在组织性质上有着根本的区别，这是研究图书馆组织文化所不能回避的。虽然组织文化的原理与方法能否适用于图书馆已得到了很好的证明，但是，图书馆的公共组织、文化组织性质决定了图书馆组织文化既有与企业文化相通之处，又有其自身特有的某种规律存在，这便是图书馆学人首先要解决的一个关键问题。

图书馆组织文化的概念一经确立，随着相关研究成果的增多，图书馆组织文化的要素、过程、实践等不断丰富，建立起理论基础的“平台”和基本原理的“车间”“厂房”等，于是在图书馆管理领域形成了一个新生的领地。它的价值不仅仅在于增加了一个新的管理主题与形式，扩大了图书馆管理的范畴，更在于将图书馆管理提高到一个新水平，这个新水平超越了多少年来图书馆界的科学管理，突破了现有图书馆管理的局限性，特别是弥补了现有管理的不足。

近几年来，我带领博士团队在图书馆管理学科建设和重要的管理领域——图书馆知识管理、图书馆战略管理等进行探索，取得了一些建树。在此基础上，致力于图书馆组织文化理论建构。理论研究总是建立在丰富的实践基础之上的。我坚信，随着图书馆组织文化理论的强化和实践的加强，研究不断向广度和深度发展，最终会建立起图书馆组织文化的理论体系，从而产生图书馆学的一门新的学科——图书馆组织文化学。

在我国，图书馆组织文化是图书馆学的前沿研究领域，这一领域的研究必须是开拓性的，少有可依赖的基础。实际上，从事这一领域的研究有很大的难度，一方面是因为理论性很强，需要有较高的理论素养和学术积淀，另一方面是因为组织文化研究问题比较复杂，许多关键问题难以解决，因此这类研究对研究者来说是一个严峻的挑战。

张文亮同志考入南开大学攻读博士学位，在比较扎实的基础理论学习和比较严格的科学研究训练之后，选择了公共图书馆组织文化诊断这样一个具有相当难度且具挑战性的重要课题开展博士研究工作，这是难能可贵的。他跟随我到山西完成了国家图书馆研究院组织的公共图书馆调查，是《公共图书馆服务体系的探索与实践——山西调研报告》的主要执笔人之一。在我主持完成的国家社会科学基金重点项目《公共文化服务体系中的图书馆战略规划模型与实证研究》中，他承担重要任务，是国家哲学社会科学成果文库《图书馆战略规划研究》的主要作者。在天津财经大学唐承秀研究馆员主持的国家社会科学基金项目《基于管理沟通的图书馆组织文化研究》中，发挥重要作用，发表相关学术论文。在第十二届海峡两岸图书资讯学术研讨会上，他作了关于农村公共文化的大会发言，引起同行关注。在博士研究生学习期间，他取得了比较突出的成绩且完成了学术质量较高的博士学位论文，最终通过了答辩。本书就是在博士论文的基础上修改而成的。

《公共图书馆组织文化诊断：模型与方法》一书有三个比较突出的特色，一是在视角和理论方面，本书基于组织文化的理论，选择了“组织文化诊断”

这样一个新颖的视角，研究公共图书馆的组织文化问题。为避免一般理论移植简单化和肤浅的诟病，他用很大的精力去钻研管理学和组织文化理论，努力丰富自己的管理学、文化学等多学科知识，力求成为组织文化的专家。建立在这样的基础上，探讨组织文化理论与图书馆管理理论的结合点，鉴于组织文化建设要经历诊断、设计、实施等过程，而诊断是这一过程的起点，从而将组织文化诊断这一个理论引入图书馆管理，并界定公共图书馆组织文化诊断的主体、过程和内容，在广泛进行国内外文献调研的基础上，厘定概念范畴，条别思想源流，集众家之长，构建了公共图书馆组织文化诊断的基本理论框架。二是在研究方法、问题的广度和深度方面，理论研究与实证研究相结合，着眼于图书馆事业发展和文化建设的大环境，深入到公共图书馆组织文化之中。比较突出的是作者大胆探索，在我国图书馆组织文化研究中闯出了一条实证道路，应用专家访谈、图书馆员访谈和专家问卷调查等多种方法，遵循研究方法论的原理和原则，严格学术规范，注重科学研究的信度和效度，从诊断主体、内容和过程三个维度深入分析，构建了公共图书馆组织文化诊断整合模型，并进行了验证。三是在现实和实践方面，面向公共图书馆组织文化的现实问题，解决实践中的突出矛盾是学者的使命和任务，而不仅仅将研究重心停留在解决理论困惑。作者理论联系实际，借鉴国外公共图书馆的经验，寻求适合我国公共图书馆的一种模式。为深入实际，作者专门到山东省图书馆长时间工作，进行组织文化诊断的实施，并将实践经历和收获做为本书的案例，剀切中理。

张文亮同志博士毕业后，进入辽宁师范大学管理学院，成为一名青年教师，在学术上表现活跃，积极进取，成果殷实。作为张文亮的博士指导教师，我祝贺他近几年来取得的突出成绩，祝贺这本书出版！同时，祝愿他在今后的学术道路上，发愤探索，取得骄人的成就！

柯平

2015 年 5 月 27 日于南开大学龙兴里

目　录

第一章　绪论

组织中的文化被认为是组织成员的共同信念、价值观、行为准则等的集合体，是通过日积月累而逐渐形成的，它所产生的作用在社会和组织中是至关重要。无论对于个人、组织还是国家，文化通过在社会与组织中的渗透而不断演变，逐渐作用到个体，进而影响到个人和组织的行为。在管理学的视域下，文化管理作为一种软管理方式已经成为组织管理的有效手段，许多研究发现组织文化对组织绩效具有重大意义①。组织文化的概念肇始于 20 世纪 70 年代末，尽管仅有短短的 30 余年，但是已经发展成为继经验管理、科学管理之后的又一大流派——文化管理流派，是由“人治”到“法治”再到“文治”的管理转向。组织文化可以帮助组织营造良好的组织氛围，诸多成功的企业都已形成独具特色的组织文化。例如，瑞典宜家的组织文化是“平等和容忍”、美国沃尔玛的组织文化是“尊重每一个人”、著名的美国希尔顿饭店的组织文化是“宾至如归”、海尔集团的组织文化的核心是“创新”等。

近些年，我国不断推进公共文化服务体系建设并实施了免费开放政策，我国公共图书馆的社会化程度越来越高。我国公共图书馆事业发展迅速，经历着新技术、新制度、新管理方式等的重大变革，为了应对内外环境的变革，要求公共图书馆建立适宜的组织文化来适应瞬息万变的环境。一方面，要调整公共图书馆内部文化以同不断变化的社会文化、国家文化相适应。另一方面，要通过组织文化建设来树立良好的公共图书馆形象以获得公众的理解和认同。当前，一些公共图书馆意识到了组织文化的柔性管理作用，主动开展了组织文化建设，例如上海市图书馆、东莞市图书馆、福田区图书馆等。尽管如此，公共图书馆行业整体上对组织文化建设重视程度仍不足，多数图书馆未能将管理上升到组织文化的高度，在组织文化建设过程中，许多图书馆并不了解自身的组织文化现状，因而对建设什么样的组织文化深感迷茫。基于这一现实问题，本研究提出公共图书馆组织文化诊断的模型和方法，为公共图书馆了解自身组织文化现状，发现问题及谋划未来提供指导。

---

① 卡梅隆，奎恩著；谢晓龙译. 组织文化诊断与变革［M］. 北京：中国人民大学出版社，2006：5.

第一节 研究背景与意义

一、研究背景

（一）文化管理的大趋势

现代管理学之父 Drucker 曾指出：“管理，应以文化为基础”①，文化作为一种软管理手段，深受理论界学者们的重视。管理学视域下，普遍认为组织文化是日积月累所形成的具有组织自身特色，并且为组织中的所有成员认同的基本信念、价值观、道德准则、行为规范等（Pettigrew，1979；Robbins，1997）。组织文化的兴起是管理学发展到一定阶段的必然产物，它产生于20世纪80年代美国对日本企业在战后迅速崛起的反思，一些学者们的研究发现与美国企业重视理性的“硬管理”不同，日本企业不仅重视“硬管理”，而且重视“软管理”，强调文化因素的重要作用。这一时期成功的日本企业重视树立共同的价值观，利用多种手段进行组织文化的建设来增加员工对组织的认同感与凝聚力，从而达到了提高组织核心竞争力的目标。

20世纪80年代，《Z理论—美国企业界怎样迎接日本的挑战》、《企业文化—现代企业精神支柱》、《追求卓越—美国成功公司的经验》和《日本企业管理艺术》这四部组织文化经典著作的出版是组织文化理论研究兴起的标志，这一时期的研究对组织文化的概念内涵、要素、结构、类型和功能作用等进行了探讨，并且对组织文化与领导力、战略、组织气候、人力资源、品牌等企业管理要素的关系进行了深入研究，确立了组织文化的基本理论。

20世纪90年代以来，组织文化的研究对象也由企业开始向其他机构拓展，如学校、医院、体育馆、图书馆等。研究的内容开始向多个维度并行发展，基本理论的研究更加深入，开始关注组织文化与组织效率和组织成长的应用研究，同时许多学者将研究视角放在了组织文化的量化方面，提出了多个具有可操作性的可用于组织文化测量、诊断和评估的模型。

组织文化在塑造工作环境、提高工作效率和助力组织成功等方面扮演着积极的角色，对于组织管理而言具有十分重要的意义。组织文化理论的产生、发展与完善，是管理学领域的一次新的思想上的转变。跨入21世纪，知识经

① 彼得·德鲁克．管理——任务、责任与实践［M］．北京：中国社会科学出版社，1987：11.

济时代的来临引发了新的管理变革，以往靠权责体系、规章制度等强制管理的方式逐渐不能适应知识主导型企业的管理，而通过树立员工的共同核心价值观，营造良好文化环境能够有效地提高组织效率，逐渐开始了从科学管理向文化管理的转向。管理领域对文化管理的关注，也引发了作为公益性文化服务机构的公共图书馆对自身文化管理的思考。

（二）内外环境变革与公共图书馆组织文化适应的需要

变化与发展是永恒的主题，世界上没有哪一种事物是永恒不变的，组织也概莫能外。不管是由于组织内在矛盾的冲突还是外在客观环境的变化，当组织目前的状况不能适应组织未来发展要求时，组织就需要进行相应地变革以认识组织自身发展的规律，同时敏锐地洞察外界环境的变化，扬长避短，不断自我完善。当组织生存、发展的客观条件发生了根本性的变化时，组织文化也需要相应地调整来应对组织的变化。

一般而言，过去20年里全面质量管理、减小规模法和流程再造法是三种比较常见的组织变革方法，然而，许多组织在进行变革转型中却没有获得成功，卡梅隆等人找到了真正的问题所在，这些变革并未触及到组织的根基，即组织文化的改变。即使方法和技术可以实施，策略运行得很有信心，许多努力仍然会因为代表组织根基的文化未改变而付诸东流①。这些代表组织根基的文化就是组织的价值观、思考方式、管理风格、处理问题的方式等。因此，只有改变组织文化，才能从根本上完成组织变革以适应新的环境。

对于一个组织来讲，要想生存就必须要针对这些变化而作相应的调整。一方面，组织文化变革是社会文化变革在组织内的反映；另一方面，它又是组织生存发展的必然要求。当组织原有文化体系难以适应组织运营发展的需要而陷入困境时，就必然通过文化变革创建新的组织文化。首先，它是组织文化产生飞跃的重要契机。在一般情况下，组织文化变革对组织文化发展有着促进作用，而在某些特定条件下，组织文化变革也有可能引起组织文化的负功能的出现。因此，正确认识组织文化变革的本质特征，对于促进组织文化的进步具有重要意义。其次，组织可以通过对其文化现状进行深刻剖析，广泛地吸取其他文化的精华，积极推动组织文化的发展。及时根据环境的变化，把握时机，进行有计划的变革。最后，组织文化对于形成和维系组织的

① 卡梅隆，奎恩著；谢晓龙译．组织文化诊断与变革［M］．北京：中国人民大学出版社，2006：8．

竞争力有着重要的作用。因为变革是一个持续的过程，它不仅仅表现为组织面临战略转型、组织转型、资源重整，或是面临并购重组时所必需的文化的内驱力，而且体现在组织的整个发展变化中。通过组织文化变革可以有计划、持续性地对组织文化进行评估与改进①。

图书馆是一个保存人类记忆的地方，它起源于人们对文献的收集和长久保存的需求。按照类型的不同，有公共图书馆、高校图书馆、专业图书馆等之分，不同类型的图书馆承担着不同的使命。而从基本功能上而言，各个类型的图书馆基本一致，它们的主要功能是收集、保存和传播知识。在这些类型的图书馆之中，公共图书馆具有独特性，它是为社会公众提供服务的，是市民获取知识的重要场所。1995 年由联合国教科文组织和国际图联共同颁布的《公共图书馆宣言》中将公共图书馆定义为“作为人们寻求知识的重要渠道，它为个人和社会群体进行终身教育、自主决策和文化发展提供基本条件。”公共图书馆的雏形可以追溯至欧洲早期的会员制图书馆（subscription library)，由一些类似于读书俱乐部的形式发展而来。在我国近代也有一些类似的图书馆，诸如上海通信图书馆、中华业余图书馆等。而真正意义上的公共图书馆普遍认为是起始于 1833 年美国新罕布尔州的一个小镇上②。公共图书馆已经由最初的为会员提供书籍和场所发展成为社会公众提供书籍的社会教育场所，直到今天完全面向社会开放的，并由读者广泛参与的一个文献信息的资源与共享的中心。

1931 年，Ranganathan 提出了图书馆学五定律，即：“书是为了用的；每个读者有其书；每本书有其读者；节省读者的时间；图书馆是一个生长着的有机体”③。这五个定律被誉为对图书馆职业的最简明的描述，成为了公共图书馆简要的服务精神。1995 年，美国学者 Gorman 在此基础上提出了新五定律，即：图书馆服务于人类文化掌握各种知识传播方式；明智地采用科学技术、提高服务质量；确保知识的自由存取；尊重过去，开创未来。这一提法尽管有其新意，却不足为训④。但是，新五定律却反应了图书馆组织环境的变

① 石伟主编．组织文化［M］．上海：复旦大学出版社，2010：211－212.

② Harris, Michael H.. The Role of the Public Library in American Life: A Speculative Survey. Occasional papers (University of Illinois, Graduate School of Library Science) : Uni－versity of Illinois, Graduate School of Library Science: 1975.

③ （印）阮冈纳赞著，夏云等译．图书馆学五定律［M］．书目文献出版社，1988.

④ 黄俊贵．图书馆原理论略—从阮冈纳赞五定律及戈曼新五定律说起［J］．中国图书馆学报，2001（02）：5－10.

革，包括服务范围不断拓宽、知识传播途径不断增多、科技水平不断提升、知识获取更为自由、组织发展更加关注未来的变化等。

21 世纪，公共图书馆组织的内外环境变革更为剧烈。从宏观来看，国际和国家的政治、经济、文化、教育、科技等均对公共图书馆的发展产生或多或少的影响。此外，公共图书馆的读者、上级主管部门、相关部门（博物馆、档案馆、文化馆等）等也对图书馆的发展产生影响。从微观来看，公共图书馆组织的馆藏资源、人员构成、技术水平、服务水平等均有显著的变化。在我国，改革开放以来的公共图书馆事业发展也十分迅速，公共图书馆的基础设施（建筑、空间、馆藏等）、技术、服务水平等产生了翻天覆地的变化。公共图书馆数量在稳步增加，从建国初期 1949 年的 55 个，增加至 2013 年底的 3112 个[①]。此外，从基本数据来看，从业人员数量、馆藏总量、技术设施、服务水平等方面的数据均呈现逐年递增的上升趋势。随着时间的推移和技术的进步，公共图书馆组织也同样经历着多种变革。为了适应信息时代的发展，公共图书馆由闭架借阅改为了开架借阅；经历了有偿开放到免费开放；由提供信息服务开始向提供知识服务转变。时至今日，公共图书馆的发展已有重大变革，完成了从传统的阅读场所到空间场所再到制造场所的角色转变。传统的公共图书馆以为读者提供书籍借阅服务为己任，而信息共享空间、创客空间等理念的出现更为突出了公共图书馆的场所功能。另外，“3D 打印机”、“挖掘机”、“缝纫机”等在公共图书馆的出现，更进一步地显示了公共图书馆制造空间的功能。在变革中，公共图书馆正积极的调整应对，因而也需要相应的组织文化与未来的组织发展相匹配，只有这样才能真正提高图书馆的组织绩效。

从今天的社会发展而言，公共图书馆的发展与新的社会价值观之间还存在一些滞后，这是促进公共图书馆进行组织文化变革的动力之一。具体而言表现为以下几个方面：

1. 技术壁垒

技术是维持图书馆不断更新、进步的一个重要工具。随着技术的发展，图书馆若不能及时转变思想、引入新技术就会落后于社会的发展。随着数字环境的发展，学术研究正向新的范式开始转向，而目前的一些图书馆缺少支

① 中华人民共和国国家统计局公共图书馆基本情况年度数据［EB/OL］.［2015－06－03］. http：//data. stats. gov. cn/workspace/index；jsessionid＝90C40B2EA34D9373ED20E8D2FB197D30？m＝hgnd.

持性工具来支持“数字学术研究”，尚缺乏支持类似RSS新闻网志聚合的信息重组工具和支持网络教育的多媒体教学辅助工具等。此外，随着图书馆信息资源共享的成熟发展，互联网环境下的文档共享、工作数据共享与在线传输变得逐渐普遍，技术上对Web服务整合中的信息流控制、对个人信息习惯的隐私保护尤为重要。第三，移动技术的发展对图书馆的发展来说是一种冲击，智能手机、Ipod、Ipad等数字类型设备的广泛应用使得手持设备的存取技术发展迅速，但是目前多数图书馆还集中于传统个人PC中数字内容的管理。尽管上述这些例子并不能列举全部的技术壁垒，但至少它们能够说明在公共图书馆领域中备受关注的技术。

2. 制度壁垒

制度与技术之间的界限并不能够严格地进行划分，就目前的大多数公共图书馆而言，很少有图书馆能够仅靠技术或制度维持运营。以图书馆的资源利用为例，其电子资源管理要依靠技术对多媒体内容资源进行处理，而读者个人资源的利用却在制度上要依赖馆员或相关专家的培训指导。图书馆一方面要为读者从制度层面提供物理空间和硬件设施，并且同样地要在技术层面为读者提供虚拟空间和相关软件（OPAC、信息门户、iTunes、学习管理系统等）。制度层面的解决方案能够弥合图书馆和网络用户之间存在的鸿沟。其一，植入搜索工具，如馆藏目录搜索工具OPAC、Google Scholar搜索、知识发现搜索SFX等能够让读者快速地获取所需的图书馆资源。其二，链接导航。在本馆电子资源的主页面提供不同学科的大型开放存取数据库的链接能够指引读者获取更多有用的可获取资源。再有，建立及时有效的网络存取机制来取代图书馆原有的扁平化的组织结构。仅仅通过引入新技术并不能够解决图书馆面临的全部问题，而制度层面的不断改进和引导能够逐渐改变这些技术上面临的困境。

3. 机会缺失

随着技术的发展，公共图书馆资源的爆炸性增长的加剧，图书馆的灵活性对于新环境下成长的学习者或者研究者而言更加重要。一般而言，图书馆文化极为固化，很少能为新技术或灵活性的制度提供机会。通常一个公共图书馆的管理体系多年内都不会做重大调整，尽管公共图书馆的资源在不断扩张，服务形式在不断变化，而资源的组织和读者的知识发现之间的关联却缺少机会进行融合。这些机会可能是支持读者自助学习的机会、网络信息搜寻的机会、网络信息交互与传播的机会、按照用户需求应用新技术提供便捷服务的机会、在网络环境下通过图书馆网站重新定义管理、安全和政策边界的机会、“原生数字信息”的保存机会等。

这些现象多和公共图书馆在为大众设计、建设或提供计算机基础设施相关联。在诸多环境因素变化的驱动下，尤其是计算机技术和网络技术高速发展的现代社会，公共图书馆更应该确立的基本问题是应该拓展其用户服务的未来发展方向以及其对用户的期望①，来弥合公共图书馆与社会中的个人价值之间、公共图书馆与社会价值之间的鸿沟。

（三）理论与实践中对公共图书馆组织文化诊断的忽视

我国图书馆的发展历史久远，其雏形可以追溯至古代的藏书楼，历经社会变迁、国家制度设计变革、行业技术发展、藏书发展、服务方式变革、读者素质变革等内外环境的不断变化，公共图书馆的管理也由初期的经验管理完成了向科学管理的过度，而随着管理思潮的不断演进，科学管理开始向文化管理转向，柯平认为组织文化将成为图书馆管理的核心问题之一②。

在近百年的历史进程中，我国公共图书馆通过不断的积累形成了独具特色的组织文化，但是从组织文化呈现的状态来看，有的是自觉的，有的是自主的。自觉的组织文化是自由发展的，组织并没有主动地挖掘其价值和意义。相应地，自主的组织文化是成体系的，是组织有意识开展的一系列的组织文化建设活动。在我国公共图书馆领域，自主的组织文化建设直至近几年才刚刚出现，如上海市图书馆、深圳市图书馆、深圳福田图书馆、陕西省图书馆、东莞市图书馆等。然而，多数公共图书馆的组织文化仍然处于自觉的状态，尚未进入到自主建设的状态。这从一定程度上反映了许多公共图书馆对于自身的组织文化现状还不够了解，组织文化建设的时机还不成熟。

我国图书馆学界的组织文化研究开始于20世纪80年代末，早期的理论研究是从企业组织文化研究中的理论移植，探讨了图书馆组织文化的概念、内涵、类型、结构与功能等基本理论问题。直至今日，图书馆学界的组织文化研究已经近25年的时间，研究文献在稳步增加，学界对其研究的兴趣越发浓厚。然而，现有理论研究仍存在一些问题。首先，理论研究中观点性研究居多，实证研究则比较少；其次，对企业文化理论移植的居多，对图书馆组

① McDonald R H, Thomas C. Disconnects between library culture and millennial generation values [J]. Educause quarterly, 2006, 29 (4): 4.

② 柯平. 从科学管理到文化管理—关于图书馆组织文化的战略思考 [J]. 大学图书馆学报, 2013 (3): 44-49.

织文化实践总结的文献较少；第三，关注高校图书馆领域组织文化的研究居多，关注公共图书馆领域组织文化的研究较少。第四，关注图书馆组织文化建设的文献居多，关注组织文化其他层面的文献少。而组织文化建设要经由诊断、设计、变革等一系列过程，理论研究中只关注了宏观层面，缺乏微观层面的研究。

实践中，近些年公共图书馆管理领域的诸多管理措施，例如质量管理、目标管理、战略管理等都为公共图书馆组织文化建设打下了基础。本质上看，归根结底这些管理措施是在塑造一种适合公共图书馆未来发展的组织文化。此外国外图书馆组织文化实践也可为我国公共图书馆组织文化建设提供一些可以借鉴的范本。例如，新加坡图书馆提出了承担责任、学习的热情、团队合作与分享、重视社区、客户服务与卓越的承诺的价值观体系；美国劳顿郡公共图书馆提倡的组织文化是服务、奉献、激励自主、创意和积极向上；美国洛杉矶县公共图书馆提出诚实、创新、团队合作、民众服务、带头领先的价值观体系；

在我国，尽管公共图书馆组织文化实践起步较晚，但是仍取得了一些成就。例如，香港公共图书馆服务体系提出以客为本、创意无限、专业精神、讲求成效、成本效益、精益求精的价值观体系；上海市图书馆进行了理念识别、行为识别和视觉识别，提出了精致服务、至诚合作、引领学习、激扬智慧的核心价值观体系；东莞图书馆提出服务惠民、业务创新、智慧奉献、学习成长的价值观体系等；然而从实际情况而言，东部发达地区的公共图书馆组织文化建设要好于我国中西部地区，能够主动进行组织文化建设的公共图书馆多分布在发达地区。

总体而言，公共图书馆的组织文化管理还存在一些认识上的误区和实际操作中的偏差。一方面多数公共图书馆还没有意识到组织文化的重要性，对图书馆中的文化现象认知度较低，甚至将组织文化同工会活动相混淆。另一方面，一些公共图书馆也具有了文化管理的意识，积极探索公共图书馆组织文化建设的道路。但是，一些公共图书馆的组织文化建设，缺乏组织文化诊断、设计与变革等必要过程，致使公共图书馆组织文化建设的水平不一，缺乏科学、规范的依据。

基于上述研究背景，本研究以问题为导向从公共图书馆组织文化的诊断入手，着力于解决公共图书馆组织文化实践中缺乏理论指导和实际操作工具的现实问题。研究公共图书馆组织文化诊断的模型与方法，力图将管理学中组织文化理论进行学科内化，为公共图书馆组织文化建设实践提供理论参考和操作工具。

二、研究意义

一个图书馆如果没有自己的组织文化，那么组织就没有一个明确的目标，更谈不上为读者提供优质的服务。公共图书馆作为服务公众的文化机构，有其自身特色的组织文化。组织文化是存在于公共图书馆组织之中的，之所以被人们所忽视，其关键的因素在于公共图书馆的领导者没有主动地去建设组织文化，有意识地去实施组织文化。尽管在短时间内不会对组织产生较大影响，但是从长远发展来看却存在着隐患。组织文化是公共图书馆综合素质的体现，是知识时代生存发展的土壤，要适应经济全球化和知识经济发展，那么公共图书馆应该努力建设富有生机和朝气的组织文化，营造组织的共同价值观，更好地服务于社会、服务于教育、服务于民众。本研究通过对公共图书馆组织文化诊断模型和方法的研究，力图为公共图书馆组织文化建设提供理论指导和操作工具，具有一定的理论意义和现实意义。

（一）理论意义

1. 有利于图书馆管理理论体系的丰富

图书馆管理理论是在不断吸取其他行业先进的管理思想、方法和手段的基础上发展完善的。文化作为一种管理的“软手段”，其有关研究发端于企业界，并取得了成功，直至引入到了其他组织，从概念上也由企业文化演变为了组织文化。公共图书馆作为一个非盈利性的服务组织，在引入有关组织文化理论的同时，需要对其进行转化，使之适应公共图书馆的组织环境。目前国内学界尽管有对公共图书馆组织文化的探讨，但是都没有形成系统的理论认识。国内外的研究也大多集中在概念性、功能性介绍以及图书馆组织文化构成的分析，对公共图书馆组织文化识别、诊断与变革的过程与方法深入系统分析并不多见。本研究力图从构建中国国情下的公共图书馆组织文化诊断模型入手，理论与实证研究相结合，就公共图书馆组织文化诊断的理论依据、实证模型和方法策略进行研究，力求构建公共图书馆组织文化诊断的理论框架，以此充实和完善图书馆管理的理论体系。

2. 有利于发展和完善公共图书馆组织文化评价的相关理论

现有研究文献中关于图书馆组织文化评价的理论、方法和工具等的研究比较匮乏，并且多以高校图书馆作为研究对象，对公共图书馆的关注甚少。并且我国每五年都会进行一次公共图书馆评估，组织文化的评价也可作为评价指标之一。本研究结合组织文化的相关理论，结合我国公共图书馆实际，构建适合我国情境的公共图书馆的组织文化诊断模型，发展和完善图书馆组织文化评价的相关理论。

（二）现实意义

1. 有利于厘清公共图书馆界对组织文化认识的误解与偏差

在公共图书馆组织文化建设实践中，领导及图书馆员对于公共图书馆组织文化的理解和认知存在误解和偏差，存在着将工会活动等同于组织文化、将图书馆形象等同于组织文化、组织文化建设缺乏现状诊断及图书馆员参与等问题。而往往由于这种误解和偏差使得图书馆组织文化建设效果差强人意。本研究对公共图书馆组织文化的概念和内涵进行界定，并探讨公共图书馆组织文化诊断的基本理论问题，有利于厘清对公共图书馆组织文化认识的误解与偏差。

2. 有利于公共图书馆对现行组织文化进行评价

在组织文化建设中，离不开对现行组织文化的评价，然而已有研究中组织文化评价指标体系较少，其可信度和效度不高，而且多是针对高校图书馆而制定的。公共图书馆同高校图书馆的社会环境、管理制度、角色定位均有所差别，而公共图书馆环境下的组织文化评价体系是有其自身特征的，尚缺乏一个适用的组织文化评价体系。因此，本研究提出了我国公共图书馆组织文化诊断研究，以公共图书馆为研究对象，构建适合中国国情的公共图书馆组织文化诊断模型。这有助于公共图书馆在组织文化建设初期了解组织文化的现状，找出组织文化存在的问题，改进公共图书馆的组织文化。

3. 有利于促进公共图书馆组织文化的变革与发展

组织文化诊断是组织文化变革的前提，通过组织文化的诊断可以发现图书馆现有组织文化存在的问题，有针对性地进行组织文化的变革。已有研究已经证明组织文化的变革能够促进组织绩效的增长，本研究对公共图书馆组织文化诊断的理论、模型和方法策略进行探讨，为公共图书馆组织文化变革提供工具，探讨有关公共图书馆组织文化诊断的过程和方法以促进我国公共图书馆组织的发展。

第二节　研究内容和目的

一、研究内容

组织文化建设有利于图书馆提高服务质量，组织文化通过不断的修正图书馆的价值观来实现自我管理。组织文化这种独特的管理功能，对提高图书馆员的服务意识、规范服务行为、增强主动性、提高服务技能方面有很大的作用。此外，良好的服务行为还会影响到读者，提高读者的素质。因此，组织文化可作为公共图书馆提高服务质量的一种重要工具。鉴于组织文化对于公共图书馆的重要作用和上述背景中出现的现实问题，选择公共图书馆组织文化的诊断作为切入点，主要的研究内容包括以下几个方面：

（一）公共图书馆组织文化诊断的基本理论依据

公共图书馆组织文化诊断的基本理论问题是构建诊断模型的依据和基础。本研究在文献综述与实践进展分析的基础上探讨了公共图书馆组织文化及其诊断的概念内涵、公共图书馆组织文化诊断的类型、原则和意义，主体、内容和过程等。

（二）公共图书馆组织文化诊断模型的构建

公共图书馆组织文化诊断模型的构建是本研究的核心内容，通过专家访谈、图书馆员访谈和专家问卷调查构建适应我国国情的公共图书馆组织文化诊断模型。并通过模型的应用进行检验和修正，以进一步完善所构建的模型。

（三）公共图书馆组织文化诊断的方法与策略

从理论上的模型构建到实际的应用研究是本研究的最终目的，本研究探讨公共图书馆组织文化诊断的方法与策略，以指导公共图书馆组织文化的实际诊断工作，为具体实践提供一套应用方法。

二、相关概念的界定

（一）公共图书馆组织文化概念的界定

组织文化的定义有很多种，长期以来在学术界也没有统一，众多学者莫衷一是。然而，普遍认为组织文化是组织长期积累的为组织成员所共享的信念、价值观、群体准则和行为规范等。因此，本研究界定公共图书馆组织文化是公共图书馆在长期的实践活动中所形成的并且为公共图书馆的所有员工普遍认可并遵循的具有自身特色的价值观念、团体意识、行为规范和思维模式的总和。在本研究中使用“公共图书馆组织文化”这一术语作为管理视域下的公共图书馆管理的一种手段，与广义的图书馆组织本身作为一种文化现象的“图书馆文化”加以区分。

（二）公共图书馆组织文化诊断的界定

本研究认为公共图书馆组织文化诊断是以提高公共图书馆组织文化水平为目的，应用一定的研究方法，收集与公共图书馆组织文化有关的信息，以此发现组织文化存在的症结并提出改善方案和应对策略的一个研究活动。在组织文化研究中，经常将“测量”、“诊断”与“评估”三个名词并列使用，而从概念的内涵与外延来看他们还是有所差别的。美国著名的心理测量学家Stevens认为，“测量是按照规则给客体和事件赋予数字”[①]，强调使用工具对客体和事件进行量化的结果。而诊断这一概念是源自于医学中的用语，通常是指：“诊视而判断病情及其发展情况”，强调对现状的把握和意见的提出。评估则是一个更加宽泛的概念，通常是指应用一定的方法进行评价和估量的过程，强调系统、科学、客观准确的鉴定。

三、研究目的

（一）学科内化，构建理论

通过对管理学中组织文化、组织诊断理论的系统梳理和总结，将其理论成果学科内化，探讨公共图书馆组织文化及其诊断的概念内涵范畴、探讨公共图书馆组织文化诊断的类型、原则和意义，主体、内容和过程等，为公共图书馆组织文化诊断的模型构建提供理论依据。

（二）实证分析，构建模型

通过实证研究，应用专家访谈、图书馆员访谈和专家问卷调查构建公共图书馆组织文化诊断模型，为公共图书馆组织文化的诊断提供一套可供参考的具有可操作性的实用工具。

（三）制定策略，指导发展

采用案例研究法对所构建的模型进行验证和修正，在此基础上，提出我

① 杨向东．教育测量在教育评价中的角色［J］．全球教育展望，2007（11）：15－24．

国公共图书馆进行组织文化诊断的方法与策略，为公共图书馆开展组织文化诊断提供决策参考。

第三节 研究框架、方法与创新点

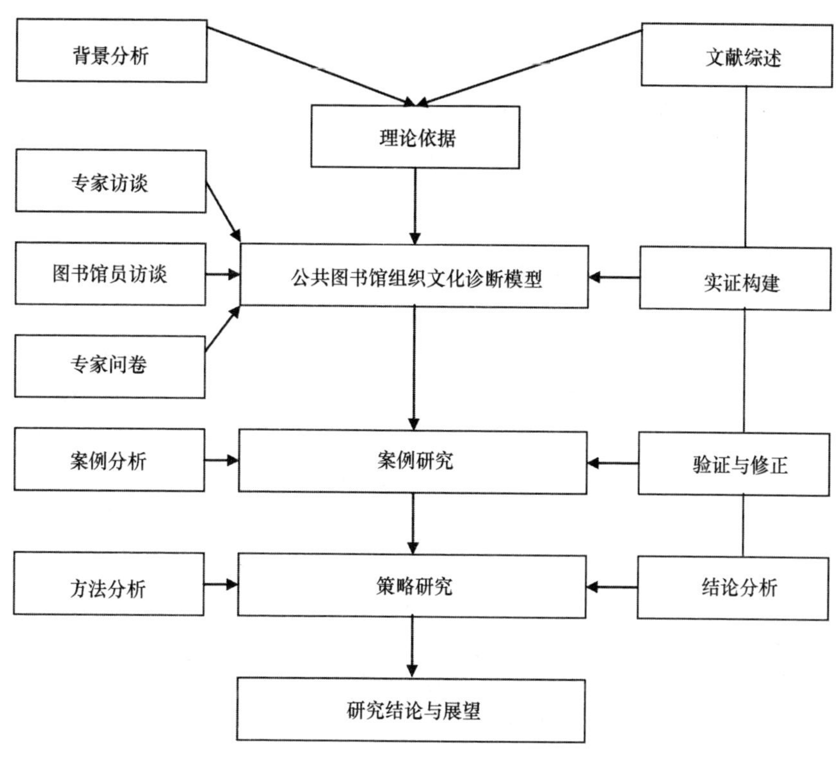

图 1.1 研究框架
资料来源：本研究整理

一、研究框架

如图 1.1 所示，本研究按照“背景分析—理论构建—案例验证—应用策略”的思路展开整体框架，通过对相关理论的背景分析，为公共图书馆组织文化诊断模型的构建提供理论依据；在背景分析的基础上，应用专家访谈、图书馆员访谈和专家问卷调查构建我国公共图书馆组织文化诊断模型，并且应用案例研究来对所构建的公共图书馆组织文化诊断模型进行进一步的验证和修正。最后，从公共图书馆组织文化诊断方法的角度提出公共图书馆组织文化诊断模型的应用策略，为模型的实际应用提供建议和参考。

基于上述研究框架，本研究共分九章：

第一章　绪论

对研究背景与意义、研究内容与目的、研究框架与方法等基本情况进行阐述。

第二章　文献综述与实践进展

对国内外图书馆组织文化理论研究文献进行综述，发现研究中存在的问题和不足。同时，以图书馆战略规划文本中的组织文化战略为研究对象，分析国内外图书馆组织文化实践进展，为后续研究提供支持。

第三章　组织文化诊断理论

对与本研究相关的组织文化理论进行梳理，包括组织文化理论的产生与发展、组织文化的概念、结构、类型和功能。在此基础上，对组织文化诊断理论进行梳理，包括组织文化诊断研究的兴起与发展、组织文化诊断的模型、过程与方法。

第四章　公共图书馆组织文化诊断模型的理论依据

探讨公共图书馆组织文化诊断模型的理论依据，对公共图书馆组织文化诊断模型构建的理论基础、公共图书馆组织文化及其诊断的概念内涵、公共图书馆组织文化诊断的类型、原则和意义进行讨论，分析公共图书馆组织文化诊断的主体、内容和过程。

第五章　公共图书馆组织文化诊断模型的构建

以公共图书馆组织文化诊断的基本理论问题为依据，结合专家访谈、图书馆员访谈和专家问卷调查的结果构建我国公共图书馆组织文化诊断模型。

第六章　案例研究

以山东省图书馆为案例，应用本研究所构建的图书馆组织文化诊断模型开展了实证研究，对该模型的适用性和可操作性进行验证，在案例研究的基础上进一步修正公共图书馆组织文化诊断模型。

第七章　图书馆组织文化诊断的方法

按照公共图书馆组织文化成因、现状与未来预期、结果输出三个阶段，总结公共图书馆组织文化诊断的可选方法体系。此外，除了可选方法以外介绍公共图书馆组织文化诊断过程中可以参考的已经成熟应用的组织文化诊断工具，涉及综合性诊断工具和分项诊断工具两类。

第八章 公共图书馆组织文化诊断的策略

在理论研究和案例研究的基础上，针对我国国情提出公共图书馆组织文化诊断的策略。

第九章 结论与展望

阐述本研究所得出的结论和主要贡献，并在探讨本研究局限性的基础上提出未来需要进一步研究的问题。

二、研究方法

本研究采用的主要方法如下：

（一）访谈法

访谈法是通过与专家面对面的交谈来获取被访者信息的一种研究方法。本研究利用专家访谈法与图书馆学专家、公共图书馆的实践专家、图书馆员面对面的访谈，获取专家和图书馆员关于公共图书馆组织文化诊断的意见和看法，以帮助本研究对公共图书馆组织文化诊断模型的构建。

（二）问卷调查法

问卷调查法是通过设计问卷的方式向被调查者了解情况、征询意见的一种方法。本研究的问卷调查涉及两个部分，其一是对公共图书馆组织文化诊断模型的专家问卷调查，在专家访谈和图书馆员访谈的基础上，利用专家问卷调查征询更广泛的专家意见。其二是对山东省图书馆的问卷调查，旨在搜集山东省图书馆员关于组织文化的看法和意见。

（三）案例研究法

案例研究法是深入研究场地，对个体、群体或者组织进行长时间连续调查的一个过程，从中研究个体、群体或者组织的行为发展变化。本研究采用案例研究法旨在对所构建的公共图书馆组织文化诊断模型进行验证和修正，通过山东省图书馆的实施检验模型的适用性，发现存在的问题以便对所构建的诊断模型进行修正。

（四）参与观察法

参与观察法是一种研究者深入研究场所，对研究对象的日常社会活动的过程进行观察而得出探索性、描述性研究结果的一种研究方法。实证主义研究者认为在以探索和描述为主的科学研究的初级阶段，这种研究方法是非常实用的，适合于批判性地检验理论及其他的知识诉求[①]。本研究应用参与观察法对山东省图书馆的组织文化现状进行摸底，为山东省图书馆组织文化诊断实施打下基础。

三、创新点

本文通过理论分析和实证研究，在我国公共图书馆情境下研究公共图书馆组织文化诊断的基本理论、模型和方法策略，力图实现以下创新：

第一，构建了公共图书馆组织文化诊断基本理论体系框架。以往的研究缺乏对组织文化诊断理论层面的研究，而基本理论体系是开展公共图书馆组织文化诊断的基础，本研究在基础理论方面做了有益探索。

第二，构建了适用于我国国情的公共图书馆组织文化诊断模型。本研究构建了涵盖诊断主体、内容和过程的公共图书馆组织文化诊断整合模型，并且通过案例研究对模型进行进一步的验证和修正。这一模型可以作为公共图书馆组织文化诊断的操作工具，是面向实际应用的一个实用的理论框架。

第三，提出了公共图书馆组织文化诊断的方法体系和实施策略。本研究提出了公共图书馆组织文化诊断的方法体系和实施策略，为公共图书馆开展组织文化诊断实践工作提供方法。

① Jorgensen, Danny L. , ed. Participant observation: A methodology for human studies. [M]. Newbury Park; London; New Delhi: Sage Publications. 1989: 2.

第二章　文献综述与实践进展

20 世纪 80 年代末开始，图书馆学领域的学者对组织文化的研究产生了愈发浓厚的兴趣，Samuels（1982）、Malinconico（1984）、Forsman（1990）、Miller（1994）、Barker（1995）、Raber（1995）、Schulman（1997）等学者展开了一系列的图书馆组织文化研究[①]。在国内，20 世纪 80 年代末，随着企业文化研究的热潮，图书馆学界也开始关注图书馆的文化现象。1986 年文思提出在图书馆学领域应该进行“文化的反思”[②]，自此以后国内展开了一系列的图书馆组织文化研究。本部分旨在系统地总结和回顾国内外图书馆组织文化研究的成果，发现研究的不足，并且结合现有理论成果，探索我国公共图书馆组织文化诊断模型的理论依据。

第一节　国外图书馆文化研究综述

国外图书馆文化研究源自企业文化研究在图书馆领域中的移植，经历了理论移植到实践检验再到理论内化的几个阶段。从 20 世 80 年代以来，产生了大量的研究成果。本研究选取 Web of Science 数据库作为国外文献综述的数据来源，选取主题 = library + culture 进行检索，检索时间截止到 2014 年（检索日期为 2015 - 5 - 10），检索语言选择为英文，选择类别 Information science Library science 和文献类型为 Article 来进一步精确检索范围，共获得文献 460 篇。此外，考虑到硕博士论文也是学术研究的重要领地，因此以 PQDT 硕博士论文库作为数据的补充来源，以同一检索策略进行检索，共获得文献 33 篇，国外文献共计获取 493 篇。

---

① Soyeon Lee. Organizational culture of an academic libraries [D]. Bell&Howell information and learning company, 2000: 30.

② 文思. 图书馆界应吸收一点“文化热”[J]. 图书馆, 1986 (05): 3 -5.

一、国外图书馆文化研究总体概况

（一）国外图书馆文化研究文献数量分布

国外图书馆文化研究文献年代跨度较长，分布于1930至今，国外研究文献随着时间的更迭呈现出了波浪式增长的趋势，见图2.1。国外文献大体可以从1995年为分野。1995年以前，有关研究并不多见，并且多为探讨图书馆与社会文化之间的关系的文献，1995年以后，研究逐年增加，每年均有20篇左右的文献发表，研究的内容也开始关注图书馆文化的管理属性和作用。

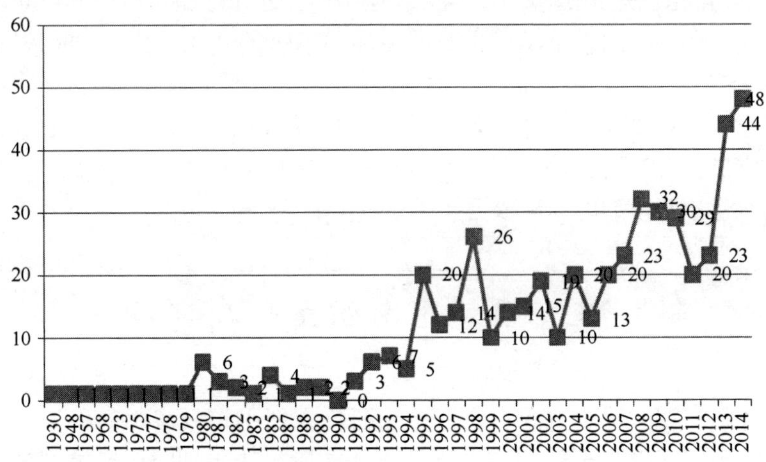

图2.1 国外图书馆文化研究文献数量分布

资料来源：本研究整理

（二）国外图书馆文化研究国家分布

在所获取的493篇英文文献中，在SCI与SSCI中可获取来源国家信息的文献共计395篇，其中数量最多的是美国，共计178篇，占45%。除此之外，其余国家的文献分布相对较为均匀，呈现阶梯递减的趋势，见表2.1。其中，我国台湾和大陆地区在图书馆文化的研究上分别有5篇和3篇文章发表，可见我国图书馆文化研究已经有了进行国际交流的意识，然而这种国际对话与交流尚需进一步加强。

表 2.1　文献的国家分布部分排名（Top20）

序号	国家	中文译名	文献数量
1	USA	美国	178
2	England	英国	35
3	Canada	加拿大	20
4	Australia	澳大利亚	17
5	Cermany	德国	12
6	Brazil	巴西	7
7	India	印度	7
8	New zealand	新西兰	7
9	Turkey	土耳其	7
10	Nigeria	尼日利亚	6
11	Spain	西班牙	6
12	Mexico	墨西哥	5
13	Netherlands	荷兰	5
14	Taiwan	中国台湾	5
15	Scotland	苏格兰	4
16	Finland	芬兰	3
17	France	法国	3
18	Italy	意大利	3
19	China	中国	3
20	Poland	波兰	3

资料来源：本研究整理

（三）国外图书馆文化研究的期刊分布

本文选取的 SCI、SSCI 数据库中刊载图书馆文化这一主题的期刊载文数量分布排名，见表 2. 2。从表 2. 2 中可以看出，国外期刊中，排名前 5 位的期刊中均是图书馆学专业的核心期刊，可见这一主题的文章多分布在图书馆学专业的核心期刊之中，其中美国的《Library trends》是刊载本主题论文数量最多的期刊，达 38 篇。

表 2.2 SCI、SSCI 期刊载文数量分布部分排名（TOP15）

序号	期刊来源	中文译名	载文数量
1	Library Trends	图书馆趋势	38
2	Libri : international library review	国际图书馆评论	29
3	College and Research Libraries	大学与研究图书馆	16
4	Journal of Academic Librarianship	大学图书馆学杂志	16
5	Library Quarterly	图书馆季刊	14
6	Zeitschrift Fur Bibliothekswesen Und Bibliographie	图书馆学与目录学杂志	14
7	Electronic Library	电子图书馆	13
8	Aslib Proceedings	信息管理协会会报	12
9	Portal : Libraryies and The Academy	门户：图书馆与学术	12
10	Journal of Education for Library and Informatin Science	图书馆与信息科学教育杂志	9
11	Program: Electronic Library and Information Systems	程序：电子图书馆与信息系统	9
12	Journal of Librarianship and Information Science	图书馆情报科学杂志	8
13	Online Information Review	在线信息评论	7
14	Drexel Library Quarterly	德克塞尔图书馆季刊	6
15	Informacao Sociedade Estudos	社会信息学研究	6

资料来源：本研究整理

（四）个人与机构贡献

个人与机构贡献是指采用计分的方式对作者和机构在某一研究领域所作的贡献来进行统计，本文沿用以往的研究中学者计算个人与机构的贡献值的方法进行统计①、②、③，按照作者和机构出现的次数计算贡献值，独立作者和机

① Peng M W, Lu Y, Shenkar O, et al. Treasures in the China house: A review of management and organizational research on Greater China [J]. Journal of Business Research, 2001, 52 (2): 95 – 110.

② Li J, Tsui A S. A citation analysis of management and organization research in the Chinese context: 1984 – 1999 [J]. Asia Pacific Journal of Management, 2002, 19 (1): 87 – 107.

③ Lu J W. The evolving contributions in international strategic management research [J]. Journal of International Management, 2003, 9 (2): 193 – 213.

构计为 1 分，两位合作者或合作机构计 0.5 分，三位及以上计算为 1 除以总数，最后将作者或机构的独著或合作的贡献值相加即为这一领域内，个人与机构的贡献值。通过对个人与机构的贡献值统计分析（见表 2.3），发现国外研究中尚未有发文达到 5 篇以上的作者，研究者多寻求合作，合著文献数量较多，因此有些作者尽管发文数量可观，但是领域贡献值却不高。总体而言，核心作者还未形成。研究机构方面，显得相对集中，主要分布在研究性的大学之中，排名前 15 位的机构均来源于研究性大学。

表 2.3 国内外研究文献的个人与机构贡献值部分排名（TOP15）

国外排名	作者	频次	贡献值	国外排名	机构	频次	贡献值
1	Kaltwasser FG	4	3.5	1	University of illinois urbana champaign	10	9.75
2	Pawley C	3	3	2	Rutgers state university	8	7.25
3	Raber D	3	2.5	3	University of toronto	8	6.9
4	Lakos A	3	2	4	University of california system	6	5.5
5	Calvert PJ	2	2	5	State university of new york suny system	7	5.36
6	Chandrakar R	2	2	6	University of wisconsin system	5	5
7	Dalbello M	2	2	7	University of arizona	5	4.5
8	Johnson IM	2	2	8	University of western ontario	5	4.1
9	Teplitskaia H	2	2	9	City university of new york cuny system	4	4
10	Dilevko J	3	1.5	10	University of wisconsin madison	4	4
11	Herubel JPVM	2	1.5	11	Loughborough university	5	3.8
12	Moran BB	2	1.5	12	Ohio state university	4	3.5
13	Sauperl A	2	1.5	13	National autonomous university of mexico	5	3.36
14	Seadle M	2	1.5	14	University of sheffield	5	3.3
15	Kinnell M	2	1.3	15	University of maryland college park	4	3.3

资料来源：本研究整理

二、研究主题

（一）图书馆文化的内涵研究

1. 图书馆文化概念的理解

文化的概念具有复杂性，许多“现象”都可以归结为文化，然而用这些文化现象来定义文化却不足以反映文化的本质。因此，图书馆文化也是难以定义的。国外有关图书馆文化的研究是源自于20世纪80年代企业文化的导入，这一时期组织与管理领域将组织文化看做组织管理控制的关键机制的主流研究范式，组织文化研究受到学者们的重视。以此同时，在图书馆学领域的文献中开始出现了对文化概念的讨论，主要集中在组织文化可以提升图书馆组织的服务、有效性和效率等方面。1988年，Shaughnessy指出许多文献都认为图书馆文化是可测量的或者可编制的，研究的重心在于对组织文化的修正以提高图书馆绩效①。

90年代的学者们认为图书馆是大学、政府、企业等的附属机构，尽管图书馆文化是存在的，但仍处于主流研究之外②。在对图书馆文化概念的理解方面，国外研究者试图将组织文化、图书馆文化和组织变革结合起来。此外还有许多学者从更为广泛的视角理解图书馆文化的概念内涵，如Barker在对企业组织文化概念解析的基础上，提出图书馆文化包括多种要素，涉及图书馆的工作、实践与服务、图书馆技术、“交流、合作与应对变革的方式”、价值观和认知观③。Pattison等人认为图书馆扮演的角色和所提供的服务基本上都属于图书馆文化的范畴④。

2. 图书馆文化的构成维度研究

图书馆文化是由一定的维度所构成的，Valeria SALáNKI认为图书馆文化构成要素包括规范、制度、价值观、共同信仰、习俗、学习机制、沟通方式、有针对性的沟通标准、可取和不可取的行为、对图书馆使命担当和战略实施的态度⑤。此外，有学者对构成维度的研究应用了实证研究方法，Soyeon在他的博士论文中应用访谈法、观察法和问卷调查法从三个层次（职业、学术机构和个体组织）研究了大学图书馆组织文化的构成维度，最终确立五个维度。

---

① Shaughnessy T W. Organizational Culture in Libraries: some management perspectives [J]. Journal of library administration, 1988, 9 (3): 5-10.

② Ostrow R. Library culture in the electronic age: a case study of organizational change [D]. Rutgers, the State University of New Jersey, 1998: 31-33.

③ Barker J W. Triggering constructive change by managing organizational culture in an academic library [J]. Library acquisitions. Practice and theory, 1995, 19 (1): 9-19.

④ Pattison L, Williamson V. Organizational culture, structures and styles: impact of new technologies [J]. [Çevrimiçi] Elektronik adres: http://web. simmons. edu/~chen/nit/NIT, 1992, 92.

⑤ Valeria SALáNKI. Organizational Culture and Communication in the Library [J]. Philobiblon, 2010: (15) 455-523.

这五个维度是对沙恩文化研究框架下的五个维度的修正，包括图书馆与环境的关系维度（组织识别与形象）、现实与真相的本质（决策）、人性的本质（绩效标准与评价）、人类活动的本质（员工发展与生涯选择）、人类关系的本质（跨层级、部门和其他内部群体的工作关系）[3]。

（二）图书馆文化的构建研究

图书馆文化的构建是图书馆文化得以实施的关键，有关图书馆文化构建的研究主要从图书馆文化构建的主体、图书馆文化构建的核心内容和图书馆文化构建的关系问题三个方面展开。

1. 图书馆文化构建的主体

图书馆文化实质是“以人为本”的文化，人是图书馆文化构建的主要因素。图书馆中的每一个人都既创造着图书馆的文化，同时也是文化的承载体。图书馆中的人员从普通的馆员到图书馆的领导，尽管他们的职责和分工不尽相同，但他们都是图书馆文化构建的主体。

第一，图书馆文化与馆员。图书馆的馆员是图书馆文化构建的基本力量。有研究表明许多馆员更容易识别他们自身领域的文化，他们拥有自己的价值观、规范和行为①。

第二，图书馆文化与领导。组织文化是对领导力的辅助，这体现在组织文化能够满足成员的需求并获得他们支持的效果。组织中的领导以文化的视角来考察组织，许多决策能够很好地达成一致并帮助组织成员进步。关于图书馆领域中，领导对组织文化的认知方面，Maloney 等人设计了一个问卷调查大学图书馆“未来的领导”关于组织文化的看法，所谓“未来的领导”，Maloney 等人是这样界定的：①对组织的愿景制定和战略规划有重要贡献的人；②显示出了较强的创新实践能力；③处于他们职业生涯的起步阶段。调查结果发现大学图书馆的未来领导者们对现有的和期望的组织文化之间存在着显著的差异，他们认为现有的组织文化限制了他们组织的效用②。Brooks 在他的博士论文中以美国的研究型图书馆和非研究型图书馆为样本研究了图书馆组织文化类型与领导角色的问题，结果显示在这二者之间的组织文化差异、领

① Martin M J. In the process of becoming: The organizational culture of the Metropolitan Academic Library [D]. University of Central Florida Orlando, Florida, 2011.

② Maloney K, Antelman K, Arlitsch K, et al. Future leaders' views on organizational culture [J]. College & Research Libraries, 2010, 71 (4): 322 -347.

导角色差异并不显著[①]。Riggs 是图书馆领导力研究领域的一位关键学者，他提供了一个适合的图书馆领导力评估工具，与 Schein 对组织文化和领导力的定义相似，Riggs 在对图书馆不同部门管理者和馆长展现出的领导风格和和特征的研究中也主要考虑了价值因素。Riggs 认为图书馆领导熟知他们自己的价值观并要不断更新图书馆的价值观以避免那些根深蒂固的不可动摇的文化[②]。

馆员和领导是图书馆文化构建的主体，在图书馆文化构建中的地位至关重要，除了上述研究外，还有学者研究馆员、领导和文化三者的关系。Awan 等人以巴基斯坦的大学图书馆为研究对象，对 115 位专业图书馆员发放了结构式问卷，研究了领导类型、图书馆文化和馆员承诺之间的关系，结果显示在图书馆行业中这三个变量间的关系并不显著。他们的研究还发现了两个有趣的现象，其一是多数认为他们的管理层是专制型的领导风格的图书馆从业人员，其所在的图书馆往往倾向于官僚文化。其二是多数图书馆从业人员似乎高度忠诚于其所在的组织，这意味着他们更倾向于结果为导向的文化[③]。Awan 等人的研究有助于理解领导类型、图书馆文化和馆员承诺之间的关系，但在样本的地域方面和图书馆的类型方面存在着局限性。

2. 图书馆文化构建中的关键因素研究

图书馆文化的成功构建，是多个组织要素间的相互协调、配合与支持。在国外相关研究中讨论的重点是图书馆组织文化与组织战略间的关系问题。图书馆文化与组织战略密不可分，成功实施组织战略的关键因素之一是对组织文化的识别，战略规划中组织文化扮演着重要角色，它可能会促进战略决策，同时也有可能阻碍战略决策。基于共享成果、愿景、使命和对过去和未来的讨论，战略规划是试图改变图书馆文化的一个重要组成部分[④]。Currie 等人指出具有组织文化意识的战略规划为组织的实践提供了指导，在所有的规划活动、过程、参与和准备阶段甚至对于最终的战略规划来讲，组织文化都是至关重要的一个因素。如果在规划过程中没有充分地考虑到组织的文化因

---

① Brooks M G. Organizational leadership in academic libraries: Identifying culture types and leadership roles [D]. Marshall University, 2007.

② Riggs D E. The crisis and opportunities in library leadership [J]. Journal of Library Administration, 2001, 32 (3-4): 5-17.

③ Awan M R, Mahmood K. Relationship among leadership style, organizational culture and employee commitment in university libraries [J]. Library Management, 2010, 31 (4/5): 253-266.

④ Russell K. Evidence-based practice and organizational development in libraries [J]. Library Trends, 2008, 56 (4): 910-930.

素，即使规划过程有多规范、方法有多严谨，最终也可能不是一个成功的可执行的战略规划①。

（三）图书馆文化的测量与评价

国外对图书馆文化的测量与评价十分重视，相关理论也较为成熟，多应用组织文化诊断的对立价值框架（CVF）理论对图书馆文化进行测量。对立价值框架理论，也称作竞争对立框架理论，是 Quinn 和 Rohrbaugh 于 1983 年创立的，旨在为组织提供一种有效的方法来分析组织的核心价值，对组织文化的评价一般都是在对立价值框架（CVF）理论下来构建的。对立价值框架理论认为组织存在四种文化类型，包括等级森严式文化、市场为先式文化、部落式文化和临时体制式文化，组织至少会表现为一种或多种。Quinn 和 Cameron 教授在 CVF 理论的基础上还创立了组织文化评价量表（OCAI），选择了显著特征、领导风格、组织凝聚、战略重点、员工管理和成功标准等六个指标测量组织文化②。

在图书馆学领域内，研究者们也应用 CVF 框架理论和 OCAI 量表来测量图书馆文化，其原因在于 CVF 理论已经有效地应用于多种类型的组织中，为图书馆学领域提供了一个可供参考的样本③。例如，Varner 的一项图书馆文化研究是一个很好的例子，他利用 CVF 框架理论来诊断大学图书馆的文化。使用 CVF 框架理论的一个好处在于它对图书馆具体操作方式进行深入的了解而不是关注图书馆的缺陷和问题④。

图书馆文化测量可以了解图书馆当前的文化现状以及对未来的期望。国外相关研究已经初现规模，例如 Faerman 利用 CVF 的四种文化象限类型探讨 CVF 作为一种管理工具来促进图书馆向用户中心战略转移的方式⑤。Kaarst -

① Currie L, Shepstone C. Mining the Cultural Evidence: Situating Planning and Leadership within the Academic Library Culture [J]. Evidence Based Library and Information Practice, 2012, 7 (3): 51 -70.

② Kim S. Cameron and Robert E. Quinn, Diagnosing and Changing Organizational Culture: Based on The Competing Values Framework, Addison Wesley, 1998: 32

③ Michelle L. Kaarst - Brown, Scott Nicholson, Gisela M. von Dran, and Jeffrey M. Stanton, School of Information Studies, Syracuse University, Syracuse, NY 13244 LIBRARY TRENDS, Vol. 53, No. 1, Summer 2004 ("Organizational Development and Leadership," edited by Keith Russell and Denise Stephens): 33 -53

④ Varner C H. An examination of an academic library culture using a competing values framework [D]. Illinois State University, 1996.

⑤ Sue R. Faerman, "Organizational Change and Leadership Styles," Journal of Library Administration 19 (3/4) (1993): 55 -79.

Brown 等人探讨了 CVF 作为理解图书馆各个部门组织文化的工具和新馆员群体中组织文化的角色，并且研究了利用 CVF 识别图书馆的主导文化和子文化[①]。Shepstone 和 Currie 利用 CVF 理论和 OCAI 量表对大学图书馆的现有文化和期望文化进行了测量[②]。

第二节 国内图书馆文化研究综述

在我国，20 世纪 80 年代初产生了一次“文化热”，在文学、哲学、历史学、社会学等多个领域中纷纷反思文化现象，1986 年文思倡导图书馆也应该吸收一点“文化热”，对图书馆学事业和图书馆学理论进行“文化的反思”[③]。此后，受图书馆管理变革和社会环境变革的双重影响，我国也开始了图书馆文化的研究。1989 年，王胜祥在《论图书馆文化》一文中，首次提出了“图书馆文化”的概念，分析了图书馆文化的特征和作用。近些年来，国家大力发展公共文化服务体系，文化建设备受重视，国家提出文化强国的文化发展战略，文化的作用受到了国家、组织和个人的认同。在图书馆实践中，图书馆文化的战略作用也被进一步认识，有关图书馆内部文化的管理受到我国学者和实践者的重视。在 2012 年 11 月的中国图书馆学年会的主题论坛“责任与使命——图书馆人的时代担当”中，还专门设置了“组织•战略•文化”专题，探讨图书馆组织战略与组织文化的相关问题[④]。图书馆文化研究已经成为了图书馆学领域的研究热点。

到目前为止，尽管国内已经有几篇关于图书馆文化研究的述评，但综述的年限较短、距离当前时间较长[⑤]或者是从某一个侧面，如对图书馆核心价

---

① Kaarst - Brown M L, Nicholson S, Von Dran G M, et al. Organizational cultures of libraries as a strategic resource [J]. 2004.

② Shepstone C, Currie C L. Transforming the academic library: creating an organizational culture that fosters staff success [article] [J]. Available electronically from http://hdl. handle. net/10388/266, 2008.

③ 文思. 图书馆界应吸收一点“文化热”[J]. 图书馆，1986，05：3 - 5.

④ 中国图书馆学会，2012 年会主题论坛：责任与使命——图书馆人的时代担当 [DB/OL]. [2013 - 3 - 3]. http://www. lsc. org. cn/CN/News/2012 - 11/EnableSite _ ReadNews1131362051353945600. html.

⑤ 李志义. 图书馆文化研究综述 [J]. 图书馆论坛，1996 (2)：13 - 15 + 36.

值[①]、图书馆核心竞争力[②]、图书馆服务文化[③]等进行综述的。因此，国内学术界还缺少一个系统的梳理和述评来总结图书馆文化研究的整体脉络。本研究在分析国内外图书馆文化研究文献的基础上，对80年代以来国内外有关图书馆文化的研究进行了一个整体的梳理，尝试着总结已有研究的成果和不足，比较分析国内外研究的差异，这对我国图书馆文化研究具有一定的借鉴意义。

国内文献选取CNKI期刊网络出版总库进行检索，数据来源于图书馆学情报学19种CNKI收录的图书馆事业、信息事业类核心期刊，数据库收录时间为1915年至今（检索日期为2015-5-10），检索策略选择为：主题="图书馆文化"或主题="图书馆组织文化"，共获得期刊论文540篇。博硕士论文选取来源于博士学位论文全文数据库、硕士学位论文全文数据库。采取同样的检索策略，共获得博硕士论文54篇，国内文献共计获取594篇。

一、国内图书馆文化研究的总体情况

（一）国内图书馆文化研究文献数量分布

国内研究文献的年代主要分布于1978至今（见图2.2）。国内研究文献也有随着时间变化而呈现出波浪式增长的趋势。

国内文献的年代分布，总体上要滞后于国外研究。国内有关图书馆文化为主题的研究文献首次出现于1978年，但是这一概念明确地提出是在1987年，从整体的年代分布来看，基本上可以以2002年为分野，2002年以前是研究的起步阶段，2002年以后，文献数量开始逐年增多，学者们对图书馆文化研究的关注越来越高。

总体而言，国内外有关研究均呈现出了稳步增长的趋势，尤其是最近几年，无论是国外研究还是国内研究都呈现出了较高的关注度。这其中的原因一方面来源于图书馆管理学领域视角的转变，由经验管理、科学管理到文化管理视角的转向。另一方面与各个类型图书馆的图书馆文化建设实践有不可分割的关系。除此之外，我国相关研究增长迅速的原因还同我国大力发展文化事业，开展文化强国建设有关，我国从国家战略层面对文化管理的关注引发了图书馆界学者们对图书馆领域文化管理的热议。

---

① 王东艳，周威．图书馆核心价值研究综述［J］．情报资料工作，2009，(06)：27-31.

② 张新兴，谈大军．我国图书馆核心竞争力研究综述［J］．图书馆论坛，2008，(03)：18-21.

③ 陈永平．A Review on Library Service Culture Study［J］．图书馆理论与实践，2007，(02)：43-45.

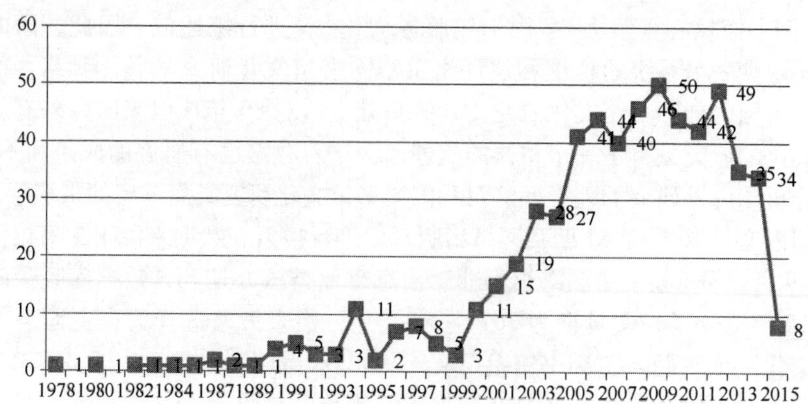

图 2.2　国内图书馆文化研究文献的年代分布

资料来源：本研究整理①

（二）国内图书馆文化研究的期刊分布

本文选取 CNKI 中图书馆事业、信息事业类核心期刊共计 19 种作为数据来源，数据库中刊载图书馆文化这一主题的期刊载文数量分布排名，见表 2.4。从表 2.4 中可以看出，国内期刊中，这一主题的文章多分布在图书馆学专业的核心期刊之中，而情报学类的核心期刊排名较为靠后，其中刊载文献数量最多的是《图书馆工作与研究》，达 70 篇。

表 2.4　国内期刊载文数量分布部分排名（TOP15）

序号	期刊来源	载文数量
1	图书馆工作与研究	70
2	图书馆建设	60
3	图书馆理论与实践	55
4	图书馆学研究	54
5	图书馆	53
6	图书馆论坛	52
7	图书情报工作	51
8	图书馆杂志	26

① 注：国内外文献数量是期刊论文数量和博硕士论文数量的总和。

续表

序号	期刊来源	载文数量
9	图书与情报	24
10	中国图书馆学报	18
11	情报资料工作	17
12	大学图书馆学报	14
13	情报科学	13
14	情报杂志	13
15	国家图书馆学刊	7

资料来源：本研究整理①

（三）个人与机构贡献

国内研究方面，发表文献数量超过5篇的作者有三位，分别是王世伟、李明华和刘勇，仍占少数，贡献值与出现的频次基本一致，国内作者独著较多，尚未形成核心作者。机构方面，国内研究机构呈现出了多样性的特征，研究的机构不仅来自于大学，还有大学图书馆、公共图书馆和科研机构，见表2.5。总而言之，国内外研究存在一定差异，国外学者更倾向于寻求合作，共同发表研究成果。而国内学者以独著居多，合作占少数。机构方面，国外研究集中于大学，而国内与之不同呈现出了多样性的分布。

表2.5　国内外研究文献的个人与机构贡献值部分排名（TOP15）

国内排名	作者	频次	贡献值	国内排名	机构	频次	贡献值
1	王世伟	6	6	1	南开大学商学院信息资源管理系	9	6
2	李明华	5	5	2	中山大学资讯管理系	7	6
3	刘勇	7	4	3	淮阴师范学院图书馆	6	6
4	周久凤	4	4	4	上海图书馆	6	6
5	盛小平	4	3.5	5	浙江林学院图书馆	5	5
6	李正祥	4	3.5	6	西北农林科技大学图书馆	7	4
7	黄嘉慧	3	3	7	武汉大学信息管理学院	5	4

① 注：由于博硕士论文是由数据库商出版，在此只统计期刊来源，博硕士论文并未涵盖在内。

续表

国内排名	作者	频次	贡献值	国内排名	机构	频次	贡献值
8	赖辉荣	3	3	8	东北师范大学	4	4
9	裴成发	3	3	9	中国图书馆学会专业图书馆分会	4	4
10	徐双	5	2.5	10	中国科学院文献情报中心	6	3.8
11	柯平	3	2.5	11	天津图书馆	4	3.5
12	林桂娜	3	2	12	山西大学图书馆	4	3.5
13	熊太纯	2	2	13	北京大学信息管理系	4	3.5
14	胥可	2	2	14	湖南农业大学图书馆	4	3.5
15	黄恩祝	2	2	15	鲁东大学图书馆	4	3

资料来源：本研究整理

二、研究主题

（一）图书馆文化的内涵研究

1. 图书馆文化概念的理解

国内普遍认为，图书馆文化这一概念是由王胜祥在1989年最早提出的。王胜祥认为“图书馆文化是指一个图书馆在自己长期发展过程中逐步形成和确立的，为全体人员所共同拥有的非物质特征的总和，即增强全体人员内聚力和向心力的意识形态的总和[①]。”1991年张伟在王胜祥的图书馆文化概念的基础上，认为“图书馆文化同时受政治、经济和社会文化等环境的综合作用而逐渐形成的、能够长期维系或推动图书馆生存和发展的群体意识、行为、规范及其他管理特征的集合。图书馆文化是观念和物质手段的历史性沉淀、积累和凝聚[②]。”1992年李正祥提出了不同的观点，他认为图书馆文化除了是意识形态的集合体外，还应该包括图书馆心理的层面，即“图书馆文化是指在图书馆文献快速活动中，形成的为全体图书馆工作人员特有的价值观点、管理思想和服务思想、思维方式、行为准则、社会心理等文化现象的总和[③]。”

① 王胜祥．论图书馆文化［J］．黑龙江图书馆，1989，(03)：14-16.

② 张伟．图书馆文化研究［J］．图书与情报，1991，(02)：1-5.

③ 李正祥．图书馆文化的内涵、功能和特性［J］．图书馆理论与实践，1992，(01)：19-22.

也有学者认为图书馆文化应该有广义和狭义之分，广义的图书馆文化包含物质文化、行为文化、制度文化和精神文化，而狭义的图书馆文化则应该是以图书馆价值观为核心的图书馆意识形态①。

此后，诸多学者围绕这一主题展开了广泛的讨论，至今国内学者对图书馆文化相关概念的理解主要持三种视角：一种从哲学的视角认识图书馆文化，持这种观点的学者从图书馆哲学的视角解释图书馆文化，认为图书馆文化隶属于哲学范畴，是图书馆在长期实践中所形成的，且共同遵循的群体竞争意识和共有价值观②。第二种视角是从社会文化现象的角度去理解图书馆文化，持这种观点的学者认为图书馆文化是一种社会文化现象，将图书馆文化看成社会文化系统下的一个子系统，一种亚文化。第三种视角是从图书馆管理的视角理解图书馆文化，持这种观点的许多学者都认为图书馆文化是同图书馆组织文化相等同的，来源于组织文化（Organizational Culture）理论在图书馆管理中的应用③，这种视角受企业文化研究影响较深。

总体而言，国内外对图书馆文化概念内涵的理解是趋同的，对图书馆文化概念的理解均有广义和狭义之分。研究中，学者们继承了企业文化研究的相关理论成果，并从图书馆管理的视角理解图书馆文化这一概念内涵，诠释了图书馆文化的管理属性，进一步深化了图书馆情景下的文化研究。

2. 图书馆文化的构成维度研究

国内学者对图书馆文化构成维度的研究很多，但仅限于理论方面的讨论，除了在表述方面略有差别外，已经达成了一定的共识。总体而言，这些代表性的观点可以归纳为三层次说和要素说两种。三层次说认为图书馆文化的构成可以划分为三个维度，持此观点的潘寅生，牛虹生认为图书馆文化包含精神层、制度层、器物层三个维度④，此外李正祥[18]、柯平⑤、邓凤英(2007)⑥ 等人均是三层次说的代表，只是所提出的三个层次略有不同。要素说认为图书馆文化是由若干要素所构成的，裴成发就提出图书馆文化是由物

① 张新鹤，刘钟美．也谈图书馆组织文化——“共好”小议［J］．图书馆建设，2006（6）：93－95.

② 裴成发．图书馆文化论要之一：图书馆文化范畴说［J］．图书馆理论与实践，1994，01：28－29.

③ 贺子岳．图书馆组织文化论［J］．中国图书馆学报，2004，（01）：16－20.

④ 潘寅生，牛虹生．图书馆组织文化浅探［J］．图书与情报，1991，（04）：8－13.

⑤ 柯平，闫慧．关于图书馆文化的理论研究［J］．图书馆论坛，2005，（06）：77－82＋93.

⑥ 邓凤英．图书馆文化的结构与功能［J］．国家图书馆学刊，2007，（2）：73－75.

质要素、精神要素、中介要素构成的[①]，还有学者认为图书馆文化由多种要素构成，包括图书馆价值观、图书馆精神、图书馆心理、图书馆道德、图书馆知识、图书馆形象、图书馆行为准则、图书馆组织、图书馆设施[②]。

无论是三层次说还是要素说，国内关于图书馆文化构成维度的讨论基本上是从表层、中层和深层的结构开展的，多数学者将他们归结为物质文化、制度文化和精神文化。物质文化是处于表层的维度，主要体现在馆舍、馆藏、设备、馆员形象上；制度文化是较为深入的一层，体现为图书馆的制度规范、行为准则、组织结构等，它是约束图书馆员工行为，维持图书馆活动正常有序的行为规范，被称为制度文化。其中，职业道德规范、职业资格认证制度属于一般制度，是所有图书馆共同遵循的制度；员工守则、管理条例等则反映出一个图书馆的管理特点与文化特色，是其特有的、区别于其他图书馆的制度；精神文化是更深的层次，主要体现在成员的共同价值观、信念、理想、人文主义精神、运作哲学、组织目标上，是图书馆组织文化的核心和主体，支撑着整个图书馆文化的大厦，并促进图书馆组织的稳健发展。这三个层次从不同方面共同反映着图书馆文化的内在含义，外显层往往更直接、更直观，中间层起着架构、维系组织文化的作用，而内隐层则犹如树根般起着不可动摇的根基作用。各个层次间通过相互作用形成图书馆文化的整体网络。有学者在上述三个维度的基础上加入了行为文化维度，形成了物质文化、制度文化、行为文化和精神文化的四个维度。

（二）图书馆文化建设

在已有的研究中，有许多学者探讨了不同类型的图书馆文化建设，其中较为突出的是高校图书馆文化建设的研究。高校图书馆文化建设研究涉及的范围很广，从理论到实践均有所涉及。一方面同高校浓厚的文化氛围有关，另一方面是由于高校图书馆在校园文化建设中发挥着阵地的作用，而图书馆文化与校园文化关系密切，引起了学者们的研究兴趣。杨宇涵认为高校图书馆文化具有超前性、多元性、非强制性和实践性的特征，他论述了建设高校图书馆文化在大学生素质教育中的意义和作用，并提出了构建措施[③]。吴凡认

① 裴成发．图书馆文化论要之二：图书馆文化要素说［J］．图书馆理论与实践，1994，（02）：11－12.

② 杜慧敏．图书馆文化的结构及其作用机制［J］．图书馆杂志，2003，（10）：8－10.

③ 杨宇涵．加强高校图书馆文化建设 全面营造育人氛围［J］．图书馆建设，2002（2）：23－24＋31.

为高校图书馆在校园文化建设中发挥着重要的作用，并提出加强图书馆与大学校园文化的互动建设①。此外国家图书馆馆长周和平提出了建设国图文化，促进事业发展。他指出国图文化的建设要与思想政治工作、深化改革、业务建设及职工素质提高相结合。要发挥党组织的作用，做到党政工团立体推进②。本部分对图书馆文化核心内容的综述是从整体出发，不再区分图书馆类型。

图书馆文化建设的过程。在图书馆文化建设之前要进行一定的准备工作，正如程亚男指出，在构建组织文化之前，要首先了解员工的态度，调查组织的现状③。图书馆文化建设应该明确建设目标，系统地有计划的进行。遵循这样的要求，闫敏提出了文化的现状诊断、文化手册编写、文化制度制订与完善、文化的实施推广等四个阶段④。

图书馆文化建设存在的问题。图书馆文化在建设过程中也会存在许多问题，许多学者的研究指出了我国图书馆文化建设存在的误区和问题。徐双、刘勇指出我国图书馆文化建设存在四大问题：其一，对图书馆文化建设缺乏正确的理解与认识；其二，图书馆文化建设缺乏系统性；其三，对图书馆文化建设缺乏战略思考；其四，图书馆文化建设表面化现象严重⑤。

图书馆文化的建设策略。许多学者提出图书馆文化建设策略为图书馆文化建设提供决策参考。张锦周认为加强图书馆文化建设要坚持以人为本，把促进人的全面发展作为图书馆文化建设的核心，其次要创建学习型图书馆，提高馆员素质，再有要保持图书馆本色，强化文化职能，最后加强制度建设，规范图书馆文化⑥。

（三）图书馆文化构建中的关键因素研究

图书馆文化的成功构建，是多个组织要素间的相互协调、配合与支持。在相关研究中讨论最多的是图书馆的组织结构和组织战略。

图书馆文化与组织结构。组织结构是指在协同工作、实现组织目标的过

① 吴凡. 图书馆文化与大学校园文化的互动建设 [J]. 图书馆，2006，(05)：91－93.

② 周和平. 建设国图文化 促进事业发展 [J]. 中国图书馆学报，2001 (2)：3－4＋10.

③ 程亚男. 组织文化与文化塑造——图书馆管理的视角转换 [J]. 中国图书馆学报，2004 (3)：32－34.

④ 闫敏. 试论高校图书馆文化建设方法 [J]. 图书馆工作与研究，2010 (3)：24－27.

⑤ 徐双，刘勇. 当前图书馆文化建设的问题、原则及对策 [J]. 图书馆建设，2010 (2)：24－26.

⑥ 张锦周. 关于图书馆文化建设的思考 [J]. 图书馆论坛，2005，(03)：65－67.

程中联结组织成员的方式以及这种方式所构成的形态，是组织内部各个机构之间的关系组合。四种典型的组织结构是职能式组织结构、事业部制组织结构、矩阵制组织结构和网络化组织结构①。组织结构与组织文化之间关系密切，图书馆文化会体现在图书馆的组织结构之中，柯平认为具体的现象可以划分为直线职能制文化、扁平化文化、高校图书馆的文化模式、公共图书馆的文化模式、图书情报档案一体化模式等[25]②。生修雯在论述创建知识导向型图书馆文化时指出要借助组织结构及运行机制的创新来实现③。

图书馆文化与组织战略。程远从图书馆文化对图书馆核心竞争力的影响、对图书馆发展战略管理的影响两个方面探讨了图书馆文化对图书馆发展的影响④。

图书馆文化的构建是将图书馆文化落实到实处的有力举措，从上述研究现状可以看出，图书馆文化的构建研究已经备受重视，然而图书馆文化的构建是一个完整的过程，包括启动、现状诊断、文化提炼、文化设计、宣传推广等一系列活动。因此，已有的研究成果只是涉及这一过程的某些问题，尚需要更为深入的研究。

（四）图书馆文化的测量与评价

国内学者引入成熟的组织文化测量模型对图书馆文化进行测量。其中徐双在借鉴 Denison 的 OCQ（Organizational Culture Questionnaire）模型的基础上，根据图书馆情境特征，采用问卷调查的方式，从授权、团队协作、重视人才、核心价值观、配合、协调与整合、服务创新、用户至上、组织学习、追求卓越、愿景、社会责任 12 个方面构建了一套较为系统的图书馆文化评价指标体系⑤。刘勐在借鉴徐双构建的图书馆文化评价指标体系的基础上，通过相关图书馆管理者和馆员的访谈，提炼出一些备选指标，拟定出图书馆文化评价指标筛选调查问卷。在此基础上对兰州大学图书馆等图书馆管理者和馆员进行问卷调查，通过对收回的问卷进行相关性分析以及咨询相关图书馆专家和领导，对评价指标体系进行了部分修正，初步将图书馆文化评价指标体

① 安泽胜，陈修权，孟佳佳等. 企业组织结构与企业文化动态联系探析［J］. 中国科技信息，2006（2）：204－205.

② 柯平，闫慧. 关于图书馆文化的理论研究［J］. 图书馆论坛，2005（06）：77－82，93.

③ 生修雯. 创建知识导向型图书馆文化的策略分析［J］. 图书馆建设，2010（4）：94－96＋99.

④ 程远. 试论图书馆文化建设［J］. 图书与情报，2011（4）：122－124.

⑤ 徐双，刘勇. 基于 OCQ 模型的图书馆文化评价指标体系的构建［J］. 图书情报工作，2010，54（11）：44－47.

系归纳为核心价值观、目标愿景、创新意识、组织学习、协调一致、参与程度、团队合作、馆员发展、用户意识、社会责任等 10 个方面，形成 48 个结构化指标用以描述图书馆文化状况①。唐野琛以广西壮族自治区为例对图书馆文化建设进行了实证研究，从图书馆用户认知的角度，设计图书馆文化的评价指标体系和研究工具②。但是刘勐和和唐野琛实证研究是建立在高校图书馆的环境下，其中一些指标并不适用于公共图书馆 。

国内的相关研究仍处于初步探索阶段，在有关图书馆组织文化的文献中，主要集中在图书馆文化的含义、内容、特征、功能、影响因素、建设策略等方面，一般都为定性研究，图书馆文化的实证研究很少。其中，关于图书馆文化测量与评价的文献不多，仅有的少量文献中还有不是直接研究图书馆文化测量的，而是针对图书馆文化的某一侧面进行研究的。

三、国内外图书馆组织文化研究小结

图书馆文化研究从 20 世纪 80 年代以来至今已有 30 余年的时间，自其提出以来受到图书馆学界和业界的重视，并开展了一系列的研究，其管理作用已被研究者和实践者们认可，本研究通过对国内外已有文献的梳理，主要得到以下结论和启示：

第一，研究数据统计分析方面。首先，国内外研究论文数量分布均呈现逐年增长的趋势，尤其是最近几年，对图书馆文化关注的热度逐年增加。其次，从研究论文的国家分布来看，这一主题的文献主要分布于发达国家，如美国、英国等。但是，我国台湾和大陆在此主题上分别有 5 篇和 3 篇相关文献在国际上发表，尽管数量有限，仍可发现这种国际对话与交流的趋势。再有，从期刊分布上来看，国内外呈现出了较为一致的特点，即这一主题的文献多分布在图书馆学专业的核心期刊之上，而情报学期刊上刊载此类主题文献相对较少。第四，个人与机构贡献方面，国内外存在着一定差异，从出现频次和贡献值的比较来看，国外的研究以合作方式居多，机构相对集中在研究型的大学之内，而国内的研究多以独立著者为多，机构呈现出多样化的趋势。

---

① 刘勐. 图书馆组织文化评价指标体系优化及其实证分析［J］. 图书情报工作，2012，56（03）：43－47.

② 唐野琛. 新建本科院校图书馆文化建设的实证研究——以广西壮族自治区为例［J］. 图书馆，2012（3）：70－73.

第二，研究的主题方面。通过对国内外文献的高频词比较和知识图谱分析，研究发现国外图书馆文化研究大体上可以划分为两个阶段。第一个阶段是20世纪80年代至21世纪初期，是理论探索阶段，初步引入了其他领域的研究成果，并开展了积极的实践。第二个阶段是2000年以来至今，是深入探讨阶段，理论研究已经趋于成熟，开始进行深入的实证研究，更深入地关注图书馆文化的构成维度和图书馆文化测量的方法等实际问题。而我国图书馆文化研究，从整体来看仍处于初期阶段，学界在积极地进行理论的探索和实践的总结。理论方面，将其他领域的组织文化研究引入图书馆学界，而对国外图书馆学界相关研究借鉴还很少。实践方面，总结图书馆文化建设的实例，并探讨实践策略。

相比国外研究，国内研究主要集中在基本理论的探讨和对图书馆文化建设的对策上。有关理论的探讨已经趋于成熟，但是从研究的整体上来看，同国外相比，国内已有研究尚存在着不足之处。

第一，研究尚不深入，缺乏对图书馆文化领域已有问题的深入研究，缺乏中外比较的研究。时代的变迁，组织的文化与地域、国家和社会的发展紧密相连，图书馆文化的形成也是一个社会化的过程①，图书馆文化的研究受到本土文化建设的影响深远。从这一角度来看，我国图书馆文化研究尚缺乏图书馆情境下的内涵研究，对图书馆文化的认识，寻求统一，而不同图书馆用各自不同的图书馆文化，不同地区、不同类型的图书馆应该建设属于自己特色的文化，应该加强独立图书馆情境下的图书馆内涵研究。

第二，缺乏对图书馆文化现状的诊断研究，对现状的诊断可以发现图书馆文化现存的问题，有针对性地提出解决策略，形成文化发展文本，将图书馆文化落到实处。而目前国内外的文献中，很少有针对现状诊断的研究，在以后的研究中应该重点关注对图书馆文化现状的诊断方法、过程、模式、工具等的研究。

第三，缺乏行业整体范围的图书馆文化研究。尽管国内图书馆文化研究的文献有很多，其中也不乏实证研究，但是，其研究的范围比较狭窄，都没有从一个泛在的情景下去研究整体行业的文化，而只是以一个微观的角度和单一的案例作为实证研究的素材，缺少大范围的整体行业研究。

第四，研究方法单一，多数的研究都是描述性解释型的研究，只是提出

① Schein E H. Organizational culture and leadership [J]. Zalpa, G. La cultura en las organizaciones empresariales. Estudios sobre las culturas contemporáneas, 2002, (8): 15.

有关观点，缺乏数据支持。采用研究方法的文章相对较少，问卷调查法、案例分析法等方法虽有所使用，但整体来看仍是缺乏实证性的研究。

图书馆文化这一概念是近些年才发展起来的，但是诸如“图书馆制度”、“图书馆精神”、“价值观”等概念却早已有之。从图书馆管理学的角度来看，图书馆文化具有比较明显的管理属性。随着我国公共文化服务体系建设的不断推进，公共图书馆的内外环境在不断的变化，新技术、新制度、新管理方式等不断变革，这对公共图书馆组织发展提出了挑战。国外已有相关研究成果，可供我国公共图书馆领域开展组织文化研究提供范例。

第三节　国内外图书馆文化实践进展

组织文化（Organizational Culture）或称企业文化（Corporate Culture），这一概念首先是在企业管理中出现的。国内外不同学者对组织文化的概念界定也不尽相同，从广义的角度看，组织文化是指企业在创建和未来发展中所形成的物质文化和精神文化的总和。包括管理中的硬件设备和软件设备，内部文化和外部文化。从狭义的角度看，组织文化是指企业在长期的发展中所形成的为组织特有的、独到的、多数人员认可的最高目标价值标准、信念、规章制度总和。具体来说，组织文化是指组织的全部成员都认可的价值观、行为标准、工作方式、团队意识、最终目标等群体意识的总和。组织文化的范畴广泛，包括组织物理性集合（如建筑等）和个体与组织自身的一种认知行为，随着组织文化的发展，其在管理过程中的作用受到人们的重视。

图书馆组织文化是指图书馆在长期的生存和发展中所形成的特有的为全部馆员认可的最高目标、价值观念、制度规范、管理方式、职业道德观念、精神风貌、团队意识的总和。图书馆的组织文化是维持图书馆正常秩序、约束馆员行为、确立图书馆终极目标、实现群体价值的理论依据，这同时也是图书馆未来发展的主体和核心。国内外图书馆界的图书馆组织文化实践多反映在其图书馆战略规划之中。尽管我国图书馆界对图书馆组织文化的了解尚不够深入，但是也有少数图书馆制定了组织文化战略，例如广州图书馆、杭州图书馆、上海图书馆、东南大学图书馆等。因此，本部分通过搜集国内外图书馆战略规划文本，对文本中涉及图书馆组织文化部分进行剖析，以了解国内外图书馆组织文化的实践现状。

一、数据来源

本部分的数据来源于国内外图书馆战略规划文本。通过对国内外图书馆网站访问、网络资源搜索等途径获取国外图书馆战略规划文本，并对战略规划文本中与组织文化相关的文本数据进行提取。在综合考虑不同类型图书馆和不同国家地域差异性的基础上，选取了国内外 312 个有代表性的图书馆战略规划作为分析样本，其中我国各种类型图书馆战略规划文本共计 82 个，国外各类型图书馆战略规划文本共计 230 个，其中国外公共图书馆 87 个，国外高校图书馆 90 个和国家图书馆和协会共 53 个。利用内容分析法对规划中涉及组织文化的内容进行整理分析，以期了解国内外图书馆组织文化的实践进展。

首先，对所获得的国外文献进行浏览，挑选其中专门阐述图书馆组织文化的部分进行提取并翻译，在所获得的中外文战略规划文本中涉及图书馆组织文化的战略规划文本共计 30 个，其中国内文本共计 9 份，涉及 6 个不同类型的图书馆（东南大学图书馆在不同时期的战略规划中均有组织文化部署，按 3 份统计，石家庄学院图书馆两份不同版本的战略规划，按 2 份统计）。国外文本共计 21 份，来自于 21 个图书馆，见表 2.6。公共图书馆和高校图书馆是图书馆组织文化建设的重要领域，其中公共图书馆 9 个，占 30%，高校图书馆 18 个，占 60%，其他类型图书馆 3 个，占 10%。从开展年度可以看出来，我国图书馆组织文化实践中，东南大学在“东南大学图书馆 2006 – 2010 五年发展规划纲要”中就有提及，而其余图书馆相继从 2010 年起开始我国图书馆组织文化建设。这与美国为代表的国外图书馆相比要晚，其中“皇后大学图书馆 2002 – 2005 年战略规划”和“华盛顿大学图书馆 2002—2005 年战略规划”自 2002 年起就开始建设自身的组织文化。这一方面与我国战略规划开展时间与国外相比较晚有关，另一方面，与我国图书馆组织文化建设实践相对滞后有关。

表 2.6　国内外图书馆战略规划中的组织文化

图书馆名称	战略规划名称	国别	类型	年份
浦东图书馆	浦东图书馆发展规划	中国	公共	不详
上海图书馆	上海图书馆上海科学技术情报研究所 2011 – 2015 年发展规划	中国	公共	2011 – 2015

续表

图书馆名称	战略规划名称	国别	类型	年份
东南大学图书馆	东南大学图书馆中长期发展规划（2010－2020年）	中国	高校	2010－2020
	东南大学东南大学图书馆2006－2010五年发展规划纲要	中国	高校	2006－2011
	东南大学图书馆“十二五”（2011－2015年）发展规划图书馆	中国	高校	2011－2015
石家庄学院图书馆	石家庄学院图书馆“十二五”战略规划（馆内讨论稿）	中国	高校	2011－2015
	石家庄学院图书馆“十二五”规划子规划	中国	高校	2011－2015
云南师范大学图书馆	云南师范大学“十二五”图书馆建设规划及2020年远景目标（摘要）	中国	高校	2011－2015
海南省高等学校图书馆	海南省高等学校图书馆“十二五”发展规划	中国	高校	2011－2015
荷兰国家图书馆	荷兰国家图书馆战略规划（2006－2009）	荷兰	国家	2006－2009
巴尔的摩县公共图书馆	巴尔的摩县公共图书馆战略规划Ⅶ 2007－2009年度建立终身学习的社区	美国	公共	2007－2009
路易斯安那州图书馆	路易斯安那州图书馆战略规划2012－2020	美国	公共	2012－2020
欧申赛德公共图书馆	欧申赛德公共图书馆2005－2010年战略规划	美国	公共	2005－2010
索诺马县图书馆	索诺马县图书馆战略规划	美国	公共	不详
威廉斯堡区图书馆	威廉斯堡区图书馆战略规划2006－2010	美国	公共	2006－2010
西雅图公共图书馆	西雅图公共图书馆战略规划2011－2015	美国	公共	2011－2015
悉尼大学图书馆	悉尼大学图书馆2005－2010年战略目标及2005－2007年行动规划	澳大利亚	高校	2005－2010
湖首大学图书馆	湖首大学图书馆战略规划2008－2012	加拿大	高校	2008－2012

续表

图书馆名称	战略规划名称	国别	类型	年份
皇后大学图书馆	皇后大学图书馆 2002 - 2005 年战略规划	加拿大	高校	2002 - 2005
阿巴拉契亚州立大学图书馆	阿巴拉契亚州立大学图书馆 2008 - 2013 战略规划	美国	高校	2008 - 2013
华盛顿大学图书馆	华盛顿大学图书馆 2002 - 2005 年战略规划	美国	高校	2002 - 2005
马里兰大学图书馆	马里兰大学图书馆 2005 - 2007 年战略规划	美国	高校	2005 - 2007
纽约大学图书馆	创造 21 世纪纽约大学图书馆：2007 - 2012 年战略规划	美国	高校	2007 - 2012
新墨西哥州立大学图书馆	工科大学图书馆面向用户的战略服务	美国	高校	不详
约翰霍普金斯图书馆	约翰霍普金斯图书馆 2006 - 2011 年战略规划	美国	高校	2006 - 2011
约克大学图书馆档案馆	约克大学图书馆档案馆 2005 - 2009 战略规划	英国	高校	2005 - 2009
渥太华大学图书馆联盟	渥太华图书馆网络年报 2003 - 2004 把人们和思想联系起来	加拿大	高校	2003 - 2004
杜鲁门图书馆	处于变革时期的杜鲁门图书馆：战略规划	美国	其他	不详
美国大气研究中心图书馆	美国大气研究中心图书馆战略规划	美国	其他	不详
美国图书馆协会	目前和未来的美图图书馆协会：规划背景	美国	其他	不详

资料来源：本研究整理。

二、研究设计

本部分以涉及组织文化的 30 个战略规划文本为主要依据，利用社会网络分析方法对所获得的文本数据进行分析，图书馆战略规划中的组织文化文本的语义网络知识图谱，见图 2.3。

由图 2.3 可以看出，图书馆组织文化的内容分布以组织文化为中心，以馆员（员工）为主体，着力于形成、培养、促进、管理、建设图书馆组织文化。此外，图书馆组织文化的内容体系下的关键词均是正面的或中性的态度用语，而无负面态度用语，例如：积极、促进、发展、交流、营造、能力、

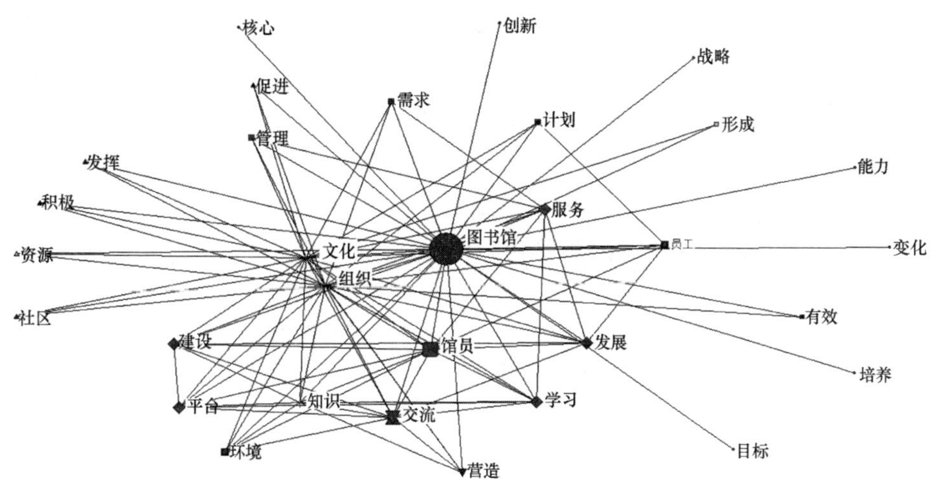

图 2.3　图书馆战略规划中的组织文化语义分析

变化等。

三、文本基本情况分析

在用于分析的 30 份国内外图书馆战略规划文本中，本研究对组织文化战略所隶属的层级进行划分，以了解不同国家地区、不同类型图书馆在组织文化定位上的差异性。其中，超过 50% 的图书馆将组织文化作为一级战略目标，可见开展图书馆组织文化的图书馆将作为自身的核心价值标准和行为规范的组织文化看做是至关重要的环节而进行战略部署。

从文本的基本情况来看，国内图书馆组织文化部署多为制度上的构建。例如：构建完整的组织文化体系，增进组织凝聚力，构建积极向上的文化氛围，增强员工与读者认同感，建立知识共享平台，促进组织内部知识交流；注重图书馆视觉识别系统的建设，应用先进技术；丰富信息资源，加强文献资源建设，服务于民，奉献社会，以人为本，文化立馆；建设与岗位设置相匹配的人才队伍，加强高层次专业技术人才的引进，重视管理人员在事业发展中的骨干作用；构建从个人愿景、团队愿景再到组织共同愿景的愿景体系；构建信息反馈机制；建立与个人职业生涯相结合的激励机制，充分发挥员工的积极性等。

而相比之下，国外图书馆组织文化更多的是一种具体化的指导意见，对图书馆管理和服务过程中的具体行为加以规范。例如：作为学习型组织，要进行不断的反思和评价，采用定量和定性的标准来衡量；尊重所有人的差异性，注重个性化服务。此外，还明确包括组织文化建设指导规范，包括礼貌尊重地对待用户，提供公平平等的资源获取，提供符合社区需求的资源、信息和服务，提供足够的训练有素的馆员，吸引、发展、奖励、保留杰出馆员，创造一个团队合作的环境，鼓励提出大量建设性的不同意见等。

四、图书馆组织文化战略的内容分析

将30份文本中与组织文化相关的内容进行抽取后，按照组织文化的物质层、制度层和精神层对文本内容进行分析。

（一）物质层

物质层是组织文化的外显层面，涉及图书馆建筑、设备、标识、馆藏建设等。基础设施场馆、馆舍文化、学术报告厅、讨论室等均是图书馆物质层面的具体表现[①]。国内外图书馆组织文化战略主要围绕不断加强图书馆馆藏文化建设地调整充实丰富和发展，逐步形成具有自身特色的馆藏和馆藏文化，着力树立品牌形象进行。此外，主张大力发展数字图书馆，深入开拓网络文化。对于高校图书馆，加强文献资源建设，紧紧围绕学校的重点专业建设重点学科，突出现代科技支撑力度，建设适应网络时代的数字信息资源体系。

（二）制度层

制度层是组织文化的中间层面，涉及图书馆的相关规章制度等。国内外图书馆组织文化制度层中涉及人员制度和组织管理制度两个层面。

1. 人员制度

图书馆组织文化战略中的人员制度方面主要提倡创建一种共同学习共同分担，共同进步的学科馆员制度，关心员工在精神与物质生活上的需求，创造开放民主的工作环境，提升业务和学习上的发展空间，构建图书馆的知识社区和活动中心开发人力资源，建设优良组织文化；创造开放民主的工作环境，使馆员能够身心愉悦地投身工作和学习的氛围，倡导终身学习和人人成才的理念；创建老馆员传帮带模式，建设开放的馆员知识共享与交流平台，使员工能积极发挥自己潜能。

此外，国内外图书馆组织文化战略中还涉及了以服务为中心的文化，培养馆员核心价值观、行为文化、语言文化、环境文化等。提升馆员的信息素

① 王群，褚艳秋．图书馆组织文化研究［J］．图书馆建设，2005，(04)：40－42.

养和和信息获取能力；用强大而多样的信息资源来支持教学和科研任务；优秀的图书馆员，要求能将学术性图书馆理论深入到职业知识和相关学术研究当中，进而营造一种学术自由学术宽容的良好学术氛围。在多样化的需求环境下，馆员要能满足各种各样的用户的需求。

2. 组织管理制度

图书馆组织文化战略中关于组织管理制度包括实行科学管理，优化业务流程；建成结构合理爱岗敬业业务精湛的馆员队伍；打造学习型组织，倡导终身学习；创造一种鼓励灵活性和创造性思维的组织文化，建立一个鼓励变革强调团队合作主张多样化的组织文化、进行不断的反思和评价；引入人才，促进员工交流，通过创造一种组织文化使馆员本能地知道组织所期望和所不能容忍的，进而通过组织文化来规范组织人员的行为标准。

增强团队的凝聚力。增强图书馆工作人员之间沟通的包容性和灵活性，鼓励冒险和创新。通过提高良好专业水平和塑造良好的职业精神，建立与个人职业生涯相结合的激励机制，充分发挥员工的积极性；培育团队精神，强化组织观念，增强凝聚力。重视多样化，重视图书馆发展的差异性，重视人文关怀，鼓励多样化和创新力，吸引培养和保留图书馆最重要的财富——知识丰富能力突出责任感强的员工。

（三）精神层

精神层次包括图书馆核心价值和价值取向，图书馆组织文化战略中涉及核心价值和服务读者的价值导向两个方面的主要内容。

1. 核心价值

建立一个积极的组织文化，为实现图书馆的成功鼓励员工发展技能，分享共同的目标与集体责任感。以思想道德体系建设为依托，使组织文化体现时代精神，构建完整的组织文化体系，增进组织凝聚力和认同感，服务于民，奉献社会（国图秉持以人为本，文化立馆）。注重用户和图书馆员的精神文化生活，开展大家喜闻乐见的文化活动，调动大家的参与热情，这个过程需要图书馆外部用户和图书馆员共同来完成。

图书馆作为公共组织意愿，其组织价值理念同样是通过提供服务，实现自身价值。想在不断发展的市场环境下具备竞争力，要形成自己作为图书馆独有的核心竞争力，培养独特的组织学习与发展组织文化，服务于用户，并向社会提供一个良好的文化氛围。

2. 服务读者的价值导向

图书馆创新发展思路，不断拓展图书馆员的角色，在信息化社会，最大的好处在于组织高度分享和利用信息的能力。建立知识共享平台，促进组织内部知识交流，形成一种以平台服务为中心的组织文化[4]。在国内外图书馆组织文化战略文本中强调引进先进技术整合信息资源创新服务模式，改善管理机制和培育和谐组织文化，营造充满吸引力的活动创建网络交流平台，组建教师学术博客群学术社区，组建跨学科的学生学习兴趣小组，搭建网络学术交流平台；搭建参考咨询平台，提供优质服务；提供嵌入课程教学服务；组建各种学术交流组织，承办各种学术报告会研讨会学术组织的年会；深化为学科研究服务，为学校各个项目组课题组服务，提供支持服务。以服务读者为价值导向，成为组织文化战略中的重要内容之一。

五、存在的问题

图书馆组织文化建设是一项长期工作，是一个循序渐渐的过程，需要根据时代的发展适时变革，不断更新和完善战略规划，最终实现图书馆事业的可持续发展。同时图书馆组织文化建设不能急于求成，应该不断积累经验、反复揣度，进而得到较为完善、适合本馆的战略规划，否则就会变成阻碍图书馆发展的组织文化。总之，图书馆的组织文化建设是图书馆可持续发展的核心，图书馆应重点建设有特色的组织文化，增加馆与馆之间的合作交流，提升图书馆的社会价值和社会地位，进而更好地服务于大众。

图书馆作为传播信息、保存文化的社会机构，有完善的组织文化可以更好的帮助图书馆实现最终发展目标、激发馆员潜力、增加组织凝聚力和认知感。通过国内外图书馆战略规划文本中组织文化内容分析，与国外图书馆组织文化实践相比，我国图书馆组织文化实践尚存在诸多问题。

第一，组织文化体系还不够完善，只停留在物质层、制度层、精神层这些宏观层面，未能落实到微观实践方法的研究，未能形成一个较为完善、系统的文化体系。这与国外形成鲜明的对比，国外学者是以实践为主，并以理论为辅的图书馆组织文化研究思路。

第二，组织文化的研究深度不够，处于初步提出阶段，缺乏更深入、更系统的研究。实际上，组织的发展过程是组织文化不断积累的过程，因此需要针对组织制定适合自身、能体现自我价值的战略规划。

第三，组织文化的提出缺少研究方法的支持。国内对组织文化的研究方法或多或少都是借鉴国外的研究方法，仅仅做出了文字上的研究。可是国外的方法是经过做问卷、做调查、做访谈得出的适合本国本组织的方法，我国在没有联系我国国情、联系组织所处环境的情况下，用别人的研究方法制定组织文化战略，势必会造成组织文化构建的失败。因此，国内在组织文化构建时，需要不断修改、不断完善、联系组织所在环境，制定符合自身特色的组织文化。

第三章　组织文化诊断理论

文化一词的含义是比较难以概括的，长久以来，学术界有多种观点。起初，“文”与“化”是分开各自单独而用的。据《说文解字》记载：“文，错画也。像交文”，《殷周文字释丛》记载：“文即文身之文”，通“纹”，有了刻画而成线条的象征，具备了“条理”的含义。最初的“化”字仅指生育现象而言，《殷周文字释丛》记载：“化像人一正一倒之形”，化同“生”、“育”，此外，古代的化字还有教化、感化的含义。逐渐地二者开始融合使用，古代就有着“观乎天文，以察时变；观乎人文，以化成天下”的记载，大意为“观察大自然纹理征兆之情状、寒暑阴阳之更替，可以知道四季的变化规律；观察人类社会伦理关系，‘成乎文章’，可以教化天下，成就大治之业。”。文化也是由“人文以化成”缩略而来的。

近年来，各种文化层出不穷，文化在我国社会建设中逐渐处于日益重要的地位。随着我国公共文化服务体系建设的兴起，再次将文化带入研究者的视野。文化研究从个人层次与组织层次转向国家层次发展。在宏观政策的引领下，组织文化的研究会日益受到重视。

第一节　组织文化概述

一、组织文化理论的产生与发展

19 世纪末，西方工业化发展时期，Taylor 提出的科学管理以及韦伯提出的“科层制”体系大行其道，产生了深远的影响。这种管理方式是以“经济人”为假设前提，认为组织中的人的行为活动的动机是为了满足个人的私利，人的工作是为了得到经济报酬。20 世纪 20、30 年代，著名的“霍桑试验”引发了人们对组织中人际关系、非正式群体等要素与组织绩效关系的关注，进而产生了对人的社会性需要的思考，提出了“社会人”的基本假设。20 世纪 70 年代，系统论和权变理论的提出和发展促使管理领域出现了“战略热”和“系统热”，由关注企业内部转向关注企业内外部系统的协调和适应能力。20 世纪 70 年代末、80 年代初，美国学者对日本企业崛起的关注，发现了文化对组织管理的影响，进而提出了企业文化的概念。20 世纪 90 年代以来，随着企业文化研究热潮向其他组织机构扩展，形成了诸如学校文化、医院文化、图书馆文化等，组织文化研究开始成为管理学和组织行为学研究中的一个重要研究领域。

20 世纪 70 年代末以来的组织文化研究大体经历了三个阶段：

（一）理论形成阶段（20 世纪 70 年代末——20 世纪 80 年代末）

20 世纪 70 年代末，美国学者对日本企业管理先进经验的总结标志着组织文化理论研究的发端。1979 年，Pettigrew 的“组织文化研究”（On Studying Organizational Culture）将组织文化一词引入到管理学研究的视野。

20 世纪 80 年代开始掀起了一股组织文化研究热潮，1981 年，时任美国加利福尼亚大学教授的日裔学者 Ouchi 在他的著作《Z 理论——美国企业界怎样迎接日本的挑战》中首次提出了“Z 理论”、“Z 型文化”的概念，拉开了组织文化理论研究的序幕。

1981 年美国斯坦福大学的 Pascale 教授和哈佛大学的 Athos 教授共同出版了《日本的管理艺术》，他们通过几年的时间对 34 个日本与美国的企业进行分析比较，总结了 7 个管理要素，分别是崇高目标、战略、结构、制度、才能、风格和人员，称为 7S 理论，见图 3.1。其中战略、结构和制度被认为是硬要素，其余要素被称为软要素，他们的研究发现日本的企业更注重软要素——人员、风格、才能和崇高目标。

1982 年被誉为全球最著名的管理学大师之一，后现代企业之父的 Peters 出版了《追求卓越——美国管理最佳公司的经验》一书，总结了 43 家企业成功的八大属性：（1）崇尚行动；（2）贴近顾客；（3）自主创新；（4）以人助产；（5）价值驱动；（6）不离本行；（7）精兵简政；（8）宽严并济[①]。这些金科玉律对后来的组织文化研究产生了极为深远的影响。

1982 年，南加利福尼亚大学教育学教授 Deal 和管理咨询顾问 Kennedy 共同出版了《企业文化——企业生活中的礼仪和仪式》一书[②]，堪称为组织文

① 彼得斯，沃特曼著；胡玮珊译．追求卓越［M］．北京：中信出版社，2009.

② 迪尔，肯尼迪著；李原，孙健敏译．企业文化——企业生活中的礼仪与仪式［M］．北京：中国人民大学出版社，2008.

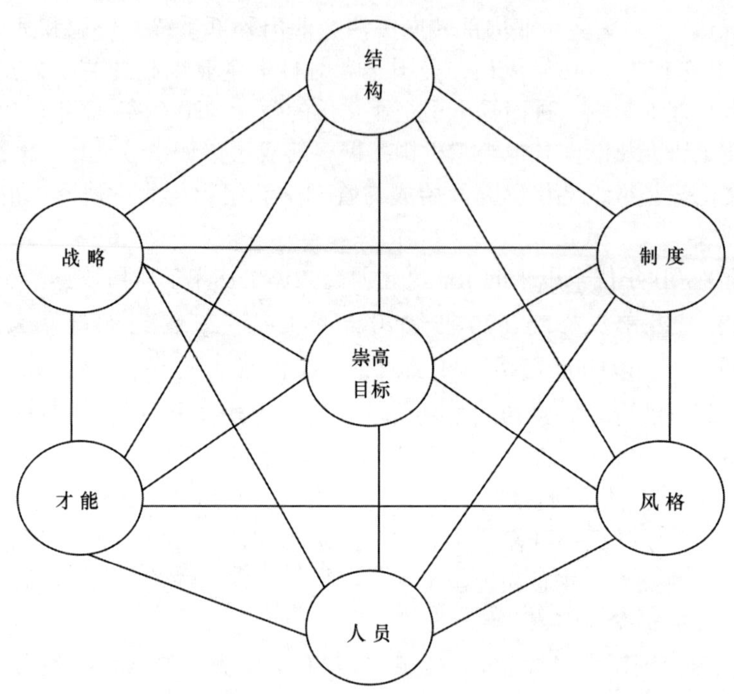

图 3.1　企业文化的 7S 模型

资料来源：巴斯克，艾索思著；黄明坚译．日本的管理艺术［M］．广西：广西民族出版社，1984：22.

化研究奠基之作。该书提出企业文化构成的五种要素，即外部环境、价值观、英雄人物、礼仪和仪式以及文化网络。

这四部经典著作被誉为组织文化研究四重奏，它们的出版也宣告着组织文化理论研究的兴起。80 年代的组织文化研究主要在企业中开展，这一时期探讨了企业文化的概念、结果、作用，研究了组织文化与组织其他要素（领导、组织氛围、人力资源、战略等）的关系，组织文化理论体系基本形成。

（二）深入探索阶段（20 世纪 90 年代）

20 世纪 90 年代，在基本理论研究的基础上，开始了更加深入的探索。研究人员开始关注组织文化的量化研究，提出了组织文化测量、诊断和评估的模型，并开发了一系列用于组织文化测量的量表。

（三）领域拓展阶段（21 世纪至今）

企业文化与组织文化这两个概念经常混用，从概念的外延来看组织文化更为广泛，20 世纪 90 年代的组织文化研究领域集中在企业之中，因此这一时期企业文化多被提及。进入 21 世纪，企业文化研究的热潮开始向其他领域扩展，各个组织开始反思自身的文化现象，引入企业文化研究的成果，真正开始了组织文化研究的热潮。

二、组织文化的概念

文化这个词在人们的日常生活中经常被提及，它通常被认为是种种社会现象的体现，是人类社会实践所积累形成的产物。从文化概念的内涵与外延来看有着广义和狭义之分，广义的文化是指人类社会进程中所创造的物质财富和精神财富的总和，而狭义的文化专指那些以意识形态的方式存在的精神文化，涉及宗教信仰、民俗习惯、学术思想、制度规范等。从文化概念的词源来看，文化（culture）这一概念的词源来自于拉丁语 cultura，起初是一个农业术语，是耕作与种植的意思，后来逐渐地转变为培养、修养和教养等意义[①]。

1871 年，英国人类学家 Taylor 公开出版了《原始文化》，在书中他提出："据人种志学的观点来看，文化或文明是一个复杂的整体，它包括知识、信仰、艺术、伦理道德、法律、风俗和作为一个社会成员的人通过学习而获得的任何其他能力和习惯"[②]。此后，也有诸多关于文化概念的探讨。20 世纪 30 年代，同为英国人类学家的 Malinowski 进一步发展了 Taylor 的文化概念，在他的著作《文化论》中提到，"文化是指那一群传统的器物、货品、技术、思想、习惯及价值而言的，这概念包容着及调节着一切社会科学"，同时他还将文化进一步划分为物质文化和精神文化[③]。

《辞海》中对文化这一概念的解释为："文化是指人类在社会历史实践过程中所创造的物质财富和精神财富的总和"。文化是社会发展到一定程度后的产物，是社会、政治与经济的反映。可以说，文化是民众赖以生存的环境。

---

① 萧俊明. 文化的语境与渊源—文化概念解读之一［J］. 国外社会科学，1999（3）：18－25.

② 泰勒，连树声译. 原始文化：神话、哲学、宗教、语言、艺术和习俗发展之研究［M］. 上海：上海文艺出版社，1992.

③ Malinowski B K，Cairns H. A Scientific Theory of Culture and Other Essays：With a Preface by Huntington Cairns［M］. Oxford University Press，1960.

从时间的角度看，文化具有历史承袭性，往往是在继承前人文化的基础上而发展起来的，正如黑格尔所说："文化不是一块不动的石头，而是生命洋溢的，有如一道洪流，离开了它的源头越远，它就膨胀的越大"。此外，文化还具有渗透性和可交流性的特征，不同群体、国家间的文化是相互渗透的，通过不同群体间的文化交流与渗透会导致不同文化的交融。

文化的概念极具复杂性，美国著名的人类学家 Kroeber 和 Kluckhohn 于 1952 年发表著作《文化：概念和定义的批判性回顾》（Culture：A Critical Review of Concepts and Definitions），在这一著作中他们回顾了从 1871 至 1951 年间关于文化的 164 种定义①。时至今日，文化的定义已经数不胜数，纷繁复杂，而对于文化的理解大体上可以达成一定的共识。首先文化是一种复杂的社会现象，很难道明其本质；其次，无论是个人、组织还是社会，他们都有一种文化，这种文化是共有的，同时又是特有的，是区别于其他个人、组织和社会的一个标志；再次，文化是个人、组织或者社会在适应外部环境变化、应对所发生问题、事件的过程中产生的；第四，文化具有继承性，可以在代际间传承，并且在传承的过程中进行选择、改变保留有价值的部分，摒弃不良的文化；第五，文化虽然复杂，然而归根结底文化的核心是价值观②。

20 世纪 80 年代初，文化在企业管理中生根成长起来。日本企业的异军突起使得日本企业的文化实践受到研究领域的关注。企业文化继承了企业管理中关于管理哲学和核心价值观方面的理念，是能够凝聚员工归属感、提高员工的积极性与创造力的一种人本管理理论。企业文化的含义也有广义与狭义之分，狭义的企业文化仅指企业的思想、意识、习惯、感情领域等意识形态范畴。而广义的企业文化是指企业在成长过程中逐渐形成的物质文化和精神文化总和，包括企业管理中的硬件与软件。随着企业文化研究的深入，文化研究领域不断拓展，组织文化开始兴起。组织文化的概念是随着学者对组织中文化现象的关注而逐渐发展起来的，组织文化这一概念最早出现在 Pettigrew 1976 年发表的文章《关于组织文化的研究》（On Studying Organizational Culture）之中③。不同的学者对组织文化的定义也莫衷一是，国内外学者对组织文化的代表性定义，见表 3.1。

---

① Kroeber A L, Kluckhohn C. Culture: A critical review of concepts and definitions [J]. Papers. Peabody Museum of Archaeology & Ethnology, Harvard University, 1952.

② 王超逸，李庆善. 企业文化学原理 [M]. 北京：高等教育出版社，2009：32 – 33.

③ Pettigrew A. M. On Studying organizational cultures. Administrative Science Quarterly, 1979, 24 (4): 570 – 581.

表 3.1　国内外学者关于组织文化的定义

国外学者	定义
Spender	组织文化是组织成员共有的信念体系
Reilly	牢固而且被广泛接受的核心价值观
Hofstede	人们共有的心理程序
Maanen	共同的理解
Kouzes	一种通过各种符号性的媒介向人们传播的、给人们的工作生活创造意义的、为员工共享的、持久的信念体系
Goffman	人们相互作用时共同遵循的行为规范，例如使用的语言和遵从的行为礼仪
Schein	群体在适应外部环境及内部整合的过程中，创造、发展或形成的基本假设的模式
国内学者	定义
吴春波	企业文化就是企业及其关系利益人共同接受的核心价值观。这种价值观不仅是一种准绳、一种信念、一种象征，更是一种凝聚力，也是企业长盛不衰的原动力
魏杰	指导和约束企业整体行为以及员工行为的价值理念
张德	组织文化是组织在长期的生存和发展过程中所形成的，为组织多数成员所共同遵守的最高目标、基本信念、价值标准和行为规范
曾仕强	是一种企业的氛围，无处不在、无时不有，无形但能感觉到
施振荣	企业文化是员工的共同价值观
王吉鹏	企业文化，概括起来就是企业和企业人的思想和行为

资料来源：本研究在张德主编的《企业文化建设》的基础上整理。

关于组织文化的定义有很多种，不同的研究领域对组织文化的定义也有很大差异，然而综合国内外关于组织文化的定义，大体涵盖的内容主要包括以下几个方面：

第一，组织文化的核心是价值观。无论哪一种定义都离不开对核心价值观的阐述，这些价值观涉及信念、目标、准则、规范等。

第二，人是组织文化的重要载体。文化需要载体的呈现才能称之为文化，文化的形成、传播与变革发展也离不开载体，承载文化的载体是组织中的人，包括员工、领导及外部人员等。

第三，组织文化是在个人、组织和社会之间的交互过程中产生的。文化的产生是需要一个过程，它是通过载体（即组织中的人）与组织和社会之间的组织活动（工作任务、问题解决等）逐渐积累、交互作用而产生的。

三、组织文化的结构

组织文化的结构是组织文化要素间的关联方式，国内外关于组织文化的结构提出了多种观点，有二元结构、三元结构、四元结构等。如美国学者Deal和Kennedy提出组织文化由价值观、英雄人物、典礼仪式和文化网络四个要素构成；荷兰心理学家Hofstede提出为价值观、礼仪活动、英雄人物和符号系统的四层次结构；美国麻省理工学院教授Schein提出人造物、价值观和基本假设的三层次结构。此外还有学者提出组织文化的二元结构说，认为组织文化可以分为有形文化和无形文化、外显文化和内隐文化、物质文化和精神文化等[①]。

综合组织文化的结构划分有多种观点，组织文化大体可以划分为三个层次，即物质层、制度行为层和精神层，如图3.2所示。

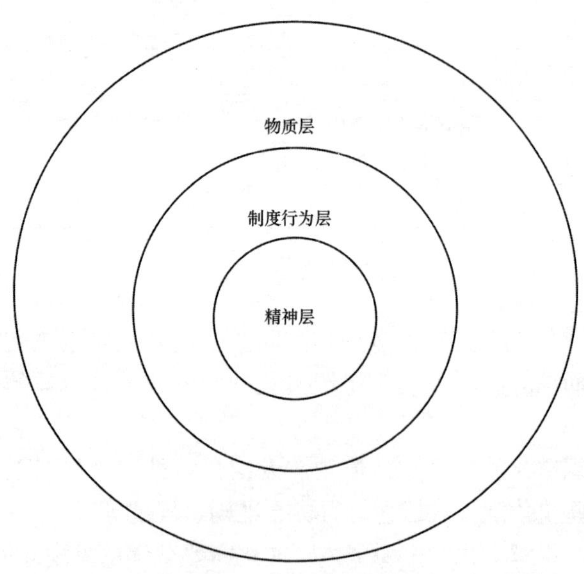

图3.2　组织文化的结构示意图

资料来源：本研究整理

① 张德主编，企业文化建设（第二版）［M］. 北京：清华大学出版社，2009：2.

（一）物质层

物质层也常被称作符号层或器物层，是指由员工所创造的产品和各种物质设施等所构成的表层文化。它是制度行为文化的基础，同时也是精神层的载体。通常包括组织的标识系统、组织的建筑和空间、技术设备、文化休闲设施、纪念品、组织文化传播网络等。

（二）制度行为层

制度行为层是组织文化的中间层次，是物质层文化和精神层文化有机结合的部分。它主要是对组织中的个体和群体的行为进行规范和约束的部分。通常包括组织中的一般制度（人事制度、财务制度、会议制度、责任制度等）、特殊制度（评议制度、表彰制度等）、组织惯性、行为规范等。也有的学者将制度行为层划分为两个层次，制度层和行为层①。

（三）精神层

精神层也常被称作观念层或理念层，是指组织中的人员共同遵循的基本信念、价值准则、职业道德及精神风貌等。它是组织文化的深层结构，是组织文化的核心和主体，也是判别组织是否存在组织文化的标志。通常精神层包含组织目标与愿景、核心价值观、组织哲学、组织宗旨、组织精神、组织伦理和道德、管理理念、经营理念、组织风气等九个方面。

四、组织文化的类型

组织文化的类型是组织文化特质的抽象概括，在国内外组织文化理论研究中，对组织文化类型的划分研究是一项重要内容，国内外学者提出了多种划分组织文化类型的方法，见表3.2。

表3.2　国内外学者关于组织文化类型的划分

国外学者	划分类型
Deal 与 Kennedy	（1）强悍型文化；（2）工作娱乐并重型文化；（3）赌注型文化；（4）按部就班型文化
Ebers	（1）合法型；（2）有效型；（3）传统型；（4）实用型
Kotter 与 Heskett	（1）强力型；（2）策略合理型；（3）灵活适应型

① 邵洪波. 道治·德治·法治——企业文化之“理念层、行为层、制度层”一体论［J］. 现代国企研究，2012（10）：80－87.

续表

国外学者	划分类型
Gloser 与 Smalley	（1）鲨鱼型；（2）蝘褝鱼型；（3）海豚型
河野丰弘	（1）活力型；（2）独裁活力型；（3）官僚型；（4）僵化型；（5）独裁僵化型
梅泽正和上野征洋	（1）自我革新型；（2）重视分析型；（3）重视同感型；（4）重视管理型
Trompenaars 与 Woolliams	（1）孵化器型文化；（2）导弹型文化；（2）家族型文化；（4）埃菲尔铁塔型文化
Goffee 与 Jones	（1）公共型文化；（2）网络型文化；（3）唯利是图型文化；（4）片段型文化
Daft	（1）适应型文化；（2）创新型文化；（3）使命型文化；（4）团体型文化；（5）官僚型文化
Cameron 与 Quinn	（1）等级型文化；（2）目标导向型文化；（3）家族型文化；（4）市场导向型文化
国内学者	划分类型
樊耘等人	（1）低竞合型文化；（2）高竞争型文化；（3）高合作型文化；（4）高竞合型文化
赵常林	（1）民主型文化；（2）专权型文化；（3）伦理型文化；（4）法理型文化；（5）权变型文化
李桂荣	（1）创新型文化；（2）以质量为中心的文化；（3）以结果为中心的文化；（4）以人为本的文化；（5）以团队为中心的文化；（6）进攻型文化；（7）保守型文化；（8）以发展为中心的文化
任荣、熊鹏	（1）创新型文化；（2）财富创造型文化；（3）最大利润型文化；（4）服务社会型文化；（5）以人为本型文化
魏杰	（1）经营性文化；（2）管理性文化；（3）体制性文化
黄和涛	（1）服务型文化；（2）风险型文化；（3）未来型文化；（4）程序型企业文化；（5）公共型文化
郑清祥	（1）官僚型文化；（2）创新型文化；（3）支持型文化；（4）效率型文化
正略钧策（机构）	（1）象文化；（2）狼文化；（3）鹰文化；（4）羚羊文化

资料来源：本研究整理

如表 3.2 所示，国内外学者从多个视角对组织文化进行了多种分类，但是从本质上来看这些分类具有一定的相通性。例如 Trompenaars 与 Woolliams 的分类都是基于组织内部特征的，不同之处在于与外部环境的互动关系，前者是基于对外部风险程度及反馈速度的分类，后者是依据集权程度和正式程度的高低要求而分类。而实际中，一个组织的文化分类并不是十分严格的遵循上述表格中所列出的类型标准，往往一个组织同时具备多个组织文化类型特征。

五、组织文化的特征

组织文化是组织与社会、其他组织和个人之间的文化渗透交流而逐渐形成的文化系统，通常组织文化具有一些特定的特征：

（一）民族性

无论哪种文化均置于一定的社会环境之下，社会文化对组织文化的影响往往最为强烈。通常地，组织文化作为一种亚文化存在于社会文化之下，其形成与发展必然受到社会文化的渗透与影响。这其中以民族文化的烙印最为强烈，组织文化的民族性特征显著。

（二）功能性

组织文化是对组织精神的高度凝练与总结，是组织价值与追求的直接反映。组织文化对于个人而言，具有规范组织中个人行为的作用。此外，在组织文化与社会文化的交互过程中，尽管其相对独立，但是与民族文化、社会文化、政治文化等共同构成体系。

（三）延续性

组织文化具有延续性，往往一种文化的形成是延续自组织中的他人。首先，组织文化的持续进步来自于组织中员工的不断实践与探索，在不断的学习中加深对组织文化的认知，从而带动组织文化的整体性进步；其次，组织可以通过培训和再教育的方式提高员工素质与能力，进而推动组织文化的成长与进步；此外，组织文化还可以通过积累、沉淀的方式形成本组织的文化，这是一种传统的延续。

（四）人文性

人员是组织构成的要素，是组织发展的核心动力。组织文化中的人是组织物质文化、精神文化的载体。文化管理作为一种“软管理”手段，体现的是对组织中人的关怀。始终把人作为管理的首要要素，从人的实际需求层次出发，关注员工价值的导向和个人的自我实现。组织文化的核心是人，关心人的发展，重视人才，尊重人才，为组织中人的发展提供空间并尽可能地创造条件。

（五）发展性

组织文化是伴随着组织的成长而不断地发展起来的，是一个动态的过程。在这一过程中，组织文化随着员工价值观的改变、社会文化环境的变换而在不断更新。新的组织文化会取代旧的组织文化，这是组织发展的必然趋势。

（六）特殊性

每个组织的生存环境都有差异，不同环境下生成的组织文化具有特殊性，是能够区别其他组织的文化特征。只有组织能够凝聚具有特色的文化，才能保证组织的活力。

六、组织文化的功能

组织文化的功能是指组织文化对组织发展的影响和作用，自组织文化理论发端以来，就有众多学者对这一问题展开了广泛的讨论，基本上达成了共识。普遍认为组织文化对于组织的发展具有正向的功能也具有反向的功能。

（一）组织文化的正向功能

组织文化的正向功能是组织文化对于提高组织效率的正面影响，包括导向功能、约束功能、凝聚功能、激励功能、辐射功能和调试功能六个方面[①]。

1. 导向功能

组织文化设定组织共同的价值观，并明确组织未来发展的目标，他能够引领个人目标向组织目标靠近。因此，组织文化的形成会令组织成员对事物有共同的认识，能够自然而然的为实现组织的共同目标而努力。

2. 约束功能

组织文化的约束功能主要是通过制度行为层的建设来设定组织的管理制度、行为规范和道德准则等来实现。这种成文的规定是一种硬约束，此外组织文化设定了组织共同的目标，组织成员为共同的目标而一同努力奋斗，不自觉地会形成一种软约束力，通过对成员心理信念的影响来实现。

---

① 李丽．探析组织文化的功能［J］．中外企业家，2013（16）：70.

3. 凝聚功能

组织文化营造的是一个共同的价值观体系，就像是一个粘合剂一样，将组织中的成员凝聚到一起，形成向心力。组织文化以人为本，关注个人的情感要素，从而凝聚人心，令整个组织像家一样，成员与组织共同成长。

4. 激励功能

倡导组织文化的过程也是促进组织成员自我实现，寻找自身价值的过程。人的需要得到满足，那么对于个人而言是一个极大的激励和促进。个人会把组织的目标作为自己的目标，进而拥有主人翁般的强烈责任感和组织归属感。

5. 辐射功能

组织文化的形成不仅仅通过宣传对组织内部产生影响，而且会通过传播与外部环境产生交互，进而对社会产生一定的影响。社会可以通过很多渠道了解组织文化进而树立一个组织的形象观，这些渠道可能包括传统媒体、网络、广告等。在组织重视形象和声誉的今天，组织文化的渗透力，即这种辐射功能显现得越来越重要。

6. 调试功能

组织文化建立组织的基本道德规范、行为准则和组织的核心价值观，组织中的成员也会通过不断地自我调整来适应组织的共同价值观，通过组织文化能够起到自觉的约束和调节的作用。组织文化为员工营造良好的氛围，对员工心理、人际关系、环境适应等具有调试功能。

（二）组织文化的反向功能

任何事物都有两面性，组织文化也不例外。组织文化存在潜在的反向效应，对于组织中的一些行为活动起到阻碍的作用，涉及对组织变革的阻碍、对多元化发展的阻碍、对兼并和收购的阻碍等。

1. 组织变革的阻碍

组织文化是从组织传统中凝结而成，一旦形成就很难改变。因此，当组织进行变革的时候会成为一种阻碍，组织中成员的思想观念和新的观念间的碰撞会发生冲突，出现不适应的情况。这时候，需要对组织文化进行相应的变革以适应新的观念，而事实上组织文化的变革是十分困难的。

2. 多元化发展的阻碍

组织文化旨在营造共同的信念、价值观，而这样就会导致观念与思想的趋同，不利于员工个性和特色的发挥，阻碍思想方面的多元化发展。

3. 兼并和收购的阻碍

组织文化形成后会被组织成员所认同，组织成员很难接受一个新的组织的文化，不自觉的会排斥组织以外的一切文化。因此，兼并和收购的过程是多种组织文化的碰撞，哪一种文化会被同化亦或被服从都是十分困难的。

第二节　组织文化诊断理论进展

一、组织文化健康度

健康常被医学领域提及，1946 年世界卫生组织对其进行了界定：“健康是一种在身体上、心理上和社会适应方面的完好状态，而不仅仅是没有疾病和虚弱的状态。”。这也就是说，健康不仅仅是生理健康，还包括心理健康和社会适应的层面。

（一）组织文化健康度的含义

组织文化健康度是将某一个组织看做一个人，将健康的概念引入到组织文化之中，用于描述组织文化的优劣程度及对环境的适应能力，组织文化健康度从一定程度上反映着组织文化对组织未来发展的影响。相对于人体健康度而言，组织文化的内容体系结构可归属于生理健康层面，组织文化的价值观和价值导向可归属于心理健康层面，组织文化的功能和组织文化对组织未来发展的影响可归属于人与社会交往层面的健康。从人体健康的角度而言，生理健康、心理健康和社会适应缺一不可，因此，组织文化健康也就是说要有完整的组织文化内容体系结构、组织价值观念正确，组织文化在组织适应外部环境方面发挥正向作用。

组织文化健康度高，那么说明组织文化的内容结构体系完备、价值观导向正确、适应外部环境的能力强。反之，组织文化健康度低则说明组织文化内容体系、价值观导向、环境适应力方面存在欠缺，需要改进，甚至需要通过组织变革、重组等手段进一步完善与构建。

（二）组织文化健康度的测量

组织文化健康度的测量是对组织文化的物质层、制度层和精神层及组织文化的社会适应能力的全面诊视。从系统论的视角看，评价反馈是现代管理过程中的一个重要环节，通过对管理系统中的管理活动和管理任务的评价，根据评价结果对管理决策与管理计划进行及时的动态调整，已达到组织的预期目标。而对组织文化的评价是开展组织文化建设的必要环节之一。

1. 组织文化健康度评价的意义

组织文化的评价能够对组织文化的成果进行客观评价，有利于营造良好的组织文化氛围，有利于激发员工参与组织文化建设的热情，而这其中对组织文化健康度的测量就像人的体检一样，定期的检查能够及时发现组织的文化异常，从而避免组织发展的导向性错误。首先，组织文化健康度评价有利于提高组织的核心竞争力。其次，组织文化健康度评价能够确保组织战略的落实与实施。第三，组织文化健康度的评价是组织人性管理的基础。

2. 组织文化健康度评价的原则

组织文化健康度的评价应预先设定评价的原则，在原则的指导下进行评价实践。通常，要优先考虑组织的基本特征，依据组织的基本特征来制定组织文化健康度评价的需要遵循的指导思想。首先，关联性原则。组织文化由多个要素构成，多个要素之间是一个相互联系、彼此关联的整体。因此，在组织文化健康度诊断过程中，要重视关联性原则，要反映组织文化整体系统，同时要关注各个子系统及它们之间的相互关联。其次，科学性原则。组织文化健康度的评价要以科学性为指导原则，从组织实际出发，以科学的设计与方法为指导，搜集组织文化相关数据，科学地评价组织文化过程，考虑评价的必要性和可操作性。其三，全面性原则。组织文化涉及组织的方方面面，从人到物，从思想到价值观体系。因此，全面的把握组织文化，系统的挖掘组织的文化特质尤为重要。

二、组织文化诊断研究的兴起与发展

20 世纪 90 年代以来，组织文化诊断研究已经成为了组织文化研究的一个重要分支，也被称作组织文化研究的测量学派。国内外学者 20 余年的研究形成了丰富的理论成果，在组织文化诊断的理论、模型、过程等方面做了有益的探索。

Harrison 和 Stokes 于 1992 年出版了一部指导组织文化诊断的著作，《诊断企业文化——量表和训练者手册》（Diagnosing Organizational Culture Instrument and Trainer's Manual），他们共同提出的这种诊断方法可应用于团队建设和提高绩效等方面。

Cameron 和 Quinn 于 1998 年出版了《组织文化诊断与变革：基于对立价

值理论模型》，这一专著为组织文化诊断提供了从理论到过程，再到结果处理的一整套分析工具。这一诊断方法对后来的国内外组织文化诊断研究意义深远，许多诊断的模型和工具都是在这一诊断方法的基础上产生的。

除了这些组织文化诊断的著作外，一些会议、期刊和论文也展开了对组织文化诊断方法的讨论。英国 Jai 出版公司于 1991 年在《组织变革与发展》第 5 卷（Research in Organizational Change and Development）中刊载了三篇关于组织文化诊断的论文："组织文化和组织发展：竞争价值的方法"、"组织文化的定量研究和定性研究"、"竞争价值文化量表的心理测验和关于组织文化对生活质量影响的分析"。

此外，Davide、Birren、Richardseel 和 Cliffrh 等人于 1997 年还通过互联网对企业文化评估的维度和方法进行了热烈的讨论。1999 年美国波士顿召开了以"企业文化"为主题的学术研讨会，对企业文化的类型、员工的忠诚和企业文化的塑造等进行了探讨[①]。2000 年，Schein 教授在 Cape Cod 2000 论坛上以"过程咨询、对话和组织文化"为主题开办了为期一周的学术讲座[②]。由此可见，关于组织文化诊断研究的热情正逐年高涨。

长期以来，组织文化研究中都在争论组织文化是否能够测量这一个问题，有的学者认为诸如象征性意义、符号、基本信仰和假设这些较为深层的文化不符合比较分析的思想，而最佳的方式应该是以临床式研究或人类学研究为宜[③]。其他一些组织文化研究者尽管很清楚这种局限性，但仍坚持发展完善比较测量的方法[④]。

20 世纪 90 年代以来，组织文化诊断研究中形成了两大学派——定性测量学派和定量测量学派。以 Schein、Jones、井润田（日）和刘璞等为代表的定性测量学派提倡以观察法、现场访谈、问卷调查法、归纳法、演绎法、案例分析法等来进行组织文化研究。而以 Cameron、Quinn、Denison、郑伯壎等为代表的定量测量学派则通过实证研究开发出了大量的组织文化诊断量表用以组织文化的测量、诊断和评估[⑤]。

---

① 徐联仓.《组织行为学》，北京：中央广播电视大学出社，1993：14－18.

② 草原. 从"经济人"到"复杂人"——企业文化源流及发展［J］. 企业文化，2003（08）：19－22.

③ Schein E H. Organizational culture and leadership［M］. San Francisco, CA：Jossey－Bass, 1992.

④ Curteanu D, Constantin I. Organizational culture diagnosis－a new model［J］. Manager（University of Bucharest, Faculty of Business & Administration), 2010（11）：14－21.

⑤ 尹波. 组织文化分析方法及应用研究［D］. 成都：电子科技大学博士学位论文，2009：12.

定性的组织文化研究比较适合探索性研究，用于挖掘组织文化的构成维度和反映成员内部观点，可以获得十分丰富的一手材料，但是定性研究过程存在着潜在的缺陷：（1）在某一环境中通过定性方法识别的组织文化维度具有一定的特殊性，更换环境后适应性很差；（2）定性测量获得的组织文化维度同组织中其他要素（组织战略、组织绩效等）的关联性比较差。因此，为了获得组织文化与其他要素间的关系，研究者设计开发了许多测量工具[2]。

定量的组织文化研究成果也颇为丰富，涉及量表的设计与应用、测量方法、时间演化分析等一系列的研究。此外，Hosftede 等研究者倡导定性测量和定量测量相结合的组织文化研究。

在组织文化诊断研究中，定性研究和定量研究已经成为了两种主要的研究方法，从优点方面而言，定性研究与研究现场的连接更加紧密，容易获得第一手资料。而定量研究是通过预先设定好的标准对组织成员进行测量，与研究情境关联度不高。总体而言，无论是定性的还是定量的，还是两者结合的组织文化测量研究各有利弊，应当根据具体组织的具体需求而确定测量方案。

三、组织文化诊断的模型

在组织文化诊断的研究过程中，国内外学者构建了许多模型和工具来进行组织文化的测量，国内学者多是在国外的模型和工具的基础上做适当的修正。例如，台湾大学的郑伯壎教授在 Schein（1985）研究的基础上开发了包含 9 个维度（科学求真、顾客取向、卓越创新、甘苦与共、团队精神、正直诚信、表现绩效、社会责任和敦亲睦邻）的 VOCS 量表；占德干和张炳林（1996）在香港中文大学亚洲研究中心的 Leung 和 Triandis 的中国价值倾向调查表的基础上，通过实证研究得到 8 个组织文化因素，分别为君子人格、人际伦理、自我控制、知足常乐、面子、重利轻义、超脱圆滑、清高。

本研究将介绍几种国外比较著名且与本研究密切相关的诊断模型，包括 Denison 的 OCAI 模型、Johnson 的文化网络模型、Cameron 与 Quinn 的对立价值理论模型等。

（一）Denison 的组织文化模型

1995 年瑞士洛桑国际管理学院（IMD）的 Denison 教授发表了《组织文

化和组织有效性的理论》一文，提出了“组织文化模型”①。这一模型是在长达15年的时间里对1000多家企业的4000多名员工的持续研究的基础上提出的，在组织文化研究领域中具有非常大的影响力，他提出理想的组织文化应具有的外部适应性、内部整合性、灵活性、稳定性四大特征，见图2.3。

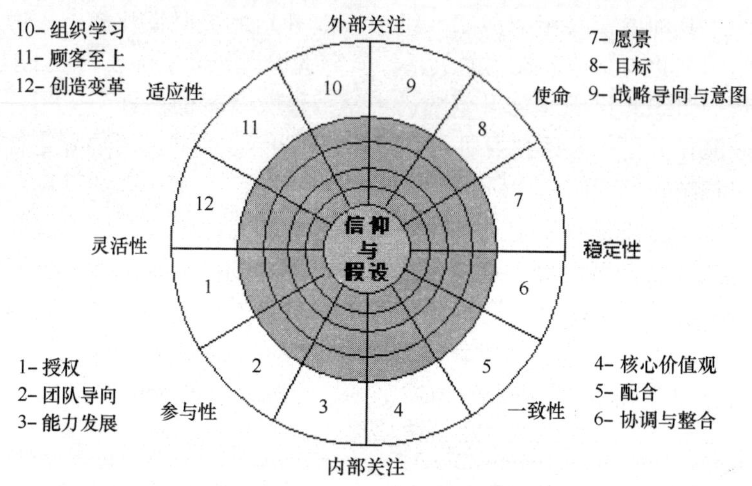

图3.3 Denison的组织文化模型

资料来源：王吉鹏，李明著．企业文化诊断评估理论与实务［M］．北京：中国发展出版社，2005：194.

由图3.3所示，Denison将组织文化的核心定义为员工的信仰和假设，它们决定着组织中员工的日常行为和组织习惯。然而位于核心层的这些信仰和假设是不易被直接诊断和测量的，因此Denison提出四大文化特质对其进行显性化处理以达到可测量的目标。每个文化特质又可以细分为三个子维度。以维度员工参与为例，它又由授权、团队导向和能力发展三个子维度构成。

Denison的组织文化测量模型的贡献在于其极强的操作性，它为组织提供了一个全面、系统、方便实用的测量工具，是组织衡量组织文化的有效工具之一。然而，Dension的组织文化诊断模型对中国情景下的适应性仍需做适当调整，近几年国内一些学者也在这一方面做了有益的尝试。此外，Denison的组织文化诊断模型是针对企业这样的竞争性强的组织而设计的，对于一些非

① Denison D R, Mishra A K. Toward a theory of organizational culture and effectiveness [J]. Organization science, 1995, 6 (2): 204-223.

营利性的组织的适应性有待考察。

（二）Johnson 的“文化网格”模型

Johnson 提出“文化网格”的概念，从组织文化构成要素之间的交互关联的角度对组织文化进行了描述，见图 3.4。

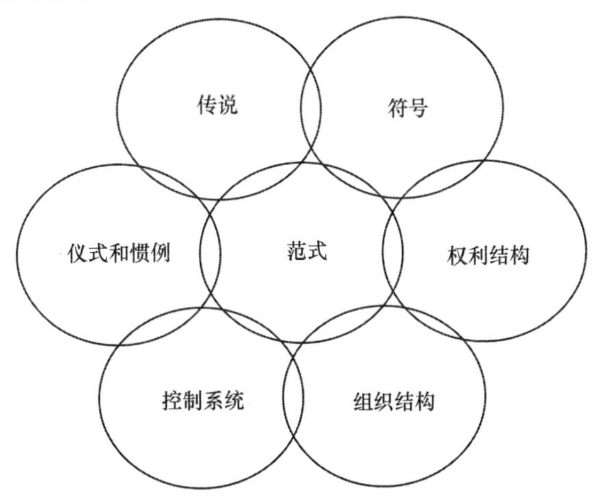

图 3.4　文化网格

资料来源：Pearson Educaion，Inc.，Upper Saddle River，NJ.

如图 3.4 所示，文化网格中包含了范式、仪式和惯例、传说、符号、权利结构、组织结构和控制系统七个要素，关于要素的具体内涵，见表 3.3。它们之间相互关联，形成一个有机的整体。

表 3.3　文化网格的具体内涵

要素名称	内涵
范式	组织的各个层面共同接受的关于公司业务基本要素的假设，比如我们从事什么业务，我们如何进行竞争，我们的竞争对手是谁等
仪式和惯例	关于组织成员如何相互对峙，甚至更为重要的，包括关于什么是正确的、适当的、有价值的相关信念等内容
传说	作为口头历史形式存在的组织成员中流传的传说，使得组织文化的要素得以交流和强化。
符号	像标志语、办公室设计、服装风格以及语言等表达文化特征的符号。
控制系统	通过该系统进行衡量和给予报酬，这传达了组织认为有价值的东西。

续表

要素名称	内涵
权利结构	权利结构是指组织中最有影响力的管理团队。
组织结构	组织结构是指组织中正式及非正式的分化和整合任务的结构。

资料来源：本研究整理

这种将组织文化要素映射图的贡献在于它能够为发掘组织中文化要素间的关联提供一个直观的工具。但是这种要素的关系、测量的标准上仍需进一步研究，具有一定的局限性。

（三）Cameron 与 Quinn 的 OCAI 测量模型

1998 年，Cameron 与 Quinn 教授出版了《组织文化诊断与变革》，提出了一套基于对立价值理论的组织文化诊断工具，见图 3.5。

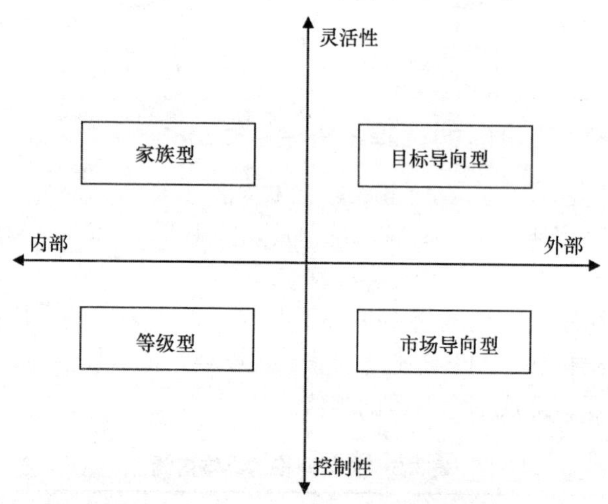

图 3.5　Cameron 和 Quinn 组织文化类型模型

资料来源：卡梅隆，奎恩．组织文化诊断与变革［M］．北京：中国人民大学出版社，2006.

Cameron 与 Quinn 通过研究发现了组织中可以用于评判组织文化的六个维度，分别是主导文化、领导能力、员工管理、组织黏合力、战略重点和成功标准。他们在沙恩的组织文化定义的基础上，从关注内部与关注外部的对立，灵活性和适应性与稳定和控制的对立两个维度提出了组织文化的四种类型，即家族型、目标导向型、市场导向型和等级型。这一测量模型共有 24 个项目，每个项目下面有四个问题对应四种类型的组织文化。

Cameron 与 Quinn 的组织文化测量工具（OCAI）是一套具有开创性贡献的一个工具。首先，他们提出了对立价值理论作为组织文化测量的理论支持，这也为以后组织文化测量的理论研究奠定了基础。其次，这一工具的实用性非常强，从现状和预期两个角度的组织文化测量具有比较的功能，可以发掘组织文化的演化趋势。这一工具的有效性得到了实际中的检验，受到理论界和实践界的推崇，本文对图书馆组织文化的定量测量部分的研究也是建立在这一研究工具的基础之上。

除了这几个重要的组织文化诊断工具外，Insel 和 Moos 于 1972 年设计的工作环境量表、Chatman 和 Reilly 于 1991 年以个人与组织契合度的角度提出了组织价值观量表（OCP）、Pierre DuBois 和 Associates Inc 于 1997 年提出了一套组织文化测量和优化量表、Adrienne 和 Caroline 于 2003 年设计了用于测量信息文化的量表等。这些模型和工具描述了组织文化的特征，为组织文化的诊断提供了可操作性的方案。

四、组织文化诊断的过程与方法

组织文化诊断可以对组织的文化现状进行一个全面系统的审视，能够为领导层提供组织管理的基本情况和出现的主要问题，为组织文化的发展和变革提供依据。

（一）组织文化诊断的过程

组织文化诊断是一个通过搜集组织内外相关信息以用于发现组织在文化层面的“症结”以提出应对策略的一个研究过程。组织文化的诊断基本上要经历诊断前的准备、诊断的实施和诊断的评估三个过程[①]。

1. 诊断前的准备

在进行组织文化诊断前进行一些基本的准备工作是十分必要的，在诊断前的准备阶段通常要确立诊断的计划、目标、需求等；要组建组织文化诊断的工作小组，分配人员及职责，如有必要需要对工作小组人员进行培训。要从各个方面，提前做好充足的准备工作。诊断前要根据企业文化诊断的需求，设计企业文化诊断的体系。要确定诊断所采用的研究方法，是应用定性研究、定量研究还是二者结合。此外，要根据需求，确定组织文化诊断的具体内容，

① 王超逸，李庆善. 企业文化学原理［M］. 北京：高等教育出版社，2009：199 - 200.

对现状诊断、员工价值观、企业组织行为等进行诊断。

2. 诊断的实施

诊断实施是将诊断体系落实的一个重要环节。在实施阶段，无论是采用定性还是定量的研究，都要做好质量控制工作。在定性研究中，要采取多人记录，相互核对，互相印证的方法来确保准确度。在定量研究中，也要多人进行现场监督，辅助企业员工完成问卷的填答以保证定量研究的信度和效度。

3. 诊断的评估

组织文化诊断的目的是发现组织文化症结，提出应对策略。诊断的评估是诊断的最后环节，要根据诊断实施的结果，给出诊断报告，并为组织文化建设提出建设性意见，为组织文化的提炼、设计和变革提供依据。

（二）组织文化诊断的方法

组织文化诊断的过程中应用一定的研究方法是不可或缺的，在本节中介绍了定性测量和定量测量的方法的利弊，具体而言组织文化诊断过程中最常会用到的方法有：访谈法、观察法和调查法等。

1. 访谈法

访谈法可以从研究现场获得第一手的资料，从被访者那里获取直接的观点和看法。在诊断过程中，通常会用到个别访谈和焦点小组访谈两种方式获取个人或群体的有关组织文化的看法，从而提出组织文化的改进方法。

2. 观察法

观察法是最简单、直接地获取表层组织文化的有效方式，通常有参与式观察和非参与式观察两种方式。参与式观察是以局内人的视角，参与员工的日常生活了解他们的组织文化的一种方式。而非参与式观察是进入组织现场，以局外人的视角观察组织运行的过程，发现组织文化特征与问题。观察法能够获取详实的资料，但是比较耗时费事。

3. 调查法

调查法是获取员工对组织文化认知的有效途径，通常有组织文化调查表和员工座谈会两种方式。应用问卷和座谈的方式了解员工对组织文化的认知，可以有效地评价组织文化的现状，但是获取资料的间接性和实施过程不易控制也使得调查法具有一定的局限性。

除了这三种最常用的方法以外还有很多种方法可以用于组织文化诊断，要根据具体需求来进行定量或定性方法的选择。

第四章　公共图书馆组织文化诊断模型的理论依据

在第二章文献综述与实践进展的部分回顾了国内外图书馆文化研究与实践的现状、存在问题等，在第三章中对组织文化理论、组织文化诊断理论进行了回顾。研究发现中国情景下的公共图书馆组织文化诊断研究既缺乏理论方面的基础又缺乏实证方面的验证。因此，在本部分有必要对公共图书馆组织文化诊断的基本理论问题进行初步的探讨，为公共图书馆组织文化诊断模型提供理论依据。本章旨在解决公共图书馆组织文化诊断的一些基本理论问题，涉及公共图书馆组织文化诊断的概念和内涵、原则，主体、内容和方法等，在此基础上提出公共图书馆组织文化诊断的初始模型。

第一节　公共图书馆组织文化诊断的理论基础

理论模型的推衍是以一定的理论为基础的，就目前的研究而言，对公共图书馆组织文化诊断影响最为直接的理论来自于文化心理学、文化管理学和组织诊断学。

一、文化心理学

近年来，“文化因素”成为了心理学研究者关注的重要内容。相关研究发现文化对个体的影响体现在外在服饰、习俗和语言的层面、行为差异的层面和价值观差异三个层面上。这种无意识的影响决定着个体的知觉、思维方式、行为习惯和情感等方面。文化心理学的研究正是关注文化对个体心理与行为影响的问题[①]。

在心理学研究领域对文化的关注始于 Wundt 的科学心理学创立时关于民族心理学的构想，直到 20 世纪 60 年代，学者们反思心理学研究的自然科学观，开始认识到心理与社会文化间的交互关系，心理学研究开始关注文化因

① 汪凤炎，邓红著．中国文化心理学［M］．广州：暨南大学出版社，2005：1－2.

素对心理的影响，出现了心理学研究的文化转向①，文化心理学的研究成为了心理学研究的一个重要领域，其主要的代表人物有 Davros、Simpler、Kantor、Cole、Svede 等。

1969 年，人类学家 Davros 和 Simpler 在他们合作的论文《文化心理学：人类行为的比较研究》中首次使用了“文化心理学”这一概念，他们认为：“人类的心理与行为是由文化决定和制约的”。20 世纪 80 年代，以 Kantor 为代表的文化心理学研究开始关注心理活动的主观建构方面。他从有意义的社会实践活动出发试图将个人、社会和文化相结合用来解释人与社会、人与文化之间的分裂状态。20 世纪 90 年代，学者 Cole 在继承了苏联社会文化历史学派的观点的基础上建立了文化心理学的理论体系。他认为：“人的心理过程是以文化为中介的发展而成，是经过文化习俗的实践过程发展而来的”。此后，多位学者提出对文化心理学的不同观点和看法。Svede 认为：“个人所生存的社会文化环境是一种意向性世界，人不断地从中寻求意义和资源”。我国学者李炳全等认为：“文化是行动的场域，它既是结构也是过程”②。

20 世纪 60 年代以来的文化心理学研究，历经了 50 余年，文化心理学者一直在追寻文化对个体心理和行为的影响机制。他们认为文化是心理学研究的基本要素，文化与心理的关系问题应该成为心理学研究的基本内容。文化心理学中有关文化对个体的影响研究对本研究有着重要的启示作用，

二、文化管理学

20 世纪 80 年代，继经验管理、科学管理之后兴起了文化管理思潮，文化管理的本质上是以人为本的管理思想、管理模式。文化管理通过组织内共同价值观的营造，促进组织被动管理向员工自我约束转变，达到促进组织中人的全面发展、实现自我价值的目的。

20 世纪 80 年代产生的文化管理理论是对以 Buffa 为代表的管理科学学派、以 Schein 为代表的组织行为学派和以劳伦斯等为代表的权变理论学派的继承和发展，从理论假说、主要矛盾、管理职能、管理重点、管理性质等方面既有联系，又自成体系，他们之间的区别与联系，见表 4.1。

---

① 葛鲁嘉，陈若莉．当代心理学发展的文化学转向［J］．吉林大学社会科学学报，1999（5）：79－87.

② 乐国安主编．社会心理学理论新编［M］．天津：天津人民出版社，2009：344－347.

表 4.1 文化管理的理论体系的继承关系

管理阶段 特征		经验管理	科学管理	文化管理
形成时间		约 1769 年	1911 年	约 1980 年
理论假说	管理中心	物	物（任务）	人
	人性假设	经济人	经济人	观念人
主要矛盾		人的生存—自然	老板（雇主）— 工人（雇员）	人的全面发展— 组织发展
管理职能	计划	经济计划	管理计划	战略管理
	组织	直线制	职能式	学习型
	控制	外部控制	外部控制	自我控制
	领导	师傅型	指挥型	育才型
	激励	外激为主	外激为主	内激为主
管理重点		行为	行为	思想
管理性质 （从理性、非理性角度）		非理性	纯理性	理性与非理性的 对立统一
根本特点		人治	法治	文治

资料来源：张德主编．企业文化建设（第二版），北京：清华大学出版社，2009：333

文化管理的理论假设是对以往管理流派“经济人”、“理性人”假设的突破，文化管理提出两个基本理论假设，其一是“以人为中心”，其二是“观念人假设”。在“以人为中心”方面，文化管理强调的以人为中心是在管理工作中以人为管理的出发点和归宿，这是文化管理与其他流派的根本不同。其次，与人本管理等以抽象的人作为管理对象不同，文化管理强调以现实的人作为出发点。第三，文化管理坚持以人为中心，以人的自由全面发展作为最终目标。在“观念人”假设方面，文化管理强调人的本质是自然属性、社会属性和思维属性的辩证统一，并且体现在人的实践活动之中。文化管理认为观念人是“复杂”人、“变化”人和“主观能动”的人。

20 世纪中叶，文化管理的作用和职能在一些企业的实践中显现，如 IBM、松下等。概括而言，大体包括战略管理职能、学习型组织职能、自我控制职能、育才型领导职能和内在激励职能等五大职能。文化管理的理论与实践，为本研究的开展提供了范本，也使图书馆领域开展文化管理有了前车之鉴。

对于本研究图书馆组织文化诊断模型的构建来说，文化管理的基本理论和思想也具有直接的参考价值，因此本研究将文化管理理论作为诊断模型的直接理论来源之一。

三、组织诊断学

诊断（diagnosis）的词源来自于希腊语，是识别和判断的意思。在医学领域中，诊断用以表示通过病情学和其他医学手段来揭示疾病的本质和确定疾病的名称，也就是通过疾病的表现来识别疾病的内在属性的一个程序①。临床的诊断是从与病人的接触开始的，首先与患者交流、问诊了解疾病对人体产生的不适和痛苦，即症状；然后需要借助相关仪器进行人体检查，以确定人体器官的系统解剖结构和生理功能的改变，即体征。通过这一系列的过程判断正常与异常，之后应用连贯的思维，联系疾病的病理生理知识，对疾病做出初步的诊断。

19 世纪末、20 世纪初，管理咨询活动开始兴盛，有学者试图引入诊断学的思想和方法来解决企业管理中出现的问题②。自此之后，企业诊断的内容也在不断的扩展和完善。19 世纪末以来，企业诊断的热点领域涵盖了生产率诊断、市场营销诊断、领导力诊断、个体与群体诊断、组织结构诊断、业务流程诊断、战略规划诊断、组织文化诊断等③。

组织诊断是综合应用管理学理论、诊断学理论对组织做系统而全面的检查，查找组织现存问题，并给出合理的建议方案。诊断人员应用一定的研究方法搜集与组织相关的关键信息，分析问题，并制定干预策略④。

关于组织诊断的过程研究成果颇为丰富。美国学者 Harrison 曾提出组织诊断包括三个主要方面：①过程——与组织成员共同计划和管理诊断研究，并反馈诊断结果；②建模——运用模型锁定问题，指导资料的收集，确定组织中潜在的问题，组织反馈材料；③方法——收集、分析和总结⑤。Lewin 提

① 欧阳钦等. 临床诊断学［M］. 北京：人民卫生出版社，2005：1.

② 企业诊断.［EB/OL］.［2014 - 3 - 10］. http：//bbs. tianya. cn/post - no100 - 41153 - 1. shtml.

③ 吴蕃蕤. 企业诊断基础［M］. 北京：清华大学出版社有限公司，2005：3 - 4.

④ Tichy, N. M., Hornstein, H. A., & Nisberg, J. N. Organization diagnosis and intervention strategies: Developing emergent pragmatic theories of change, Current Issue and Strategies in Organization Development. New York, NY: Human Sciences Press, 1977: 361 - 383.

⑤ 哈里森，筱红，小山. 组织诊断：方法、模型与过程［M］. 重庆大学出版社，2007：1.

出了问题诊断、行动计划、执行和评价的四步诊断法。Likert 提出了诊断的一般 CIO 模型，即原因—干预—结果（Casual—Intervening—Outcome Model）①。我国的学者许小东提出组织诊断一般由进入、数据搜集和反馈三个阶段构成②。

组织诊断包括“诊”与“断”两个方面的内容，“诊”是通过对目标组织系统的调研而甄别组织存在的问题的过程，而“断”则是“诊”的基础上，分析问题的原因的过程③。

诊断学的基本理论和组织诊断的实践是图书馆组织文化诊断理论的直接来源，对于本研究图书馆组织文化诊断模型的构建具有重要的借鉴意义。

第二节　公共图书馆组织文化诊断的概念、内涵与类型

公共图书馆组织文化是公共图书馆在长期的实践活动中所形成的并且为公共图书馆的所有员工普遍认可并遵循的具有自身特色的价值观念、团体意识、行为规范和思维模式的总和。

公共图书馆因在服务对象、隶属体制、人员结构等方面的特殊性，其组织文化具有区别其他组织的特性。首先，宏观的外部环境与公共图书馆的交互产生了独特的组织文化。具体而言，涉及中国传统文化、民族文化、社会文化、地域文化、外来文化、行业文化等。其次，中观层面的公共图书馆组织内部环境下内生了独特的组织文化。这些内部环境涉及馆藏结构、组织结构、战略部署、组织惯性、财政经费等。再有，微观层面而言，构成公共图书馆的图书馆员的个人文化也具有独特性，涉及员工的素质和领导的素质、管理风格、个人习惯等。

公共图书馆组织文化划分了图书馆的组织边界，是使公共图书馆组织有别于其他机构、其他图书馆的主要特征，具有重要意义。它有助于提升公共图书馆的管理水平，有助于提高公共图书馆的组织效率。通过组织文化的建设，可以帮助提炼组织的核心价值观。而组织文化建设的首要环节就是对现

---

① 景怀斌著. 公务员职业压力：组织生态与诊断［M］. 北京：中央编译出版社，2011：136－137.

② 许小东. 组织诊断的程序与方法［J］. 应用心理学，1991（03）：58－62.

③ 单宝. 企业诊断行动路线图［J］. 中国商人，2004（01）：58－60.

有组织文化状况的诊断，因此，界定公共图书馆组织文化诊断的概念，确定其内涵和外延对于理解公共图书馆组织文化诊断十分必要。对公共图书馆组织文化概念的界定，有助于理解公共图书馆组织文化诊断中各种关系的定位。

一、公共图书馆组织文化诊断的概念

公共图书馆组织文化诊断的概念隶属于组织诊断的概念，是组织诊断在公共图书馆中针对组织文化的具体实施。从概念的源头来看，组织诊断这一概念又源自于“企业诊断”。

企业诊断肇始于日本，在欧美国家中这一概念同“管理咨询”的概念具有相同的含义。它通常是指某一个企业或机构聘请有经验的专家，针对企业的管理问题展开一系列的调查研究工作，为企业提供整改意见①。这里的诊断是一个针对组织的问题进行查找、分析和评价的研究过程，更加强调这一管理咨询活动的“临床性”。

Harrison 在其著作《组织诊断：模型、方法和过程》中提出：“在组织诊断中，咨询顾问（Consultants）、研究人员或管理人员运用概念化的模型和实用的研究方法评估一个组织当前的状况，找到解决问题的方法，迎接挑战，提高绩效。”②。

王超逸等认为组织文化诊断是为了充分了解组织和组织文化现状，使领导者明确组织经营管理的主要特征和基本问题，为组织文化的提升奠定基础，通过有目的地收集组织相关信息，从而发现问题或形成结论的研究活动③。

综上所述，本研究认为公共图书馆组织文化诊断是以提高公共图书馆组织文化水平为目的，应用一定的研究方法，收集与公共图书馆组织文化有关的信息以此发现组织文化存在的症结，并提出改善方案和应对策略的一个研究活动。

二、公共图书馆组织文化的内涵

（一）公共图书馆组织文化诊断是一个认识过程。

公共图书馆组织文化诊断是对公共图书馆的文化现状的一个全面的审视。

---

① 吴蕃蕤. 企业诊断基础［M］. 北京：清华大学出版社有限公司，2005：17－18.

② 哈里森，筱红，小山. 组织诊断：方法、模型与过程［M］. 重庆：重庆大学出版社，2007：1.

③ 王超逸，李庆善. 企业文化学原理［M］. 高等教育出版社，2009（05）.

公共图书馆在自主开展组织文化建设之前，对自身的组织文化现状往往不是十分系统地了解。因此，组织文化诊断是一个认识公共图书馆组织文化的过程，有助于图书馆掌握组织文化的现实状况。

（二）公共图书馆组织文化诊断是一个研究过程

组织文化涉及到图书馆的各个方面，是一个比较复杂的系统。公共图书馆组织文化诊断是对公共图书馆的文化资源进行系统的总结、分类和整理的过程。通过对公共图书馆组织文化体系的系统研究来发现问题，提出改善意见。

（三）公共图书馆组织文化诊断是一个管理实践过程

公共图书馆组织文化诊断的目的在于了解图书馆组织文化现状，为图书馆的组织文化变革提供依据，并且为谋划公共图书馆组织未来发展提供指导性意见。其本质不仅仅体现在对公共图书馆组织的研究活动上，而且这种对于图书馆未来发展的决策建议，其实质却是一种管理实践的过程。

总体而言，公共图书馆组织文化诊断是对公共图书馆组织文化的一个健康检查，起着预防亦或治疗的作用，也可以看作是一种增进健康的良好做法，对改善公共图书馆组织文化水平具有进步意义。

三、公共图书馆组织文化诊断的类型

根据公共图书馆组织文化诊断的不同形式可以将公共图书馆组织文化诊断划分为多种类型。本研究根据诊断的主体、对象、内容、时间四个方面对其进行划分，在具体诊断过程中，可以根据需要来做适当的判断。

（一）按照诊断主体划分

诊断主体是指诊断活动的执行者，吴蕃蕤根据执行者的不同提出按照主体一般可以划分为自我诊断和外部诊断两种类型，其中外部诊断又包括利害关系诊断和第三者诊断①。参照这种划分方法结合图书馆实际，对诊断主体的划分见图 4. 1。

馆内诊断是一种独立诊断，是由公共图书馆内部图书馆员组成工作小组对本馆的组织文化进行的诊断。由于图书馆员对本组织的基本情况比较了解，熟悉本馆的历史和现状，能够快速的发现存在的问题和不足。但是受限于图书馆员在组织中的地位和关系，容易使诊断结果带有偏见，不能客观地反映

① 吴蕃蕤. 企业诊断基础［M］. 北京：清华大学出版社有限公司，2005：32.

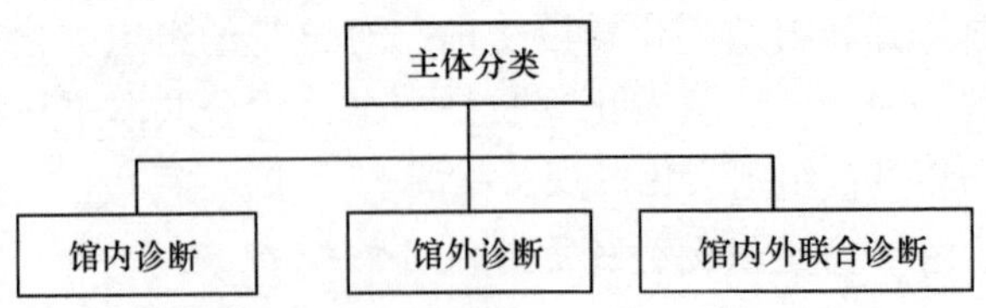

图4.1　按主体划分的图书馆组织文化诊断类型

资料来源：本研究整理

公共图书馆组织文化的现存问题。

馆外诊断是指由公共图书馆以外的专家进行的诊断。这些专家可能对这一领域已有较深造诣的学者或是专门从事组织文化诊断工作的咨询公司的工作人员。外部专家不属于图书馆内部，往往可以客观地评价图书馆工作，而且由外部专家开展的组织文化诊断可以利用外部专家的智慧和先进经验来改善组织文化现状。

馆内外联合诊断是馆内诊断和馆外诊断的综合体，即诊断过程中不完全依靠外部专家的力量，也加入本馆的图书馆员参与到诊断的过程中。利用图书馆员对组织的熟悉，结合专家的经验和智慧共同完成诊断任务。

（二）按照公共图书馆的类型划分

按照公共图书馆的隶属等级划分公共图书馆组织文化诊断的类型，见图4.2。

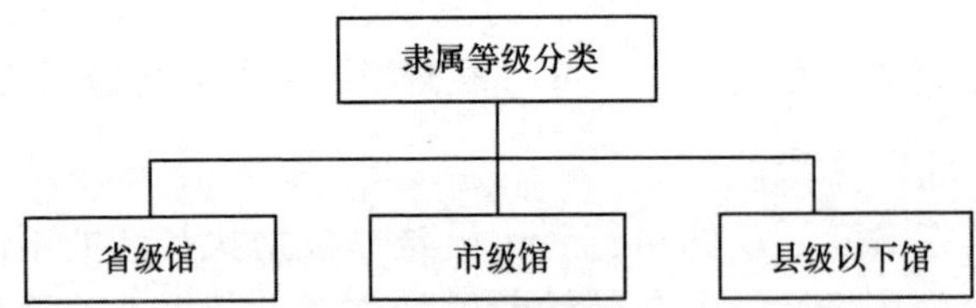

图4.2　按隶属等级划分的公共图书馆组织文化诊断类型

资料来源：本研究整理

公共图书馆隶属等级不同，可以划分为省级馆、市级馆、县级以下馆等。不同隶属等级的公共图书馆的组织文化诊断在一定程度上会受其规模大小、投入程度、人员结构等的影响。针对不同级别的公共图书馆进行组织文化诊断前应提前做好准备和预先判断。

（三）按诊断内容划分

公共图书馆组织文化诊断还可以按照诊断内容的一般性和特殊性来划分诊断类型，见图4.3。

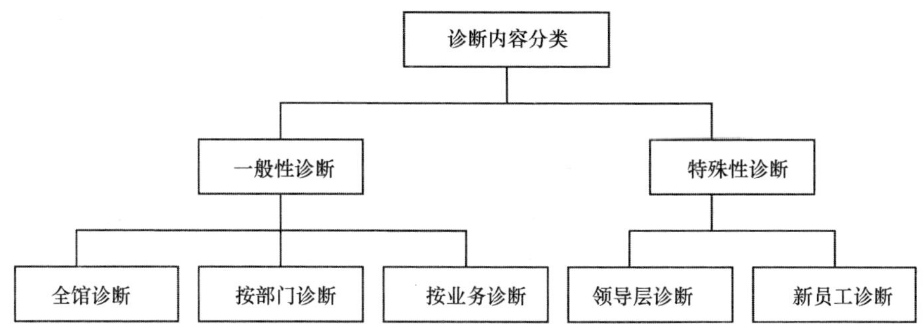

图4.3　按诊断内容划分的图书馆组织文化诊断类型

资料来源：本研究整理

一般性诊断也可以称作是常规性诊断，是对公共图书馆组织文化整体情况的诊断，通常包括对整个馆的综合诊断、对某一部门的部门诊断和针对以某一具体业务的专门诊断三种形式。特殊性诊断是指对特殊群体的组织文化诊断，一般关注的就是领导层和新入职的图书馆员。

（四）按诊断时间划分

按照诊断的时间间隔进行划分，通常可以分为短期诊断、中期诊断和长期诊断等。短期诊断可以是1-2周，快速的发现组织文化问题，提出解决方案。中期诊断可以每6-12周对图书馆的组织文化进行诊断，然而比较耗时费力。长期诊断可以是1-5年的时间对图书馆的组织文化进行一次详细全面的审视。因为组织文化不宜经常变更的特性，长期诊断是比较适合的。在具体操作中，可以结合具体的需求选择不同的诊断周期，以达到最佳的效果。

第三节　公共图书馆组织文化诊断的原则与意义

一、公共图书馆组织文化诊断的原则

公共图书馆组织文化诊断的开展要遵循一定的基本原则，本研究提出公共图书馆组织文化诊断的六大原则：

（一）可操作性

可操作性原则是公共图书馆组织文化诊断的首要原则，整个诊断的设计都要遵循可操作性原则，以确保整个诊断流程的顺利进行。公共图书馆组织文化诊断的可操作性原则体现在诊断方法、工作小组成员、经费保障等的可操作性方面。

（二）参与性

组织文化具有复杂性，在公共图书馆组织文化诊断的过程中要涉及的部门繁多，需要了解多个部门的具体情况。因此，在组建工作小组的时候需要积极争取各个部门图书馆员的积极参与以便诊断的顺利开展，进而达到最佳的诊断效果。

（三）需求导向性

组织文化的诊断一定要以图书馆的具体需求为导向。在开始公共图书馆组织文化诊断之前，要预先进入组织同组织领导会谈确定组织文化诊断的具体需求，根据图书馆的具体需求确定诊断规模、诊断内容、诊断方法等。

（四）科学性

进行组织文化诊断要客观地收集有关数据，遵循事实，真实地反映公共图书馆组织文化现状的基本情况。而不能凭借主观的臆断，或者迎合组织中部分领导的观点而改变结论。只有客观、准确、真实地进行组织文化诊断才能保障诊断结果的可信度。因此，在公共图书馆组织文化诊断过程中，要始终坚持科学性的原则，采用科学的研究手段和研究方法来获取客观真实的结果。

（五）保密性

组织文化是对图书馆员日常行为和工作习惯的一种映射，在进入现场调查的过程中馆员对此具有一定的敏感性。因此，诊断应以了解现象为主，要保护图书馆员的隐私。问卷调查、访谈等应以匿名的形式进行，并向图书馆员进行解释以获得他们的理解。此外，也要关注诊断结果的保密性。诊断结果反映了当前组织的文化症结，而这些问题的可公开程度要征求到馆领导的同意，不能任意的向馆内成员或馆外其他组织公开。

（六）经济性

经济性问题是进行公共图书馆组织文化诊断必须要考虑的一个重要问题。图书馆有没有经费来支撑一个诊断项目，可以投入的经费比例直接影响到诊断的各个方面。公共图书馆的组织文化诊断应当追求以最小的投入获取最大的组织文化诊断效果。

二、图书馆组织文化诊断的意义

成功的公共图书馆组织文化诊断不仅对公共图书馆的组织文化建设具有进步意义，而且对于公共图书馆的未来发展都具有十分重要的意义。

（一）有利于公共图书馆对内外部环境进行一个全面的审视

公共图书馆组织文化诊断对图书馆所在地域的文化、行业文化等外部环境进行检视，同时对图书馆的历史、组织结构、人员结构等进行考察。研究分析组织的文化现状，是对公共图书馆内外部环境的一个全面审视，对于探究图书馆的历史和未来发展具有重要意义。

（二）有利于公共图书馆查找自身组织文化存在的问题

公共图书馆组织文化诊断是通过在组织中获取第一手文化资料的基础上，查找症结、发现存在问题的一个过程。通过诊断可以发现组织文化现状同图书馆未来发展不相适应的潜在因素，发现现有的组织文化存在的问题，找出差距、缺点和不足，以提醒组织要正视这些问题，为图书馆改进和完善组织文化提供依据。

（三）为公共图书馆组织文化建设提供思路

公共图书馆组织文化诊断实质上也是一个为公共图书馆组织文化建设寻找思路的过程。以组织文化现状为依据，结合存在的问题和不足能够促进科学、规范地制定组织文化建设思路。而缺乏组织文化诊断的组织文化建设必定是盲目的，没有依据的。

第四节　公共图书馆组织文化诊断的主体、过程和内容

公共图书馆组织文化的诊断有多种类型，无论是哪种类型的组织文化诊断都是在一定的主体参与下，针对具体的诊断内容按照一定的过程来完成的。

一、公共图书馆组织文化诊断的主体

诊断的主体是诊断的行动者，参与公共图书馆组织文化诊断活动的个人、组织或机构。倘若是图书馆的馆内诊断，那么参与的主体便是图书馆员，包

括馆领导层和普通员工。如果是聘请外部专家或者咨询机构开展的组织文化诊断，那么图书馆员、专家、咨询机构的员工都是参与的主体。

(一) 图书馆员

图书馆员是组织文化诊断最为关键的主体组成，在无法聘请外部专家或咨询机构的情况下，图书馆员就成为了整个诊断的主导力量。相应地，而在聘请外部专家或咨询机构的情况下，图书馆员的配合与辅助也是很重要的。

诊断的过程中，图书馆员对诊断持有自己的态度，当他们认为诊断的结果会对他们的工作产生影响的时候，就会影响他们在组织文化诊断中的行为和态度，这有可能导致他们对诊断过程的主动配合，亦或相反地消极被动。因此，诊断过程中要尤其注意图书馆内那些榜样力量的参与，包括先进工作者、劳动能手、才艺能人、学术先进等。

馆领导层的人员，涉及高层领导和中层领导，这些管理决策者们对于图书馆组织文化诊断的影响最大。而由馆长倡导的组织文化诊断活动，整个诊断的目标、方向都在其控制之下，是整个诊断活动的关键人物。因此，对馆领导层思想动态的把握至关重要。

(二) 专家

专家是参与到组织文化诊断中的外部人员，他们可能来自于高校领域学者或者是公共图书馆、高校图书馆或者其他类型图书馆的实践领域的馆长们或有资历的图书馆员。专家充当着外部智囊团的作用，他们利用所掌握的知识、方法和技能等可以客观地去评价组织的文化状况。

(三) 咨询机构的员工

通过聘请咨询机构来完成组织文化诊断在企业中是比较常见的，也出现在一些非盈利性机构之中，而在图书馆界是比较少见的。一方面专业的咨询机构对图书馆的了解比较少，另一方面，国内尚缺乏专门面向图书馆服务的管理咨询机构。而通常来说，咨询机构中会有两类成员参与到诊断活动中来，一类是专门从事诊断工作的诊断师，他们进行类似专家的咨询工作。另一类是为诊断师提供秘书性、事务性工作的助手，主要进行辅助工作。

二、公共图书馆组织文化诊断的过程

在第三章第二节里面论述了组织文化诊断的三个基本过程，分别是诊断前的准备、诊断的实施和诊断的评估，它们是一个组织文化诊断活动必不可少的三个环节。诊断过程的安排是一项重要的工作，关系着整体项目是否能够顺利地执行。

公共图书馆组织文化诊断的过程是一个动态可调整的过程，没有统一的标准，而是需要根据被诊断方的具体需求而定。本研究以这三个基本过程为基础，结合公共图书馆的特点，以诊断的开始—执行—完成为主线提出公共图书馆组织文化诊断的基本过程，见图 4.4。

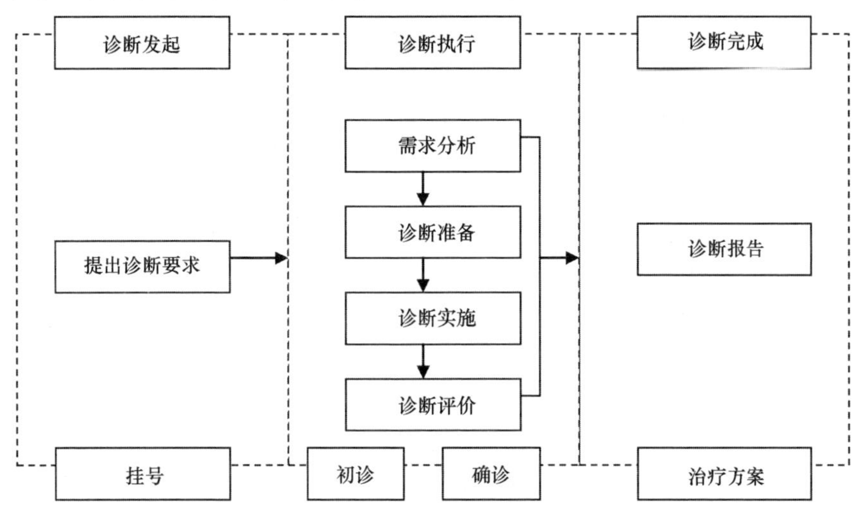

图 4.4　公共图书馆组织文化诊断的基本过程

资料来源：本研究整理

组织文化诊断是组织文化建设的必备环节。组织文化建设通常必须遵循诊断与分析、设计、实施（宣传、贯彻与深植）的流程，并非一步进入实施阶段。

公共图书馆组织文化诊断的基本过程发起于馆领导的诊断要求，之后由相关人员（可能会组建工作小组）进行诊断需求分析，之后进入诊断的准备、实施与评价阶段，最后根据评价结果，撰写组织文化诊断报告，根据发现的组织文化问题，提出改善意见。从诊断学的视角，这一基本过程也正如人体诊断中挂号—初诊—确诊—提出治疗方案的整体过程，是对公共图书馆组织文化的问诊过程。

在进行诊断与分析前要进行充分的调研。调研是进行诊断与分析的基础，通常包括资料调研、现场考察、访谈调研和问卷调研四种方式。调研后，就可以根据调研的结果开展组织文化的诊断与分析。要开展公共图书馆组织文化诊断，首先要通过现场观察、馆员访谈、问卷调查和相关资料搜集的方法，了解公共图书馆组织文化的状况和馆员对公共图书馆组织文化的感知。在此基础上，构筑组织文化诊断的整体框架，形成组织文化诊断模型。然后，应用已有量表或自行开发量表对图书馆的组织文化进行定量分析，最后总结研究结果，为公共图书馆组织文化的发展提出改进意见。通常而言，可以遵循以下步骤来进行：

（一）公共图书馆组织文化诊断模型的设计阶段

通过组织文化调研，能够获取大量的一手资料，再结合公共图书馆的现场观察与馆员访谈，可以大体上总结出公共图书馆组织文化测量的若干个维度进行诊断测量或者从中挑选出适合进行公共图书馆组织文化测量的内容维度，形成公共图书馆组织文化量表进行定量诊断测量。

（二）诊断模型的检验阶段

问卷（或量表）初步设计完成后，要对其有效性进行检验，在正式诊断前要进行预测试。选取相对较小的样本进行测量，回收后进行描述性统计。预测试并不形成结果，主要通过预测试的数据进行因子分析、检验量表的有效性，若存在问题及时进行调整，修正。

（三）正式诊断阶段

经过预测试的修正后，就可以扩大样本量，在整个图书馆范围内进行组织文化的测量。在现有量表的基础上，可以根据现实需要增加相应变量，如组织认可或个人性格等，在统计分析的时候能够进行回归，检测变量同组织文化间的关系。

（四）统计分析阶段

问卷回收后，要开始问卷数据的录入。此时，要剔除无效问卷，以保证问卷数据的一致性。然后应用 SPSS 等统计分析软件对调查结果进行统计分析，得出结论，并阐述原因。最后为公共图书馆组织文化的未来发展提出有针对性的意见。

三、公共图书馆组织文化诊断的内容

公共图书馆的组织文化是一个复杂的体系，其诊断的内容体系也涉及到多个方面。然而公共图书馆的组织文化是由一定的历史积淀，逐渐演变而来。因此，本研究从组织文化演化的视角，从历史—现状—未来的演化路径提出

公共图书馆组织文化诊断的内容体系，见图 4.5

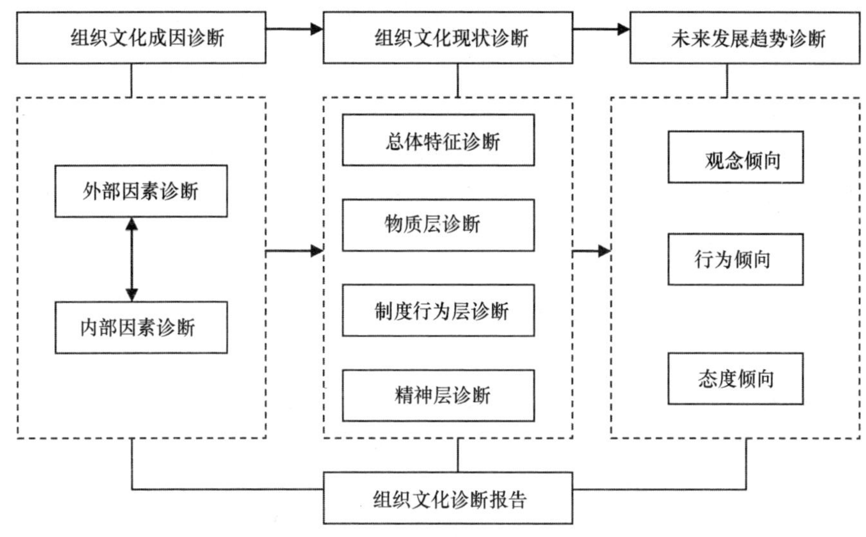

图 4.5　公共图书馆组织文化诊断的内容体系框架

资料来源：本研究整理

（一）公共图书馆组织文化成因诊断

公共图书馆组织文化的形成与其历史发展关联重大，是在历史的积累沉淀下逐渐形成的。促使其形成的主要因素来自于外部因素和内部因素两个方面，因此在组织文化诊断中，对于组织文化形成历史成因的考察是十分必要的。其中外部因素方面，涉及公共图书馆的国际和国内的政治、经济、文化环境、地域文化环境、行业文化环境等；内部因素方面，涉及馆内部的领导的文化倾向和馆内重大事件的影响。

（二）公共图书馆组织文化现状诊断

公共图书馆组织文化现状的考察主要从总体特征、物质层、制度行为层和精神层的状况方面展开。总体特征诊断方面，要关注组织文化类型、阶段、特征等表征总体特征的变量。

物质层诊断是对于图书馆组织文化外显部分状况的考察，涉及视觉识别、工作环境、服务水平、宣传等；制定行为层诊断是对公共图书馆的制度及其衍生行为方面的考察，制度方面涉及工作制度、责任制度、安全制度，行为方面涉及个体、群体和组织的行为；精神层诊断是对图书馆组织文化的深层次挖掘，涉及对管理理念、运行理念和体制性理念等的分析。

（三）公共图书馆组织文化未来发展预期

诊断的目的是为了发现现状的问题，为未来的文化变革提供依据。因此，诊断过程中对未来发展趋势的诊断是公共图书馆组织文化诊断的一项重要内容。在诊断中，需要根据图书馆员的观念、行为、态度等的信息来分析组织文化未来的发展趋向，最终体现在组织文化诊断报告之中，为公共图书馆组织文化建设与发展提供建议。

第五节 公共图书馆组织文化诊断的初始模型

公共图书馆组织文化诊断模型是对组织文化诊断要素之间相互关系的理论抽象，用以指导组织文化诊断的具体实践。公共图书馆组织文化诊断模型的构建离不开已有理论的指导，本研究在前文理论依据的基础上提出了公共图书馆组织文化诊断的初始模型，见图4.6。

如图4.6所示，本研究所构建的公共图书馆组织文化诊断初始模型是对组织文化主体、内容和过程的整合模型。本模型的整体设计参考了Dension的组织文化模型、Johnson的文化网格模型和Cameron与Quinn的组织文化诊断模型，并结合本章所探讨的理论依据而构建。

一、初始模型的诊断主体设计

公共图书馆组织文化的诊断是由一定的主体发起的，在Dension的组织文化模型中将信念与价值作为模型的中心点，而本模型与Dension的模型不同，模型本身是一个整合模型，要综合考虑诊断过程的各个要素。因此，本模型根据文化心理学中强调个人与文化的交互影响，结合图书馆管理理论中“以馆员为中心”的理念为出发点，将图书馆员这一诊断的主体作为本模型的中心点。

二、初始模型的诊断内容设计

本模型的诊断内容设计主要参考了Dension、Cameron与Quinn和Johnson等的理论模型，从他们提出的构成维度中进行总结与归纳，结合文化管理理论中对文化生命周期的定义而提出的。将公共图书馆组织文化诊断的内容划分为组织文化渊源、组织文化构成、组织文化评价与组织文化管理四个主要

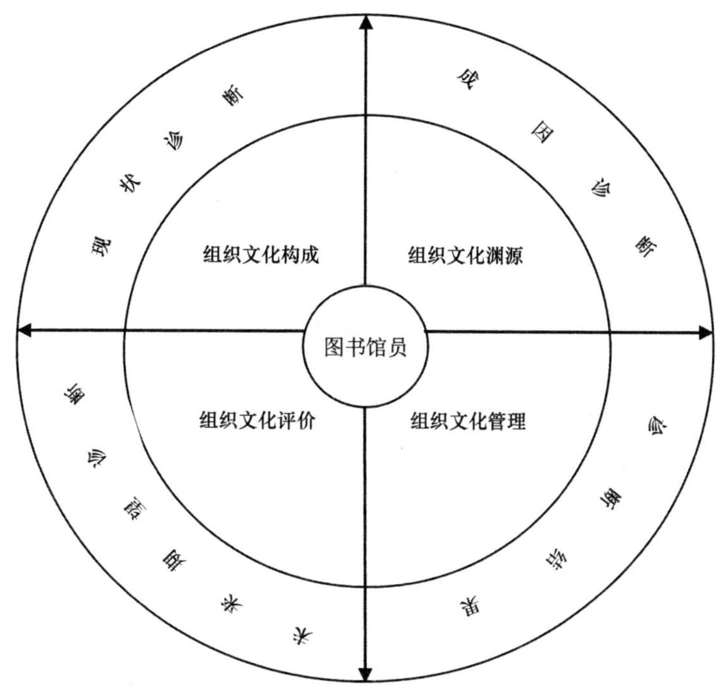

图 4.6 公共图书馆组织文化诊断的初始模型

资料来源：本研究整理

模块。组织文化渊源的诊断是对组织文化内外环境的成因分析，组织文化构成是对公共图书馆组织文化运行现状的分析，组织文化评价是对组织文化运行状况的评价与反馈，以发现组织文化的未来发展趋势，是对组织文化未来发展预期的诊断，组织文化的管理是在前三者的基础上提出的，是诊断结果的落实。

三、初始模型的诊断过程设计

本模型的诊断过程设计以诊断学中关于诊断流程的理论，从时间的维度定义了过去—现在—未来的诊断事件，是一个从挂号、初诊、确诊到给出治疗方案的一个完整流程。结合公共图书馆的实际，提出了从成因诊断—现状诊断—未来预期—结果的完整过程。

第五章　公共图书馆组织文化诊断模型的构建

我国现有研究对实践现象总结和企业管理中理论移植居多，缺乏学科内化的系统理论体系。现有研究以观点性文章居多，缺乏应用研究方法的理论研究和实证研究，尤其是缺乏关于图书馆组织文化测量、诊断和评估方面的研究。此外，研究对象相对狭隘，多数研究关注高校图书馆的组织文化建设，对公共图书馆的组织文化现象关注度不足，缺乏公共图书馆情景的相关研究。因此，本研究旨在构建适合我国公共图书馆情景下的组织文化诊断模型，以弥补公共图书馆组织文化诊断理论和工具方面的不足。本章将在文献综述和基本理论的基础上，结合专家访谈、图书馆员访谈和专家问卷调查的结果构建公共图书馆组织文化诊断模型。

第一节　专家访谈

专家访谈是通过一对一，面对面的交谈的方式获取专家意见和观点的一种方法。本研究为了提高模型的适用性和可用性，对相关领域的专家进行了专家访谈，在获取专家的看法和意见后，对现有模型假设进行了修正。

一、访谈程序与内容

（一）访谈程序

本研究采用了半结构化访谈的方式，通过事先拟定好的访谈提纲与专家交流意见，获取相关信息。专家访谈进行前会预先征求专家的同意进行录音，访谈的时间控制在 30 – 45 分钟之内。本访谈专家样本的确定采取了判断抽样和便利抽样相结合的策略，首先根据文献回顾和调研者的主观经验确定此领域的专家列表，然后与专家进行联系，在征得专家同意，在时间、地点等专家便利的情况下最终访谈了 8 位领域内的专家，其中男性 6 名，女性 2 名。专家样本涉及图书馆学研究学者 2 名、实践领域专家 6 名，见表 5.1。

表 5.1 访谈专家的基本情况

专家代号	职业职务	性别	职称	学历
A	图书馆学教师	男	教授	博士
B	图书馆馆长	女	研究馆员	博士
C	图书馆馆长	男	研究馆员	硕士
D	图书馆馆长	男	研究馆员	博士
E	图书馆馆长	女	副研究馆员	本科
F	图书馆学教师	男	教授	博士
G	图书馆馆长	男	研究馆员	硕士
H	图书馆馆长	男	研究馆员	博士

资料来源：本研究整理

（二）访谈内容

本研究的专家访谈设计的主要内容如下（详细的访谈提纲，见附录 A）：

1. 谈一谈您对组织文化的基本认识？

2. 您认为公共图书馆组织文化诊断的主要内容包括哪些？

3. 根据网络调查和相关文献的理论分析，本研究构建了公共图书馆组织文化诊断的初始模型，就这一模型您有什么看法或建议？（初始模型见图 4.6）

4. 您认为公共图书馆组织文化诊断的影响因素有哪些？

5. 您认为这些影响因素中比较关键的是哪些？

二、访谈结果分析

在与专家一对一的深度访谈后，本研究对访谈记录和录音进行整理、归类，大体上划分为三个方面的主要内容：关于公共图书馆组织文化的认识和理解、关于公共图书馆组织文化诊断的相关要素、关于公共图书馆组织文化诊断模型的意见。

（一）关于图书馆组织文化的认知

关于图书馆组织文化认知的专家访谈中，多位专家表示对这一概念比较熟悉，并从不同的视角提出了自己对图书馆组织文化的理解，对图书馆组织文化的重要性给予了认可。

1. 组织文化的基本认识

组织文化是组织发展的核心与基础，专家认为组织文化是组织的核心竞争力（专家A），是影响组织发展的一个重要因素。受访的专家强调，图书馆组织文化是在图书馆日常管理工作过程中形成的（专家G），它是通过图书馆员的日常工作、图书馆员与其他员工、读者和图书馆组织的交互过程中而逐渐形成的。图书馆有意识地组织文化宣传与贯彻能够促进员工对图书馆组织文化的理解。专家D所在图书馆在新馆建设过程中有意识地进行了一些研究工作，将组织文化理念，如图书馆的服务宗旨、服务目标（读者第一，服务至上）等贯穿于管理之中。通过组织文化的宣传贯彻促进了图书馆员对组织文化的理解，提高了图书馆的服务水平。

此外，专家认为图书馆开展的活动是图书馆组织文化的一种体现。例如，图书馆开展的读者活动、员工活动、面向读者的展览与图片展示等都是组织文化的一种体现（专家E）。

2. 图书馆组织文化与子文化的关系问题的认识

受访专家提出了图书馆组织文化与其子文化间的关系问题。专家们认为图书馆的服务文化、管理文化等是显著的子文化形式。专家H认为："最为显著的子文化是服务文化，图书馆服务是图书馆永恒的主题，所以服务文化应该多引进组织文化、企业文化的理念。许多图书馆为读者做了许多工作，如开展读书节、读书周等活动。我觉得这方面有很大的潜力可挖，在文化传承创新方面图书馆应发挥更大作用，做更多事情。另外，在内部管理方面也是一个重点，体现了一种文化。在管理文化方面，图书馆受到了学校的一些表扬，获得了一些奖励，如优秀教育工作者的称号。"。

3. 公共图书馆组织文化与高校图书馆组织文化的区别

多位专家认为，公共图书馆组织文化与高校图书馆组织文化有很大差别，这些差别源自于服务对象与功能、机构性质、历史传承、资源等方面。

首先，在服务对象和功能方面二者之间存在着一定的差异，尽管有些时候二者之间的理念差异并不大，但是具体的应用却存在着差异。（专家B、D、E）专家D强调"高校馆强调为社会服务是不合适的，要保证对教师和学生的服务，服务的目标和对象是不同的。但服务的宗旨和理念是一致的。"。

此外，公共图书馆和高校图书馆二者所隶属单位的性质不同，高校馆是为科研教育服务，公共馆是为社会服务，包含在社会里面，比高校馆更宽泛一些，体现的是政府职能。而高校馆相对而言更专一些，它是学校的一个附

属机构，它要形成组织文化很难，它没有独立的组织文化，它的组织文化是学校文化的一部分。（专家B、C、D）

第三，公共图书馆和高校图书馆历史传承不同，有着不一样的历史积淀，许多公共图书馆的历史较为久远，经历了社会的变迁，从其发展历程甚至可以折射出一个地区甚至国家的命运。而高校图书馆不同，它相对而言不具有这样的独立性，它始终脱离不开它的所属学校。（专家C）

第四，公共图书馆和高校图书馆的资源建设的重点不同，公共图书馆的文献资源建设有很深厚的历史沉淀，其搜集的范围十分广泛。而高校图书馆的资源建设则需要以高校图书馆的教学与科研为中心。（专家G）

（二）关于图书馆组织文化的成因

影响公共图书馆组织文化形成的因素有很多种，多位专家提到公共图书馆组织文化与组织的文化传统、社会文化、地域文化等关联密切。

1. 组织的文化传统

组织的文化传统对员工是一种激励。专家D所在的图书馆从1908年开始建馆，秉承着“奉献自我，服务社会”的文化传统，激励着多少代的图书馆员，许多员工不计报酬，主动参加各种工作，任劳任怨。

2. 社会文化

图书馆组织文化的形成是与社会文化的发展密切相关的，每个时代的话语体系、社会发展重点不同，因此社会时代的背景直接影响到图书馆所处的大环境。专家C认为：“社会因素是一个重要因素，它影响着图书馆的组织文化，影响着组织的核心价值和馆里风气的形成”。

3. 地域文化

地域文化与图书馆组织文化的形成也有一定的关联，专家访谈中主要提及了地域上的南北差异问题。我国南方地区较北方地区的经济更为发达，因此南方一些图书馆接触先进理念也较快较多，而相比之下北方图书馆的理念、服务等方面有一定的差距。专家E提出“南方的一些图书馆可学习的理念很多。可能是他们接触的人多、面广。像上海、杭州、苏州、嘉兴的图书馆都比较好。服务理念很新。通过参观上海的图书馆的两个区馆，感觉从服务理念、服务方式、员工收入待遇等都有10年的差距”。

（三）关于公共图书馆组织文化诊断的构成要素

专家普遍认为，公共图书馆组织文化诊断是十分必要的，它有利于了解公共图书馆组织文化的现状，对图书馆组织文化建设具有重要的意义。公共图书馆组织文化的构成要素是进行组织文化诊断的基础，专家访谈中提供的公共图书馆组织文化构成要素可以归纳为物质层、制度行为层和精神层，见表5.2。专家们提供的这一构成要素涉及到图书馆组织文化的多个层次，但是从要素体系的构成而言仍可进一步详细的界定。

表5.2 公共图书馆组织文化要素构成

组织文化层次	构成要素				
物质层	建筑设施	馆藏资源	设备	员工形象	图书馆形象
制度行为层	制度规范	行为准则	组织结构	员工行为	榜样行为
精神层	价值观	使命	愿景	服务理念	

资料来源：本研究整理

专家访谈中整理的公共图书馆组织文化要素可归结为物质层、制度行为层和精神层三个层次。其中，物质层要素包括馆藏建筑、馆藏资源、设备、员工形象和图书馆形象；制度行为层要素包括制度规范、行为准则、组织结构、员工行为（包含领导行为）和榜样行为；精神层要素包括价值观、使命、愿景和服务理念。

（四）关于公共图书馆组织文化诊断的模型

组织文化诊断是对组织文化的过去、现在和未来的一个整体扫描，发现症结，确定未来发展方向的过程。根据相关文献的理论分析，本研究构建了公共图书馆组织文化诊断的初始模型，见图4.6，就这一模型专家给出了相关看法或建议。

专家普遍认为，模型中的核心要素是人的因素，涉及图书馆员和领导，人的要素是十分重要的。公共图书馆组织文化诊断中人的因素来自两个方面，一是领导层的决策作用，具有责任制定图书馆的共同目标。二是，员工心理承受力是个重要问题，可能会出现抵制情绪，对民意的把握十分重要（专家F)。同时，因为组织文化的建设与领导的个人偏好、素质、思想以及价值观等密切相关，领导又具有决策权，专家指出了领导层在组织文化诊断中的重要性。专家C指出：“领导是组织文化诊断的主要负责人，是执行者和决策者，他对普通的员工也具有一定的影响”。

此外，一些专家认为组织文化诊断中的沟通也是一个重要的因素，沟通是做好组织文化工作的基础。让员工信服非常重要（专家E)，沟通起着信息流中生命线和血液的作用（专家D）。

关于公共图书馆组织文化诊断的影响因素的重要程度方面，专家F认为影响公共图书馆组织文化诊断的因素中，最为重要的三个是领导、全员参与和组织战略。专家B对关键因素的重要程度排序依次为领导、组织结构、管理沟通、组织战略、非正式组织等。专家C认为："领导肯定是比较重要的、其次参与是比较重要的、再有组织结构、技术应用也很重要"。

对于模型的改进方面，专家认为需要进一步细化。专家F提出公共图书馆组织文化诊断要统筹兼顾，在现状诊断阶段应该关注组织文化的测量问题。专家B提出诊断模型应关注到具体的行动。专家A提出诊断模型的操作性问题，需要进一步完善。

第二节　图书馆员访谈

在专家访谈的研究中发现组织文化诊断过程中图书馆员既作为诊断的主体，又作为诊断的客体，在诊断的过程中占有重要地位。本研究通过对图书馆员的访谈进一步揭示图书馆员对公共图书馆组织文化的认识维度。

一、访谈的程序与内容

本部分的目的在于了解图书馆员对公共图书馆组织文化的认知维度，采用开放式访谈的方式，没有事先拟定提纲，而是通过与图书馆员的交谈来获取他们对图书馆组织文化认识的维度。整个访谈的时间控制在40分钟左右，之后由研究者对访谈内容进行转录，形成文本用以分析。本部分的图书馆员访谈样本的抽样采取了分层抽样的方式，按照山东省图书馆的部门人员构成共计图书馆的员工23位，其中男性图书馆员10位，女性图书馆员13位，样本的详细情况见表5.3。

表5.3　馆员访谈样本的基本情况

序号	所在部门	性别	年龄	最高学历	所学专业	职称	工作年限
1	典藏	女	35	专科	经贸英语	中级	13
2	社科阅览	女	30	硕士	图书馆学	初级	1
3	学刊编辑	男	36	博士在读	图书馆学	中级	7
4	学刊编辑	女	32	硕士	中国古典文献学	初级	4

续表

序号	所在部门	性别	年龄	最高学历	所学专业	职称	工作年限
5	研究辅导	男	35	本科	新闻学	初级	10
6	中文图书外借部	女	29	本科	信息管理与信息系统	初级	5
7	中文图书外借部	男	26	本科	图书馆学	初级	2
8	中文图书外借部	女	31	硕士	中国现当代文学	初级	4
9	中文报刊部	女	25	本科	信息管理与信息系统	初级	1
10	中文报刊部	女	33	本科	经济管理	中级	16
11	中文报刊部	女	34	本科	文化管理	初级	10
12	历史文献部	男	44	博士	中国近现代史	中级	10
13	历史文献部	女	35	硕士	专门史	中级	8
14	外文部	男	50	本科	图书馆学	副高级	33
15	少儿部	女	33	本科	英语	初级	11
16	少儿部	女	33	本科	法学	初级	9
17	采编部	男	32	本科	信息管理	初级	9
18	政工科	男	28	本科	信息管理与信息系统	初级	4
19	参考咨询部	女	41	硕士	中国近现代史	中级	17
20	计算机网络中心	男	36	本科	工业自动化	中级	14
21	办公室	女	22	本科	信息管理	无	1 天
22	中文图书外借部	男	25	本科	国际政治	无	5 个月
23	中文图书外借部	男	21	本科	信息管理	无	8 个月

资料来源：本研究整理

二、访谈数据处理方法

访谈录音经过转录后形成了文本，对文本的处理方法采用了扎根理论提供的数据质性编码方法，即开放式编码、关联式编码和选择式编码。开放式编码通常也被称作为初始编码，是对研究材料的最为初步的分析。关联式编码是对初始编码中形成的概念类属通过进一步合并、归纳来发现这些概念类属间的因果关系、情景关系、过程关系等关联。通过关联式编码会形成一个概念系统，但这些概念的重要程度不一，因此仍需要进一步地合并、归纳、选择来归纳出一个或几个核心概念，这个过程就是选择式编码的过程，它通常也被称作核心编码。这三种编码方式的顺序可根据实际需要进行调整，而并非是线性的次序。本研究采取三种编码方式同时进行的编码策略，通过对原始材料的质性分析，不断地比较、调整、修正概念体系。

（一）开放式编码

开放式编码要求研究者保持开放的研究态度（不受已有概念的束缚），在数据处理的过程中忠于原始数据，建构剪短且精确的初步代码体系。通常，开放式编码在材料处理时，可以选择逐词编码、逐句编码和逐个事件编码。访谈中图书馆员对组织文化的认识和理解是通过许多事件反映出来的，因此本研究采取逐个事件的方式进行初始编码，共获得概念类属 19 个，以此作为关联式编码的基础。

（二）关联式编码

在整理图书馆员访谈资料的过程中，不断总结开放式编码的结果，合并与归纳概念类属，形成关联式编码，例如开放式编码中图书馆员提到的“对个人性格的影响”、“对个人能力的影响”、“对个人气质的影响”均归纳为“个人特质”，“上下属关系”和“领导特质”归纳为“领导关系”等。当理论饱和后，最终形成 7 个关联式编码概念属类。

（三）选择式编码

从关联式编码获得的概念类属中，进一步确定核心类属，通过归纳、合并和总结发现图书馆员对图书馆组织文化的认知主要可归纳为“内部认知”和“外部认知”两个维度。其中，内部认知包括“个人特质”和“个人职业定位”；外部认知包括“社会环境”、“建筑设施”、“制度”、“工作任务”和“领导关系”。本研究开放式编码、关联式编码和选择式编码的结果，详见表 5.4。

表 5.4　图书馆员对图书馆组织文化认知的编码表

选择式编码	关联性编码	开放式编码	内涵
内部认知	个人职业定位	职业认知	图书馆的工作稳定；工作轻松；社会地位高
		职业选择	家庭因素；性别因素
	个人特质	对个人性格的影响	内向性格向外向转变
		对个人能力的影响	学习能力；工作能力
		对个人态度的影响	对待生活的态度；对待工作的态度；对待学习的态度

续表

选择式编码	关联性编码	开放式编码	内涵
外部认知	社会环境	图书馆形象	社会舆论；图书馆员的刻板印象
		社会文化影响	传统文化；地域文化；行业文化
		大众监督	读者维权意识
	建筑设施	空间布局	馆藏布局；空间设置
		设备设施	计算机；存储柜；公共设施
		标识系统	引导标识；指导标志
	制度	管理制度	读者服务制度；办公制度；安全保卫制度
		沟通机制	正式沟通（部门内部沟通和部门外部沟通）；非正式沟通
		激励制度	先进评选；奖励制度
	工作任务	业务流程	读者服务；读者活动；藏书质量控制
		工作压力	工作中遇到的困难；硬件环境方面的困难；个人能力方面的困难；制度体制方面的困难
		榜样的力量	典型人物（实践工作中肯吃苦耐劳的人，学术研究中有突出表现的人）；典型事件
	领导关系	上下属关系	与中层领导的关系；与高层领导的关系
		领导特质	领导印象；领导沟通；领导风格

资料来源：本研究整理

三、图书馆员对组织文化认知的维度

本研究通过对23位图书馆员访谈文本的内容分析，归纳了图书馆员对组织文化认知的两个维度，即内部认知和外部认知。

（一）内部认知

内部认知是来自于图书馆员对组织中的自我认识与理解，一方面公共图书馆的组织文化对图书馆员个人的职业定位产生影响，另一方面还会影响图书馆员的某些个人特质。

1. 个人职业定位

研究结果显示，图书馆员对职业的定位体现在职业认知和职业选择方面。访谈中，图书馆员认为在公共图书馆的工作稳定、相对轻松、资源获取方便，并且社会地位较高，这样的认知直接影响了他们的职业选择。第7个被访者提到："馆里购买了很多数据库，做研究有现成的资料，此外工作对于个人来说比较稳定，有保障。这是一个事业单位，可以说在百姓眼中就是个铁饭碗，压力也不是特别大。"。第16位被访者提到："（在图书馆工作）比较稳定，相对企业来讲比较轻松没有那么大压力。"。

此外，第4位被访者的访谈中还提到了专业对口也是其选择这一职业的原因之一。除了个人对图书馆职业的认知外，还有一些其他因素促成了他们的职业选择，比如家庭因素。第1个被访者的谈话中，提到："（这些）因素很多，家庭也是一方面，觉得从事这个工作对女孩子相对稳定一些"。还有多位女性被访者提出性别因素是她们选择在图书馆工作的主要因素之一。在与第2个被访者的谈话中，她提到"作为女同志来说，别人会觉得这个工作很好，有一定的社会地位。而且比较清闲，比较适合女同志"。

2. 个人特质

这里所谓的个人特质是指人的个性而言，它是个体带有倾向性的、本质的、比较稳定的心理特征的总和，包括气质、性格和能力等①。组织的文化会形成一种组织独有的工作氛围，因此图书馆员的工作经历会对其个人特质产生影响。第8个被访者的谈话中说道："我个人以前是很内向的性格，到图书馆工作以后，同读者的沟通交流开始变多了，我的性格也变得外向了，敢于与人多接触、沟通和交流"。第11个被访者也提到："我觉得性格上有变化，原来上学的时候挺内向的，属于那种回答问题会脸红的那种，但是到了图书馆以后，我头两年是在外借窗口上，跟读者面对面的打交道，时间长了，各种任务接触下来以后什么都不怕了，什么人物都见过了。一开始确实觉得有些困难也挺委屈的，但是时间长了对自己确实是一种历练"。

此外，员工对组织文化的适应程度是不同的。第19个被访者在自我评价中说道："我觉得和我性格倒是蛮切合的，因为（我）属于那种比较不是特别紧张，比较松弛的那种状态，我觉得对我蛮适合的"。

（二）外部认知

外部认知是图书馆员对自身以外的组织文化环境的认知，具体包括社会环境、建筑设施、制度、工作任务和领导关系五个维度。

---

① 苏东水. 管理心理学（第四版）［M］. 上海：复旦大学出版社，2002：83.

1. 社会环境

社会环境的认知是社会环境与组织文化互动过程的结果，它渗透到了图书馆员的思想意识之中。图书馆员的日常工作和生活均会受到社会文化的影响，这涉及到的社会文化形式有传统文化、地域文化和行业文化。

我国源远流长的历史沉积下了丰厚的传统文化思想，包括我国一直倡导的尊老爱幼、艰苦朴素、勤俭节约等。第 11 个被访者提到："身体不好的或者是年纪大的读者来了，我们肯定会特殊照顾一下；此外很多读者会拿着介绍信来，特别是单位的公事，对类似于这样的事情，礼仪态度方面会非常重视"。第 8 个图书馆员的访谈中提到："不同的职业，不同的地域，不同的文化程度的（人），他们所阅读的书，所需要的资源不一样，你就需要根据他们各自的差异去导引他们借阅和咨询"。

地域文化是一个区域的历史积淀下而形成的文化，山东省图书馆所在的山东省是一个具有浓厚文化历史的省份，是儒家文化、孔孟文化的发祥地，其地域文化特征鲜明，造就了山东人勤劳善良、求稳、求实的品性。这样的地域文化优势表现在员工对待本岗位工作肯于吃苦耐劳、勇于奉献。但是，同时也存在着一定的劣势，求稳求实的品性造成了组织缺乏创新动力。如第 3 个被访者提到："山东是齐鲁、孔孟之乡、礼仪之邦，比较传统守旧，开拓创新比较少，好多创新的思想、工作都是南方馆先兴起，慢慢到北方"。

行业文化是指公共图书馆行业实践所形成的文化，包括公共图书馆服务文化、行业理念、图书馆的价值精神等。第 9 个被访者提到："我在期刊部就觉得行业文化对我们工作影响较大。因为我以前对图书馆不是很了解，在馆里工作之后，听其他同事讲了一些建设得比较优秀的馆，如南京馆或是国家图书馆，通过交流我了解了其他馆和他们的工作方法、还有他们的一些态度和理论对我的工作会有一些影响"。图书馆员对不同行业间的文化认知存在较大差异。如第 18 个被访者提到："工作比较大的差异可能就是行业文化，感觉这是由文化系统、工作性质决定的，工作节奏、方法、思路上可能有区别于其他性质的单位"。

此外，社会公众与图书馆员的交互也会对图书馆员的工作产生影响，这里所指的公众有可能是公共图书馆的读者，也有可能是公共图书馆的潜在读者。一方面，就公众而言，在与公共图书馆的交互中会形成对公共图书馆形象的看法；另一方面，一些读者具有维权意识，这对公共图书馆会起到监督的作用。第 15 个被访者提到："现在读者的素质较以前的时候提高了，有些读者有很强的维权意识，这对我们的工作是一种挑战，不过同时也是对我们的监督”。

2. 建筑设施

图书馆建筑为作为公民机构的图书馆提供一个可以面向大众的有形的组织①。图书馆建筑是提供资源的集中存储、保护以供读者前往的物理场所②。图书馆员对建筑设施的认知包括空间布局、设备设施和标识系统三个方面。

山东省图书馆内部由不同的多种功能空间组成，有存储空间、展览空间、办公空间、阅览空间、电子阅览空间、公共活动空间等。设备设施方面，山东省图书馆为了便于读者服务配置了便捷的设备设施，包括电子触摸屏、OPAC 查询机、自助借还机、图书消毒柜、无线 WIFI 等。此外，为空间和设备设施配备了标识系统，一方面为读者引导功能空间的方位，另一方面为设施设备的利用提供指南。（参与观察日志）图书馆建筑历史学家 Abigail Van Slyck 曾提出：“建筑在塑造读者空间体验方面扮演着一个重要的角色。建筑空间布局决定着与藏书、员工和读者间的内部交互的可能性”③。因此，建筑设施是组织文化的一个重要要素，图书馆的建筑设施不仅是图书馆硬件设施的组成部分，也是图书馆组织文化形象表达的外在体现。

3. 制度

制度是由人制定的一系列规则，在组织中，制度起着重要的调节作用，良好的制度设置有利于促进人与人之间的分工与合作。访谈材料显示，图书馆员对制度的认知主要涉及管理制度、沟通制度与奖励制度三个方面。不同图书馆员对这些制度的认知程度是存在差异的，他们有各自不同的认识和感受。

管理制度方面的认知主要有公平性、稳定性和强制性。公平性认知是指在管理方面图书馆员是否感觉被公平对待，例如：是否感觉到每个图书馆员都有相同的晋级机会等。稳定性认知是图书馆员对岗位调整频率上的认知，

---

① Wagner, G. S. Public library buildings: A semiotic analysis [J]. Journal of Librarianship and Information Science, 1992, 24 (2), 101 -8.

② Brawne, M. Introduction. In Library builders [M] //Brawne, M., ed.. Toronto: Wiley& Sons, 1997: 6 -9.

③ Van Slyck, A. A. Managing pleasure: Library architecture and the erotics of reading. In The Library as Place: History, Community and Culture [M] //Leckie, G. J. and Buschman, J. eds. Westport, CT: Libraries Unlimited, 2007: 221.

稳定性是相对存在的，研究发现新入职的图书馆员更倾向于多轮岗，多获取对其他岗位的认知，而对于入职时间较长的资深图书馆员而言，更倾向于固定的岗位。强制性是图书馆员对管理制度执行方面的认知，即某些管理制度在图书馆员的思想意识中是应该被强制执行的，如岗位责任制。

沟通制度方面的认知主要有正式沟通制度和非正式沟通制度两个层次。正式沟通制度是组织系统内部通过正式规定的方式进行信息的传递和交流的方式，可能来自于图书馆与图书馆之间，或者图书馆内部的部门之间，或者是部门内部上下属之间。非正式沟通制度是正式沟通渠道以外的其他形式的沟通方式，一般以图书馆员私下的交往为基础的一种沟通方式。研究结果显示，山东省图书馆的正式沟通制度中部门内部的沟通制度运行良好，但是尚需要加强部门间的沟通与交流。如第 9 个被访者说道："我觉得部门之间的关系因为大家分工都比较明确，每个人都有自己负责的岗位，内部联系较多，比如我们只有做了期刊建库之后期刊阅览的工作人员才能提供阅览和外借，因此大家配合得比较融洽。部门之间的关系，我觉得大家各部门负责不同的工作，交集比较少，联系不是很多。跟不同部门员工接触的机会也比较少，除了一些公共的活动，交流不是很畅通"。同时，熟悉的同事间更愿意彼此沟通交流，如第 16 个被访者说道："熟的（同事）沟通多，陌生的（同事）就沟通少"。

激励制度是管理者通过一些内外刺激，可能以某种奖励机制来激发图书馆员内在动力的过程，通过激励制度可以调动图书馆员的积极性，以使其主动地去完成工作任务的管理形式。一般而言，有物质激励和精神激励。物质激励是通过某些物质性的奖励来激励员工的方式，而精神激励是一种内在的激励方式，从精神上给予支持，通常包括授予图书馆员权利、对其工作给予赞许和认可、为其提供学习机会等。公共图书馆是国家公益性事业单位，激励制度方面不如企业灵活，研究结果显示，对图书馆员的激励奖励机制匮乏，导致了干多干少一个样的现象，这使部分图书馆员丧失了工作热情。

4. 工作任务

工作任务方面，图书馆员的工作任务是以其负责的业务流程为中心的，例如读者业务流程包括读者服务、读者活动和藏书质量控制等，此外，还有一些图书馆员的业务是面向管理的业务流程，如人力资源管理等。面对工作任务，图书馆员一般会有一定的工作压力，这些压力主要来自于工作中遇到的困难（与读者交流的困难）、硬件环境方面的压力、个人能力方面的压力

(学习的压力)、制度体制方面的压力（职称晋级的压力）等。尽管如此，面对工作压力，工作中仍会出现一些典型的榜样，为其他图书馆员提供学习的标杆。它可能来自于典型的人物，如实践工作中乐于奉献的人、学术研究中有突出成绩的人等。它也可能是组织的一项典型事件，如某项集体荣誉的获得。第20个被访者提到他的工作压力来自于自身能力提升的需要，他说道："我负责（计算机）后台的维护，原先学的知识不能满足现在不断的业务需求，需要去进修或者培训。但是这个培训是有限的，毕竟这个岗位是脱不开身的，你想去培训可以，后面没人帮你干这个事你就没法出去培训。通常的后果就是你不出去培训，就满足不了你的需求，比如现在可能需要用到oracle，像简单的一些东西我现在可能可以，但是进去oracle之后一些程序上的修改就做不了了，你要想去做，你可能需要去进修。你去进修那你这边活儿就得扔下，就存在这问题。我觉得最大的困难对我来说，技术岗位不断变化的新的这种环境，业务需求与你自身的业务水平或者知识水平的差距，需要你不断的培训去弥补这个差距"。

研究结果显示，图书馆员的工作任务体现出两个特点：（1）以领导为中心。公共图书馆的工作多是常规性的工作，尤其面向读者的一线工作者，工作特征表现出重复、琐碎和程式化的特征。因此，工作的安排与选择方面，多是服从领导的安排和决策。（2）以读者为中心。公共图书馆是为所在地区民众提供服务的机构，因此，一切为读者服务的思想渗透到了图书馆工作的各个层面。

5. 领导关系

领导关系是组织文化的重要因素。Riggs认为图书馆领导熟知他们自己的价值观，并要不断更新图书馆的价值观以避免那些根深蒂固的不可动摇的文化①。领导可以帮助组织发展、塑造和维护一个组织真正需要的组织文化，并且可以通过设定共同的价值观来达到组织创新的目的②③。

对于图书馆员而言，存在两种上下属关系，一种是与中层领导的关系，

---

① Riggs D E. The crisis and opportunities in library leadership [J]. Journal of Library Administration, 2001, 32 (3-4): 5-17.

② Conger, J. A., and Kanungo, R. N. "Toward a Behavioral Theory of Charismatic Leadership in Organizational Settings." [J] Academy of Management Review, 1987, 12, 637-647.

③ Trice, H. M., and Beyer, J. M. The Cultures of Work Organizations [M]. Upper Saddle River, N. J.: Prentice Hall, 1993: 122.

另一种是与高层领导的关系。这两种关系是伴随着当前组织的科层制组织结构而产生的领导关系类型，它们并不利于底层和高层领导间的沟通和交流。同时，图书馆员对于领导的认识也具有趋同性，访谈结果显示，多数图书馆员认为优秀的领导应该具备亲民、善于沟通、带头示范等特质。第 1 个被访者提到："优秀的领导关系我觉得能真的做到比较亲民，我见到他说话不会太顾虑，多到基层来了解些问题，有时候真做一些工作，他的决定往往不如我们亲自做这些工作的人了解"。第 10 个被访者被问及优秀的领导关系时说道："肯定是越平易近人越好，其他也没有对领导过多的期望，反正就是肯定得为下属考虑，能这样是最好"。第 17 个被访者提出："优秀的领导一定是可以圆满地完成组织授予他的使命，不只是他的工作，同时在专业技能上具有较为优秀或者独特的特长。同时具有一定的人格魅力，这就是一个好的领导"。

研究还发现，在公共图书馆这一公益性事业单位体制下，领导关系的权威性受到威胁。组织中的领导实质上并没有人事上的任免权，因此对下属的制约性约束力极低。

第三节　专家问卷调查分析

通过专家访谈对初始模型的适用性和可用性等方面获取了专家意见，访谈结果表明初始模型仍需要进一步细化。通过图书馆员的深度访谈探究了图书馆员对组织文化认知的内部维度和外部维度。为了进一步完善图书馆组织文化初始模型，在专家访谈和图书馆员访谈的基础上，本研究设计了专家调查问卷，以获得更多的专家意见，细化初始模型。

一、问卷设计

（一）编制过程

本问卷的内容设计来源于理论分析和专家访谈中的相关观点，问卷设计的主要内容涵盖三个方面：其一，公共图书馆实践者对于公共图书馆组织文化的认识情况的调查，有利于诊断模型中相关概念和内容的解释；其二，公共图书馆组织文化诊断的相关理论调查。首先，对公共图书馆组织文化诊断的需求调查，有利于模型构建的有的放矢。其次，对公共图书馆组织文化诊断相关要素方面的调查，进一步细化模型，确定模型中的关键要素及其重要程度；其三，对公共图书馆组织文化诊断方法和工具的调查，分析公共图书馆组织文化诊断适用的方法和形成文本的必要性。

问卷设计完成后，发放给部分有公共图书馆工作经验的图书馆学博士研究生、一些公共图书馆的部门领导做了预调查，对部分题目进行了删除，对一些难以理解的语句做了修改，最终形成了公共图书馆组织文化诊断研究的专家调查问卷，详见附录B。

（二）调查程序

本研究于2013年3月－2013年7月，以公共图书馆实践工作领域中的领导层和资深馆员为主进行了专家问卷调查，调查以网络问卷、电子邮件和实际发放三种形式完成。其中网络问卷回收118份，电子邮件回收21份，实地发放问卷回收24份，共计163份问卷。剔除电子邮件回收问卷中，填答不全问卷2份，最终用于分析的问卷共计161份。

（三）调查样本

1. 样本的选取

本研究选取的样本主要来自公共图书馆的员工，其中以领导层和资深员工为主要调查对象进行随机抽样，同时兼顾到组织文化是涉及到员工每一个人的切身体会，也随机抽样调查了部分一般员工。领导层包括馆长、副馆长和部主任，本研究认定的资深员工是指包括具有副高级以上职称的工作人员。样本选取的原因来自于两个方面：其一，选取领导层作为样本的来源是因为领导层是图书馆重要活动的决策者，他们对组织文化的掌握是站在图书馆未来发展的角度来看待问题的。其二，选取资深图书馆员作为样本来源是因为他们在组织中生活的时间相对较长，对组织文化有切身的体会。因此，领导层和资深图书馆员们的态度、倾向和观点能够反映出公共图书馆组织文化诊断的现实需求，对于甄别和细分组织文化诊断的关键要素能够提供倾向性的支持，为公共图书馆组织文化诊断模型的构建提供指导。其三，普通图书馆员也是组织的重要成员组成，他们是非正式组织交流的大众群体，其思想、意识对图书馆整体组织文化的形成也很有影响。

2. 样本的基本情况

表 5.5　被访专家的人口学变量信息

人口学变量	类别	人数	百分比（%）
专家职务	馆长	14	8.59
	副馆长	16	9.82
	书记	4	2.45
	部门主任	44	26.99
	其他	85	52.15
学历分布	博士	5	3.07
	硕士	45	27.61
	本科	97	59.51
	大专	12	7.36
	中专	2	1.23
	高中	2	1.23
年龄分布	30 岁及以下	55	33.74
	31 ~ 40	51	31.29
	41 ~ 50	46	28.22
	51 岁及以上	11	6.75
性别分布	男	68	41.72
	女	95	58.28
职称分布	正高级	5	3.07
	高级	50	30.67
	中级	63	38.65
	初级	45	27.61

资料来源：本研究整理

专家调查回收的 163 份问卷的地域分布于 15 个省市地区，包括贵州（3，1.79%）、湖南（3，1.79%）、江苏（3，1.79%）、黑龙江（3，1.79%）、陕西（3，1.79%）、重庆（3，1.79%）、浙江（6，3.68%）、宁夏（9，5.52%）、山西（11，6.75%）、湖北（12，7.36%）、内蒙古（12，7.36%）、广东（12，7.36%）、天津（12，7.36%）、吉林（18，11.04%）

和辽宁（53，32.51%）。其中，涉及省级公共图书馆（50，30.67%）、市级公共图书馆（70，42.94%）、县级公共图书馆（31，19.02%）、县级以下公共图书馆（12，7.36%）。

从专家调查的人口学分布来看，见表5.5。参与调查的专家职务方面，包括馆长、副馆长、书记和部门主任在内的领导层占47.85%。学历分布方面，以本科学历占多数，为59.51%。年龄比例方面，30岁以下占33.74%，31－40岁占31.29%，41－50岁占28.2%，51岁及其以上占6.75%。性别比例方面，男性占41.72女性占58.26。职称分布方面，正高级职称占3.07，高级职称占30.67，中级职称占38.65，初级职称占27.61。

二、数据分析

本部分是对问卷数据的具体分析，从公共图书馆组织文化认知、公共图书馆组织文化建设现状和公共图书馆组织文化诊断的相关理论三个方面的数据分析专家的态度倾向，为模型的构建提供依据。

（一）关于公共图书馆组织文化的认知

对组织文化的认知是开展组织文化实践的基础。在专家访谈中，专家们对组织文化的认识提出了多种看法，本部分以访谈内容为基础，结合组织文化的基本问题设置题项，了解专家对公共图书馆组织文化认知的态度倾向。

1. 对组织文化的理解

我国公共图书馆组织文化实践时间较短，对组织文化的认识不一，理解还存在误区。对于组织文化的理解，见表5.6。专家们最为认可的是："组织文化是强调以人为本的文化"（151，92.64%），其次赞同比例超过50%的依次为"任何组织都有自己的组织文化"、"组织文化是组织的核心竞争力"、"组织文化是组织发展到一定阶段才有的"。专家们持否定态度的是"组织文化就是丰富员工的文化生活"，不同意的比例达到了60.12%，可见组织文化尽管同员工的文化生活息息相关，但是本质上专家们却认为不是一回事。在所有选项中，相对而言专家对组织文化与核心竞争力的关系倾向比较模糊，选项"组织文化是组织的核心竞争力"不清楚的比例是最高的，达到12.27%。

表 5.6　关于组织文化的理解

你认为组织文化是：	同意		不同意		不清楚	
	频数	比例	频数	比例	频数	比例
组织文化是强调以人为本的文化	151	92.64	6	3.68	6	3.68
任何组织都有自己的组织文化	142	87.12	6	3.68	15	9.20
组织文化是组织的核心竞争力	118	72.39	25	15.34	20	12.27
组织文化是组织发展到一定阶段才有的	92	56.44	55	33.74	16	9.82
组织文化就是丰富员工的文化生活	49	30.06	98	60.12	16	9.82

资料来源：本研究整理

2. 组织文化对公共图书馆的影响

公共图书馆的组织文化建设与图书馆的未来发展二者之间具有一定的关联性。如表 5.7 所示，专家普遍认为开展组织文化建设对公共图书馆未来发展影响程度很高，“影响较大”和“影响很大”两个选项的比例之和占到了 87.73%。认为没有影响的专家只有 8 位，仅占 4.91%。

表 5.7　组织文化建设对公共图书馆未来发展影响程度

	频率	百分比	有效百分比	累积百分比
影响很大	73	44.79	44.79	44.79
影响较大	70	42.94	42.94	87.73
影响一般	12	7.36	7.36	95.09
影响不大	8	4.91	4.91	100.00
合计	163	100.00	100.00	

资料来源：本研究整理

3. 组织文化层次的熟悉程度

从结构层次的角度而言，组织文化可以分为物质层、制度行为层和精神层。

关于这三个层次的熟悉程度，调查结果如表 5.8 所示，公共图书馆实践者们对组织文化的三个层次还是比较陌生的。“一般”、“不熟悉”和“非常不熟悉”的总比例为物质层 74.24%、制度行为层 66.87%、精神层 63.10%。“熟悉”和“非常熟悉”的比例为物质层 25.76%、制度行为层 33.13%、精神层36.90%。专家感到最为陌生的是物质层，而感到最为熟悉的是精神层。

表5.8　对组织文化三个层次的熟悉程度

	非常熟悉		熟悉		一般		不熟悉		非常不熟悉	
	频数	比例	频数	比例	频数	比例	频数	比例	频数	比例
物质层	16	9.82	26	15.95	79	48.47	42	25.77	-	-
制度行为层	13	7.98	41	25.15	75	46.01	34	20.86	-	-
精神层	19	11.70	41	25.20	75	46.00	25	15.30	3	1.80

资料来源：本研究整理

4. 公共图书馆组织文化建设的困境

对于公共图书馆组织文化建设实践而言，目前实际操作的不多见，那么制约公共图书馆组织文化建设的原因是什么呢？专家调查结果显示，见表5.9，超过半数的专家认为“缺乏内部共识”、“缺乏动力”、“没有完善的公共图书馆管理制度”、“不知道怎么做”是公共图书馆开展组织文化建设的主要困难，另外，“缺乏良好的外部环境”、“找不到合适的专业咨询机构”、“不清楚组织文化的含义”、“不想花钱”和“不知道有何用”也占有相当的比例。可见，公共图书馆实践中对组织文化是什么、怎么做，做什么方面还是存在很多困惑。

表5.9　公共图书馆组织文化建设的主要困难

选项	频数	比例
缺乏内部共识	113	69.33
缺乏动力	101	61.96
没有完善的公共图书馆管理制度	96	58.90
不知道怎么做	88	53.99
缺乏良好的外部环境	78	47.85
找不到合适的专业咨询机构	53	32.52
不清楚组织文化的含义	61	37.42
不想花钱	45	27.61
不知道有何用	37	22.70
合计	672	

资料来源：本研究整理

（二）关于图书馆组织文化建设现状

由于目前主动建设组织文化的公共图书馆还不多见，因此本研究关于公共图书馆组织文化建设现状方面，一方面了解专家所在图书馆的一些相关情况，如图书馆形象设计、馆文化活动、工作氛围的自我评价。另一方面调查专家所在馆组织文化各个层次的完善度的自我评价。

1. 图书馆形象设计情况

组织形象是指组织通过各种标志，包括组织的产品、组织的服务、人员等，树立起来的关于组织的所用印象。组织形象与组织文化关系密切，是组织文化建设的基础。关于图书馆的形象设计现状方面，如表5.10所示，调查结果显示，多数图书馆开展过图书馆形象设计，占66.87%。而在剩余33.13%未进行过图书馆形象设计的馆中，也有近半数的馆有进行图书馆形象设计的打算。在进行过形象设计的图书馆中，开展的具体形式不尽相同，图书馆自己设计的所占比重最多，达到55.05%。此外，聘请外部公司设计的占42.20%，其他方式（处于探索阶段）的占2.75%。

表5.10 图书馆形象设计情况

贵馆是否进行过图书馆形象设计？		频数	比例
是	聘请外部公司设计	46	66.87
	图书馆自己设计	60	
	其他	3	
否	打算CI设计	26	33.13
	不打算CI设计	28	

资料来源：本研究整理

2. 文化活动

文化活动，包括员工的文化、娱乐、休闲和体育等活动是图书馆组织文化的组成部分之一。关于这一问题的专家调查结果显示，见表5.11，自我评价认为比较好的（“好”和“非常好”）比例仅占38.04%。但是整体评价中“一般”的比例最高达到了51.53%，认为“差”和“非常差”的比例分别为7.36%和3.97%。，可见多数专家对馆文化开展的自我评价的满意度并不高，仅是一般的水平。

表 5.11　文化活动开展情况

		频数	百分比	有效百分比	累积百分比
有效	非常好	16	9.82	9.82	9.82
	好	46	28.22	28.22	38.04
	一般	84	51.53	51.53	89.57
	差	12	7.36	7.36	96.93
	非常差	5	3.07	3.07	100.00
	合计	163	100.00	100.00	

资料来源：本研究整理

3. 工作氛围

工作氛围一般是指组织环境中的气氛与情调。组织能够形成一定的氛围，图书馆员就会从工作环境中体会到一种强烈的感觉，它是一定文化的具体体现。关于馆工作氛围，见表 5.12，调查结果显示近半数的馆工作氛围的自我评价处于良好的状态（“好”和“非常好”），这一比例达到了 49.69%。认为“一般”和“差”的比例分别为 42.94% 和 7.36，没有图书馆员认为所在馆的工作氛围是“非常差”的。可见，图书馆员对公共图书馆工作氛围的整体评价还是很高的。

表 5.12　图书馆的工作氛围情况

		频数	百分比	有效百分比	累积百分比
有效	非常好	21	12.88	12.88	12.88
	好	60	36.81	36.81	49.69
	一般	70	42.94	42.94	92.64
	差	12	7.36	7.36	100.00
	合计	163	100.00	100.00	

资料来源：本研究整理

4. 公共图书馆组织文化完善程度

组织文化的完善程度的自我评价是对图书馆组织文化现状的直接反映。调查结果显示，见表 5.13，公共图书馆组织文化完善程度整体处于较低的水平。三个层次中，认为完善度为“一般”的比例均是最高的，其中物质层为

55.21%、制度行为层为53.99%、精神层为55.21%。不完善程度（“一般”、“不完善”和“非常不完善”）的比例排序依次为精神文化层80.36%、物质文化75.45%和制度行为层68.71%。总体而言，公共图书馆组织文化建设对深层的精神层文化和表层的物质层文化是不好把握的，相对而言，涉及规章制度、行为规范等制度行为层文化比较易于操作。

表5.13 公共图书馆组织文化完善程度

您所在图书馆组织文化完善程度?	非常完善		完善		一般		不完善		非常不完善	
	频数	比例	频数	比例	频数	比例	频数	比例	频数	比例
物质文化	5	3.07	35	21.47	90	55.21	30	18.40	3	1.84
制度行为文化	5	3.07	46	28.22	88	53.99	21	12.88	3	1.84
精神文化	3	1.84	29	17.79	90	55.21	38	23.31	3	1.84

资料来源：本研究整理

（三）关于公共图书馆组织文化诊断的相关理论

公共图书馆组织文化诊断的相关理论问题，是本研究的核心问题，本部分就组织文化诊断的必要性、诊断主体、参与意愿、诊断类型、诊断内容和诊断文本等基本理论问题展开专家调查。

1. 公共图书馆组织文化诊断的必要性

组织文化建设是一个动态的过程，要经历诊断、设计和实施等步骤，而组织文化诊断是了解组织文化现状的有效手段，是必不可缺的关键环节。关于这一问题，调查结果显示，见表5.14，图书馆员们普遍认为图书馆组织文化诊断是“有必要”的，占89.57%，仅有个别图书馆员表示“不清楚”，占10.43%，没有人认为在组织文化的诊断是“没有必要”的。

表5.14 图书馆组织文化诊断的必要性

		频数	百分比	有效百分比	累积百分比
有效	有必要	146	89.57	89.57	89.57
	不清楚	17	10.43	10.43	100.00
	合计	163	100.00	100.00	

资料来源：本研究整理

2. 公共图书馆组织文化诊断的主体

组织文化诊断离不开主体的参与，对于公共图书馆组织文化诊断而言，这些主体涉及外部主体和内部主体两个层次，外部主体包括外部机构、外部专家、上级主管部门、读者等。内部主体包括馆领导、部门主管、图书馆员等。调查结果显示，见表5.15，多数人员认为“馆领导”是公共图书馆组织文化诊断的最主要的主体，比例达到57.06%。其次依次为读者（56.44%）、图书馆员（55.83%）、外部专家（52.76%）、部门主管（41.72%）等。总体而言，内部主体的排名要高于外部主体，可见公共图书馆组织文化的诊断更倾向于以内部人员为主体进行诊断。

表5.15　公共图书馆组织文化诊断的主体

选项	频数	比例
馆领导	93	57.06
读者	92	56.44
图书馆员	91	55.83
外部专家	86	52.76
部门主管	68	41.72
多者参与	63	38.65
外部机构（如咨询公司）	60	36.81
上级主管部门	55	33.74
其他	3	1.84
合计	611	

资料来源：本研究整理

3. 公共图书馆组织文化诊断的参与意愿

作为馆领导和图书馆员，是否愿意参与到组织文化诊断的行动之中对于组织文化诊断的有效实施十分重要，往往主动的意愿会带来极大的主观能动性，能够积极地配合，促进组织文化诊断顺利的进行。如表5.16所示，绝大多数的图书馆员表示若管理开展组织文化诊断活动，他们是愿意参与其中的，“愿意”参与的比例达到了96.32%，仅有3.68%的人不愿意参与。

表 5.16 组织文化诊断的参与意愿

若馆里开展组织文化诊断活动，您是否愿意参与决策?		频数	百分比	有效百分比	累积百分比
有效	愿意	157	96.32	96.32	96.32
	不愿意	6	3.68	3.68	100.00
	合计	163	100.00	100.00	

资料来源：本研究整理

4. 公共图书馆组织文化诊断类型的选择倾向

组织文化诊断是一项繁复的系统化工程，通常可以划分为馆内诊断、馆内外联合诊断和馆外诊断三种类型。馆内诊断是图书馆进行自查的一种方式，馆内外联合诊断是图书馆聘请外部机构共同诊断的一种方式，馆外诊断是图书馆聘请外部机构诊断，并且全权由外部机构负责诊断的细节的一种方式。如表 5.17 所示，多数图书馆倾向于选择“馆内外联合诊断”的方式来进行，所占比例为 75.46%，一方面馆内外联合诊断能保证诊断结果的客观性。另一方面，可以利用外部专家和外部机构的知识资源改善图书馆组织文化的现状。其次，部分图书馆员选择“馆内诊断”，所占比例 19.02%，选择馆内诊断的原因可能是由于经费的限制和诊断需求方面的限制等。而很少有专家选择“馆外诊断”的方式，仅占 5.52%。

表 5.17 公共图书馆组织文化诊断类型的选择倾向

假若您是决策者，您更倾向于：		频数	百分比	有效百分比	累积百分比
有效	馆内诊断	31	19.02	19.02	19.02
	馆内外联合诊断	123	75.46	75.46	94.48
	馆外诊断	9	5.52	5.52	100.00
	合计	163	100.00	100.00	

资料来源：本研究整理

5. 公共图书馆组织文化诊断内容的重要性

公共图书馆组织文化诊断的核心是对诊断内容的选择。由专家访谈中的相关信息，基本上确立了组织文化环境和组织文化现状两个主要内容维度，本研究在此基础上，结合相关理论研究，设计了 25 项具体内容。总体而言专家对两个维度的具体内容的重要性比较认可，详细比例见表 5. 18。

表 5. 18　公共图书馆组织文化诊断内容维度的重要性

内容维度		很不重要		不重要		一般		重要		很重要	
		频数	比例	频数	比例	频数	比例	频数	比例	频数	比例
组织文化环境	政治环境	3	1. 84	13	7. 98	46	28. 22	76	46. 63	25	15. 34
	经济环境	3	1. 84	3	1. 84	36	22. 09	84	51. 53	37	22. 70
	社会文化	3	1. 84	2	1. 23	22	13. 50	99	60. 74	37	22. 70
	国际环境	3	1. 84	49	30. 06	71	43. 56	34	20. 86	6	3. 68
	传统文化	5	3. 07	–	–	37	22. 70	97	59. 51	24	14. 72
	地域文化	3	1. 84	2	1. 23	37	22. 70	84	51. 53	37	22. 70
	行业文化	3	1. 84	3	1. 84	33	20. 25	94	57. 67	30	18. 40
组织文化现状	馆领导特质分析	3	1. 84	2	1. 23	34	20. 86	64	39. 26	60	36. 81
	重大历史事件影响	3	1. 84	14	8. 59	81	49. 69	48	29. 45	17	10. 43
	组织文化类型判断	3	1. 84	3	1. 84	49	30. 06	94	57. 67	14	8. 59
	组织文化阶段	3	1. 84	3	1. 84	51	31. 29	94	57. 67	27	16. 56
	现有组织文化测量	3	1. 84	2	1. 23	36	22. 09	100	61. 35	9	5. 52
	视觉识别	3	1. 84	8	4. 91	49	30. 06	95	58. 28	6	3. 68
	物质环境	3	1. 84	2	1. 23	54	33. 13	76	46. 63	28	17. 18
	公共图书馆的服务	3	1. 84	2	1. 23	19	11. 66	85	52. 15	54	33. 13
	组织文化的宣传	3	1. 84	–	–	22	13. 50	92	56. 44	46	28. 22
	工作制度	5	3. 07	–	–	31	19. 02	90	55. 21	37	22. 70
	责任制度	–	–	4	2. 45	29	17. 79	92	56. 44	35	21. 47
	特殊制度	3	1. 84	5	3. 07	41	25. 15	108	66. 26	11	6. 75
	图书馆员行为	6	3. 68	–	–	29	17. 79	106	65. 03	22	13. 50
	群体行为	6	3. 68	–	–	26	15. 95	108	66. 26	28	17. 18
	组织行为	8	4. 91	2	1. 23	23	14. 11	94	57. 67	36	22. 09
	服务理念分析	6	3. 68	2	1. 23	47	28. 83	89	54. 60	19	11. 66
	管理理念分析	6	3. 68	2	1. 23	17	10. 43	102	62. 58	36	22. 09
	体制理念分析	6	3. 68	2	1. 23	23	14. 11	102	62. 58	30	18. 40

资料来源：本研究整理

如表 5. 19 的公共图书馆组织文化内容维度的描述性统计显示，组织文化环境诊断维度方面，重要程度最高的是社会文化环境分析，其次是地域文化影响分析、经济环境分析等。而在组织文化现状诊断维度中，重要程度较高的是公共图书馆服务水平分析、组织文化的宣传情况分析和馆领导特质分析。总体来看，专家对组织文化现状诊断的内容维度关注要高于对组织文化环境诊断的内容维度的关注，公共图书馆服务水平分析、组织文化的宣传和馆领导的特质分析的均值均高于组织文化环境诊断的内容维度。

表 5.19　公共图书馆组织文化诊断内容维度的描述性统计

	N	极小值	极大值	和	均值	标准差	方差
政治环境分析	163	1	5	596	3.66	.898	.807
经济环境分析	163	1	5	638	3.91	.827	.684
社会文化环境分析	163	1	5	654	4.01	.762	.580
国际环境分析	163	1	5	480	2.94	.855	.732
传统文化影响分析	163	1	5	624	3.83	.790	.625
地域文化影响分析	163	1	5	639	3.92	.816	.666
行业文化影响分析	163	1	5	634	3.89	.786	.617
馆领导特质分析	163	1	5	665	4.08	.889	.790
重大历史事件分析	163	1	5	551	3.38	.855	.731
组织文化类型判断	163	1	5	602	3.69	.731	.535
组织文化所处的阶段	163	1	5	598	3.67	.721	.519
现有组织文化的测量	163	1	5	625	3.83	.739	.546
视觉识别	163	1	5	586	3.60	.742	.551
物质环境	163	1	5	613	3.76	.815	.665
公共图书馆的服务	163	1	5	674	4.13	.805	.648
组织文化的宣传	163	1	5	667	4.09	.760	.578
工作制度诊断	163	1	5	643	3.94	.833	.694
责任制度诊断	163	1	5	641	3.93	.810	.656
特殊制度诊断	163	1	5	603	3.70	.721	.520
图书馆员个体行为诊断	163	1	5	627	3.85	.790	.624
群体行为诊断	163	1	5	636	3.90	.811	.657
组织行为诊断	163	1	5	637	3.91	.922	.850
经营性理念分析	163	1	5	602	3.69	.834	.695
管理型理念分析	163	1	5	649	3.98	.842	.710
体制性理念分析	163	1	5	637	3.91	.837	.701
有效的 N（列表状态）	163						

资料来源：本研究整理

6. 公共图书馆组织文化诊断文本的相关问题

组织文化诊断的结果是要最终形成组织文化诊断的咨询报告，因此规范化的诊断文本就十分有必要。本部分就公共图书馆组织文化诊断文本的必要性和文本核心要素展开了专家调查。

（1）诊断文本的必要性

关于文本的必要性，专家调查结果显示，见表 5. 20，绝大多数的专家认为公共图书馆组织文化诊断有形成文本的必要性，所占比例达到 84. 66%。另有 11. 66% 的专家表示对此问题不清楚。此外，持否定态度的专家极为少数，所占比例达 3. 68%。

表 5. 20　公共图书馆组织文化诊断形成文本的必要性

		频数	百分比	有效百分比	累积百分比
有效	没有必要	6	3. 68	3. 68	3. 68
	不清楚	19	11. 66	11. 66	15. 34
	有必要	138	84. 66	84. 66	100. 00
	合计	163	100. 00	100. 00	

资料来源：本研究整理

（2）核心要素

核心要素是指最终形成文本的中必备的关键内容，如表 5. 21 所示，专家对所列的核心要素持普遍认可的态度，所占比例均达到半数以上。具体而言，核心要素的选择按比例排序依次为“服务理念”、“图书馆精神”、“公共图书馆形象”、“价值观”、“管理方式”等。

表 5. 21　公共图书馆组织文化诊断文本的核心要素

选项	频数	比例
价值观	120	73. 62
图书馆精神	132	80. 98
服务理念	147	90. 18
公共图书馆形象	126	77. 30
战略	107	65. 64
组织结构	96	58. 90

续表

选项	频数	比例
管理方式	119	73.01
其他	2	1.23
合计	968	

资料来源：本研究整理

第四节 理论模型的构建

本节在第二节专家访谈、第三节专家问卷调查和相关理论研究的基础上，对本研究提出的初始模型假设进行修正，提出我国公共图书馆组织文化诊断的综合理论模型。

一、初始模型修正

综合专家访谈的意见和专家问卷调查所反应的问题，本研究最终对初始模型假设做如下修正：

（一）增加组织文化诊断的流程阶段

专家访谈中有专家指出应增强模型的可操作性。此外，在专家问卷调查中，关于公共图书馆组织文化诊断困境方面的调查结果显示，“缺乏内部共识”、“缺乏动力”、“没有完善的公共图书馆管理制度”、“不知道怎么做”是公共图书馆开展组织文化建设的主要困难，公共图书馆组织文化建设方面存在着不知道是什么、怎么做、做什么的问题。针对这一问题，修正原有模型没有流程指示的缺陷，在初始模型的基础上增加诊断准备、诊断启动、诊断实施、诊断结束四个阶段，以提高模型的可操作性。

此外，根据已有理论研究确定每个阶段要完成的主要任务，包括诊断准备（确定需求）、诊断启动（资料收集）、诊断实施（数据获取与分析）和诊断结束（诊断报告）等。在此基础上，针对专家问卷调查中普遍对组织文化三个层次熟悉程度较低的情况，在诊断启动阶段增加了培训的内容标注。在熟悉程度较低的现状下，实施诊断之前有必要对参与的图书馆员进行相关知识的培训。最后形成的各个阶段为诊断准备（确定需求与诊断类型）、诊断启动（培训与资料收集）、诊断实施（数据获取与分析）和诊断结束（诊断报告)。

(二) 细化组织文化诊断内容体系

专家访谈中，专家提出要细化模型中组织文化诊断的内容体系。因此，在专家问卷调查中也设计了相关问题。根据专家访谈和专家调查结果，结合图书馆员访谈的内部维度和外部维度最终细化了组织文化诊断的内容体系。

公共图书馆组织文化成因诊断细分为外部因素和内部因素。其中外部成因包括政治环境、经济环境、社会文化、国际环境、传统文化、地域文化、行业文化等七个方面。内部成因包括馆领导特质分析和重大历史事件分析两个方面。

公共图书馆组织文化现状诊断细分为总体特征诊断、物质层诊断、制度行为层诊断和精神层诊断。其中，总体特征诊断包括组织文化类型判断、组织文化阶段判断、现有组织文化测量三个方面。物质层诊断包括视觉识别、物质环境、公共图书馆的服务和组织文化的宣传四个方面。制度行为层诊断包括工作制度、责任制度、特殊制度、图书馆员行为、群体行为和组织行为诊断六个方面。精神层诊断，即核心理念的诊断包括服务理念诊断、管理理念诊断、体制理念诊断三个方面。

(三) 修正了组织文化诊断的主体

初始模型设计的诊断主体是图书馆员，而专家访谈和专家问卷反馈中提出公共图书馆以外的参与人员作为主体的情况。因此，在此使用诊断主体代替图书馆员，这样既涵盖了外部主体也涵盖了内部主体的内容，具体实际操作中可根据诊断类别的实际情况确认诊断的主体是图书馆员、外部专家还是二者馆内外联合诊断。

二、总体模型框架

在专家访谈和专家问卷调查基础上，修正后的模型如图 5.1 所示。本研究提出的公共图书馆组织文化诊断模型是一个综合理论模型，它涵盖了组织文化诊断的主体、过程和内容等维度。为我国公共图书馆组织文化诊断提供一个从是什么、怎么做到做什么的一套集成工具。

(一) 诊断的主体

本研究认为公共图书馆组织文化诊断的主体要根据诊断的类型来区别，馆内诊断方式的诊断主体就是图书馆员，包括领导层和普通工作人员。倘若是馆内外联合诊断，那么诊断的主体就是图书馆员与外部专家或咨询机构的

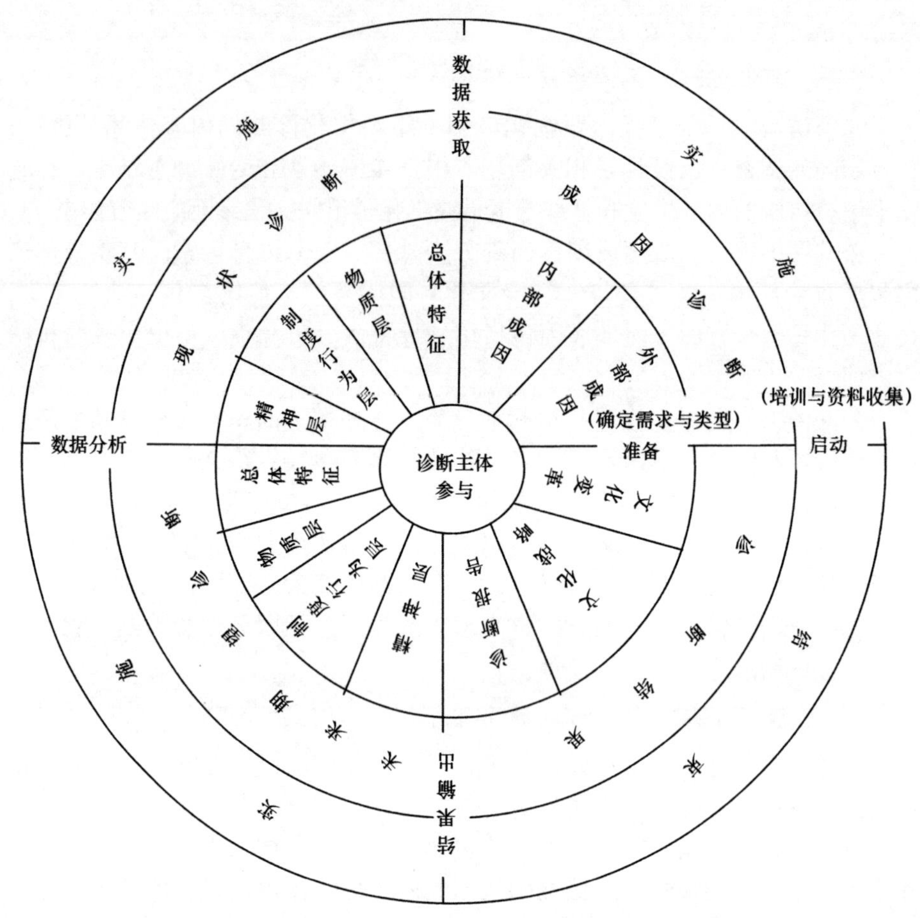

图 5.1 图书馆组织文化诊断模型

资料来源：本研究整理

工作人员。那么纯粹的馆外诊断的主体就是外部专家或者咨询机构的工作人员。诊断主体的选择要根据具体需求而定，总体而言，要争取全员参与，不仅领导层参与到组织文化诊断工作中，还要争取图书馆员、读者、上级主管部门等的广泛参与。

（二）诊断的过程

本研究认为公共图书馆组织文化诊断是一个动态的过程，一次诊断的结束，也可以作为下一次诊断的开始，是一个可以循环往复的流程。公共图书馆组织文化诊断经过诊断准备、诊断启动、诊断实施和诊断结束四个过程，同时也是一个确定需求与类型、培训与资料收集、数据获取与分析、诊断结果输出的一个研究过程。

（三）诊断的内容

本研究在专家访谈、专家问卷调查和已有相关理论的基础上，将公共图书馆组织文化诊断分为成因诊断、现状诊断、未来期望诊断和诊断结果四个主要维度。成因诊断主要是对公共图书馆组织文化的外部成因和内部成因的诊断。现状诊断和未来预期诊断主要是对现状和未来的组织文化总体特征、物质层、制度行为层和精神层的诊断。诊断结果是输出诊断报告、制定文化战略和判定文化变革的过程。

第六章　案例研究

在第五章通过已有理论研究、专家访谈、图书馆员访谈和专家问卷调查构建了我国公共图书馆组织文化诊断的理论模型，对诊断主体、过程和关键内容要素进行了界定，并为诊断提供了诊断内容选择决策树和诊断内容选择框架列表。研究结果表明，根据特定公共图书馆组织文化诊断具体需求和目的的不同会选择不同的诊断类型，也会导致具体诊断内容的差异性。那么，针对特定公共图书馆，这一模型该如何应用？这一理论模型框架能不能帮助公共图书馆的管理者诊断图书馆组织文化的现有情况？模型的适用性和可操作性是十分重要的问题。

本章应用案例研究法来检验这一理论模型的适用性和可操作性。案例研究法是一种研究者通过深入组织而进行一段时间可持续性的调查，在组织中获取关于组织中个人、群体或组织的相关信息来分析他们的行为发展变化的方法。案例研究法的具体问题，包括人物、事件、地点、方式和原因都是可以预先定义的，适合回答怎么样和为什么的问题①。案例研究法具有验证理论、探索理论和描述现象的作用②。对于本研究而言，一方面可以检验理论模型的适用性和可操作性，另一方面可以通过案例研究进一步修正和完善已有理论模型。

第一节　研究设计

公共图书馆的组织文化的形成是一个日积月累的过程，它具有动态的渐近发展的特征。由于每个公共图书馆所处的内外环境的差异，形成了各具特色的组织文化。鉴于公共图书馆组织文化的独特性和组织文化诊断活动的相对独立性，本研究采取整体性的单一案例研究策略，这样可以比较全面的获取单一样本组织文化诊断过程的完整信息。

---

① Yin, R. K.. Case study research: Design and methods. [M] Newbury Park: Sage. 2003: 5-6.

② 苏敬勤，李召敏. 案例研究方法的运用模式及其关键指标 [J]. 管理学报，2011，8 (3)：112-120.

本部分研究样本的选择缘起本研究的专家访谈阶段，在与山东省图书馆李西宁馆长的专家访谈中了解了馆里有提炼组织核心价值观的需求，这与组织文化建设的目标相一致，通过本研究对公共图书馆组织文化的诊断是达到这一目标的有效途径。此外，选择山东省图书馆作为案例研究的对象是因为它具有一定的代表性。首先，它是我国成立最早的省级公共图书馆之一，发展历史悠久，积累了丰富的文化底蕴。其次，山东省图书馆近些年发展迅速，从资源、技术、服务、管理到人员方面形成了自己的组织特色。因此，从实际需求到现实情况，山东省图书馆适合本研究理论模型的检验与修正。

一、山东省图书馆的基本情况

1908 年底，山东提学史罗正钧上书巡抚袁树勋，力陈创办图书馆的必要性并提出了可行性方案。1909 年山东提学史罗正钧主持在明湖西南隅（今大明湖公园暇园）依宁波天一阁旧制兴建山东省图书馆。同年，图书馆落成，抚宪孙宝琦题写馆名“山东图书馆”①。

自 1909 年至今，山东省图书馆已经历经了 105 年的历史了。从发展的阶段而言，大体上可以从 1949 年开始划分。改革开放以前的 40 年是创立、打基础、初步发展的阶段，经历了朝代更迭与战乱纷争，克服了各种困难，完成了新馆建设、图书的搜集、整理和编目工作、规则制度的制定等初始工作，为日后的发展打下了坚实的基础②。改革开放以来的 75 年，山东省馆开始了全面发展。

基础设施方面，至 2013 年底，山东省图书馆共有 3 个馆舍，其中 2 个馆舍投入使用，另外 1 个馆舍将作为少儿图书馆而正处于改造阶段，其中总馆位于济南市东部，国学主题馆位于济南市大明湖畔，少儿馆位于济南市南部。现三处馆舍总建筑面积达到 6.3 万平方米，阅览室面积达到近 1.3 万平方米，共设有阅览坐席 1730 个，少儿坐席 164 个。为读者提供数字资源阅览的计算机 202 个，全馆实现了读者服务区域内无线网络的全部覆盖。

馆藏资源方面，至 2013 年底，全馆文献总藏量达 740 余万册，其中电子书刊 57.4 万余种，数字资源 70TB。并且馆藏资源建设也在不断的朝标准化方向迈进，先后修订了《山东省图书馆中文图书采选条例》、《山东省图书馆电

① 《山东省图书馆馆志》编撰委员会编．山东省图书馆馆志［M］．北京：中华书局，2004：24－28．

② 黄宗忠．山东省图书馆建馆一百周年纪念［J］．山东图书馆学刊，2009（4）：14－23．

子文献采选方案》、《山东省图书馆文献采选条例》等。

服务活动方面，图书馆坚持“以人为本、读者第一”的办馆理念和“读者第一、服务至上”的服务宗旨开展了丰富多彩的读者服务活动。2011 年根据国家免费开放政策，山东省图书馆制定了《山东省图书馆免费开放实施方案》，为读者提供了免费开放，周开放时间长达 80.5 小时。此外，打造了一批有特色的品牌活动，包括“周末 100 分”、“大众讲坛”、“朗诵大赛”、“网上展厅”等。开展参考咨询与信息服务，两会期间，开展服务两会活动，编制了两会专题资料。此外开展了关注弱势群体的服务，针对特殊群体开展“动漫学习培训班”、“小记者夏令营”、“全省读书朗诵大赛”等，引导少儿、老年人、残障人士等特殊群体的阅读。

机构和人员方面，目前山东省图书馆共设立 23 个业务行政部门，包括办公室、政工科、财务科、物业科、保卫科、读者活动部、采编部、中文图书外借部、中文图书阅览部、外文部、中文报刊部、参考咨询部、学刊编辑部、研究辅导部、教育培训部、历史文献部、文献缩微部、计算机网络中心、数字资源建设部、少儿部、综合借阅部、监控中心和读者书店。全馆在编人员 222 人，其中硕士以上学历 22 人，占 9.91%，本科以上学历 187 人，占 84.23%。获得专业技术职称的有 210 人，其中高级职称 45 人，占 21.43%，中级职称 87 人，占 41.43%。

战略规划方面，2012 年，山东省图书馆在山东省文化厅“十二五发展规划”的基础上，制定了《山东省图书馆“十二五”发展规划》，对图书馆的发展方向和主要任务进行了详细的阐释。在战略规划中在制定了“世界知名、国内一流”的战略目标，明确了组织未来发展的方向。

二、研究过程

2013 年 8 月 11 日进入山东省图书馆，并成立了工作小组。2013 年 8 月至 2013 年 11 月底在工作小组全体成员的努力下完成了山东省图书馆组织文化诊断的调研过程。2013 年 12 月至 2014 年 1 月完成了山东省图书馆组织文化诊断报告的撰写和山东省图书馆组织文化发展纲要的拟定工作，至此完成了整个组织文化诊断过程。

山东省图书馆组织文化诊断按照本研究设计的诊断模型进行，诊断的主体由馆领导、普通工作人员、外部咨询人员（本人承担这一角色）共同构成。馆领导负责参与决策性工作，普通工作人员负责通信和联络工作，本人负责设计诊断流程、参与组织文化诊断的实施，并为整个诊断提供咨询服务。整个诊断过程按照第四章组织文化诊断模型设计的流程，包括诊断准备、诊断启动、诊断实施和诊断结束。按照模型设计，整个诊断内容包括成因诊断、现状诊断、未来期望诊断和诊断结果四个部分内容，具体内容选择根据需求而定，详细情况将在本部分进行说明。

（一）诊断准备阶段

诊断前首要的是与山东省图书馆的初步接触。2013 年 5－7 月，通过与馆长及馆里其他几位图书馆员的沟通与交流，首先确定了山东省图书馆组织文化诊断的类型，决定采取馆内外联合诊断的方式，这样便于本人作为外部人员同图书馆员进行接触，也有利于获取最真实的资料，避免馆内诊断带来的真实信息获取困难的弊端。诊断准备阶段，完成了三项工作，其一，确定组织文化诊断的需求；其二，明确组织文化诊断的目的；其三，确定组织文化诊断的内容体系。

1. 山东省图书馆组织文化诊断的需求

通过与馆领导们的沟通和座谈了解到山东省图书馆尚未主动开展组织文化建设的实际情况，但是山东省图书馆做了大量的基础性工作，包括 CI 山东省图书馆形象设计、馆徽、馆服等。因此，通过反复沟通最终确立了山东省图书馆组织文化诊断的需求——“提炼组织核心价值观”。

2. 山东省图书馆组织文化诊断的目的

明确了组织文化诊断目的，即通过对图书馆员作的调查分析，了解图书馆员行为与图书馆现行制度的匹配度，考察图书馆员行为背后的组织文化现象，从而提炼组织核心价值观体系，并寻求图书馆组织文化（物质文化、制度文化、行为文化和精神文化）建设的切入点。

3. 山东省图书馆组织文化诊断的内容体系

根据图书馆提炼核心价值观的需求，经过反复商议，最终在诊断模型内容框架下，确定了山东省图书馆组织文化诊断的内容体系，见表 6.1。

（二）诊断启动阶段

诊断启动阶段标志着诊断工作的正式开始，在确定了诊断需求、目的和内容体系的基础上，首先应该成立工作小组，明确工作小组成员的职责和任务分工。其次，要对小组成员进行培训，使他们对组织文化的基本概念体系以及诊断的相关工作程序有所了解。再次，在诊断启动阶段要开始资料收集工作。最后，要进行组织文化诊断的设计，预先设计好诊断实施阶段需要的访谈提纲和调查问卷。

表 6.1 山东省图书馆组织文化诊断内容体系列表

诊断项目	具体内容
成因诊断	外部因素
	内部因素
现状诊断	总体特征
	物质层
	制度行为层层
	精神层
未来期望诊断	总体特征
诊断结果	山东省图书馆组织文化诊断报告
	山东省图书馆组织文化发展纲要

资料来源：本研究整理

1. 成立工作小组

工作小组可以为图书馆组织文化诊断提供人员的保障，本案例研究的工作小组成立于2013 年8 月11 日，在李西宁馆长的牵头下，由办公室的吴金敦主任、张海梅、鹿贺，政工科的刘曜檀主任、王增增和我共七人组织成了工作小组开展组织文化诊断的全部工作。其中，馆长及部门主任负责组织文化诊断中重要决定的决策，其他人员负责诊断过程中同其他部门的沟通和通信工作。

2. 培训

按照模型设计，本研究对项目组成员进行了培训，通过多媒体 PPT 为小组成员讲解了组织文化相关概念，图书馆组织文化的内涵、功能以及诊断的流程，并介绍企业组织文化诊断实施的典型案例，同时将本次研究的相关内容做了详细的介绍，包括研究目的、研究内容与框架、研究方法等。这样可以促使小组成员对本研究有一个全面系统的认识。

3. 资料收集

在诊断启动阶段资料收集的主要目的是在诊断实施前了解目标馆组织文化的现实情况，对目标馆的组织文化有一个初步的认识。根据目标馆诊断需求的不同，可以搜集的资料也不同。根据本研究的需求，主要搜集了与山东省图书馆组织文化相关的资料主题，见表6.2。

表6.2　山东省图书馆组织文化相关资料列表

序号	资料主题
1	组织结构
2	图书馆战略规划
3	行业有关资料
4	馆史
5	大事件
6	馆历年开展的相关活动资料
7	馆历年读者服务情况资料
8	人力资源方面的资料
9	高层领导近期提倡的口号、标语等
10	规章、制度、文件
11	馆内先进事迹，先进员工资料

资料来源：本研究整理

根据在山东省图书馆所搜集的这些材料，对山东省图书馆组织文化的基本情况有了一定的了解，在此基础上为拟定访谈提纲和问卷设计做准备。除了这些二手资料的搜集之外，一手资料的获取也十分重要，具体分析用相关材料见表6.3。

表6.3　山东省图书馆组织文化诊断前期分析用表

序号	材料名称	类别
1	山东省图书馆基本情况年报（2008）	基本情况
2	公共图书馆基本情况年报	总体情况
3	山东省图书馆领导班子状况小结材料	人员情况
4	“大师引进工程”情况汇报	活动项目
5	职工岗位培训、继续教育综合材料	员工培训
6	2009年至2012年在省级以上刊物或国际会议上发表论文材料	文献情况
7	山东省图书馆科研项目立项材料	科学研究
8	山东省图书馆科研成果获奖材料	科学研究
9	山东省图书馆文献采选方针材料	馆藏资源

续表

序号	材料名称	类别
10	呈缴制度材料	管理制度
11	《山东省公共图书馆管理办法》	管理制度
12	图书文献编目材料	藏书制度
13	图书排架规则材料	藏书制度
14	馆藏文献保护制度	藏书制度
15	数字资源总量材料	馆藏资源
16	图书馆免费开放材料	馆藏资源
17	为领导机关决策提供信息服务综合材料	数字资源
18	图书馆网站材料	数字资源
19	移动数字图书馆材料	数字资源
20	2012 年讲座、培训总结材料	教育培训
21	图书馆服务宣传材料	对外宣传
22	读者满意率调查材料	调查报告
23	主持跨省、跨系统的协作协调工作综合材料	工作内容
24	山东省图书馆电子资源经费使用情况	经费情况
25	2012 年度山东省图书馆总藏量材料	馆藏资源
26	全省图书馆服务网络建设材料	基础设施
27	《山东图书馆信息》材料	基本情况
28	山东省图书馆学会 2012 年工作计划和总结材料	计划总结
29	文献编目中心成员馆材料	各馆情况
30	图书馆事业发展规划材料	战略规划
31	图书馆财务管理制度材料	财务管理
32	岗位设置与岗位职责任务说明书材料	员工岗位
33	分配激励制度及管理制度材料	奖惩制度
34	图书馆设备物资管理工作综合材料	设备管理
35	档案管理综合材料	人员档案
36	人事管理统计与分析材料	人员管理

续表

序号	材料名称	类别
37	财务统计分析材料	财务管理
38	全省公共图书馆基本情况统计材料	基本情况
39	环境管理综合材料	设备管理
40	安全保卫综合材料	规章制度
41	秩序维护服务托管材料	规章制度
42	设备达标材料	设备管理
43	经费投入材料	经济管理
49	人员培训材料	员工培训
45	山东省共享工程整体规划综合材料	战略规划
46	工程整体制度建设与管理材料	规章制度
47	标准规范建设材料	规章制度
48	管理规范材料	规章制度
49	古籍普查制度材料	文献保护
50	古籍修复工作材料	文献保护
51	2012 年举办展览情况材料	活动项目

资料来源：本研究整理

根据资料的整理与分析，大体上了解山东省图书馆的组织文化情况大体如下：

（1）物质层。物质层又称为符号层或器物层，是指由员工创造的产品和各种物质设施等构成的文化，是一种以物质形态为主要研究对象的表层文化。它是容易被看见、容易被改变的，是核心价值的外在体现，是制度层和精神层的基础。例如上表提到的数字资源总量材料、2012 年度山东省图书馆总藏量材料、全省图书馆服务网络建设材料等有关图书馆建筑和空间、技术设施、纪念品、传播网络都属于物质层。

（2）制度层。制度层顾名思义就是组织的相关规章制度，是组织为了实现终极目标所制定的能规范和约束组织群体的行为、协调组织内部职工之间或组织与社会之间关系的一种运行方式。制度层是组织中精神层与物质层的中介，既是适应物质文化的固定形式，又是塑造精神文化的主要机制和载体。例如上表提到的呈缴制度材料、馆藏文献保护制度、图书馆财务管理制度材料、岗位设置与岗位职责任务说明书材料等都属于制度层。因此，不断完善组织的制度层不仅能保证组织各项工作的正常运行，还能协调组织各个部门的关系和调动群体的积极性。

（3）精神层。精神层相对于物质层和制度层，组织的精神层是更深层次的文化，处于组织文化系统中的核心地位。它是组织在实现自身价值中逐渐形成的，包括组织的价值观念、职业道德教育、发展目标等。例如上表提到的2012年讲座、培训总结材料、图书馆服务宣传材料、山东省图书馆学会2012年工作计划和总结材料、图书馆事业发展规划材料等都属于精神文化。精神层是组织文化的核心，是支撑着整个组织文化的主干，是促进组织走可持续发展的重要因素。

图书馆的物质层、制度层、精神层是一个相互渗透、相互依存的有机整体，它们共同作用构建成完整的组织文化。因此构建一个有特色的文化体系，就要以物质层为基础，制度层为手段，精神层为核心。因此，本研究通过参与观察的方式深入案例图书馆，参与部门的例会、参与部门的日常工作、参与读者活动等来观察图书馆员日常工作中的行为表现。

4. 诊断设计

在完成了资料收集工作后，要在研读资料的基础上开始诊断设计的工作。根据本研究的需求，在诊断设计阶段完成了两项工作，一是根据图书馆员级别的不同拟定了不同的访谈提纲，包括普通员工访谈提纲、中层领导访谈提纲和高层领导访谈提纲，见附录C、D和E。普通员工访谈提纲，主要设计了图书馆员对组织文化的认识和对图书馆工作氛围的感受方面的提问。中层领导访谈提纲主要设计了对组织文化的认识和对所在部门工作氛围的感受方面的提问。高层领导访谈提纲主要设计了对组织文化的认识和对图书馆组织文化未来发展期望的提问。

二是设计了调查问卷，见附录F。根据具体需求和访谈中反映出来的具体问题设计问卷的体系结构，问卷调查有两个目的，其一是了解山东省图书馆组织文化的基本情况和图书馆员的态度倾向，其二是对山东省图书馆组织文化进行测量，了解图书馆组织文化的现在与未来发展预期。具体而言，问卷的主要内容包括图书馆组织文化的总体情况、现状认知（物质表象、管理方面、员工行为、制度和核心价值）、自我评价（组织文化完善程度、满意度）

和组织文化量表测量（基于 Cameron 与 Quinn 的 OCAI 量表）等四个部分。

（三）诊断实施阶段

诊断实施阶段是工作小组成员深入组织开展调查工作，本研究在这一阶段首先进行了深度访谈，其次发放了问卷，以对目标馆组织文化的现状和存在的问题进行调研和分析。

1. 访谈阶段

对目标图书馆的普通员工、中层领导和高层领导进行访谈，了解山东省图书馆组织文化的现状和存在的问题。按照预先设计好的访谈提纲，开展普通员工、中层领导和高层领导的访谈。通过普通员工、中层领导和高层领导的个别深度访谈了解他们对于图书馆组织文化的认识、工作氛围、工作具体情况、存在的困惑以及需要得到的支持。

2. 问卷发放与回收阶段

问卷可以了解图书馆员对存在问题的态度倾向，按照预先设计的问卷，对山东省图书馆的 23 个部门的 222 名员工进行抽样，共选取 140 名员工进行抽样调查，于 2013 年 11 月 20 日至 2013 年 11 月 28 日开始问卷调查工作，共回收问卷 125 份，回收率达到 89.29%，剔除无效问卷 11 份，最后用于数据分析的问卷共 114 份。

（四）诊断总结阶段

诊断总结阶段是组织文化诊断的结果输出期，主要对所获得的各种资料进行归纳，寻找其中的内隐概念，总结所反映出的组织文化内涵，确立整改方案的过程。本研究在诊断总结阶段主要完成了两项工作：其一，撰写了山东省图书馆组织文化诊断报告；其二，拟定了山东省图书馆组织文化发展纲要（草案）。

三、研究方法

组织文化的诊断是一项研究活动，研究方法的支持能够保障组织文化诊断结果的科学性。本研究的整个组织文化诊断过程中应用的主要研究方法有参与观察法、内容分析法、深度访谈法和问卷调查法。

（一）参与观察法

应用参与观察法记录图书馆员或部门领导个人在一段时间内的工作状况，这样能够较为客观的反映出他们平时对于工作的真实态度。此外，对图书馆具体业务的参与观察有利于了解图书馆组织文化的构成维度。再有，参与观察可以区分不同工作状态的人员，有利于进一步确定参加访谈的人选。在参与观察表中设计了事件——过程——结果的引导，目的是了解所观察部门运营管理情况，同时参与观察最后设置了重要启示部分，在结束参与观察后及时作出反思，

（二）内容分析法

应用内容分析法对搜集到的相关资料进行整理分析，了解山东省图书馆组织文化的基本情况。

（三）深度访谈法

应用深度访谈法与确定的部门领导进行深入访谈，了解在他们语言和行为背后所表达的组织文化是什么。本研究中为了能够让部门领导说出真心话，事先强调进行个别深度访谈的意义在于帮助馆里开展更多更有活力的工作，而并非对个人的工作评价。

（四）问卷调查法

应用问卷调查法，一方面了解图书馆组织文化的成因、现状和未来预期；一方面应用量表测量图书馆组织文化的各个构成维度现状与未来预期。

四、数据获取

本部分研究数据主要来源于内部资料、参与观察日志、员工访谈和问卷调查四个渠道。

（一）内部资料

内部资料是图书馆内部活动产生的文件、档案等，是本研究数据的主要来源之一。本研究所获取的内部资料列表如前文表 5.2 所示。

（二）参与观察日志

本研究通过参与观察法深入组织现场，了解山东省图书馆图书馆员们的业务工作状态和行为方式，并撰写参与观察日志用于记录和描述所参与观察的具体活动，主要记录具体事件（时间、地点和人物）、过程和结果，以及参与观察的重要启示，以外借部的参与观察表为例，见表 6.4。

表 6.4　参与观察表（外借部）

日期：2013－8－13	部门：外借部——社科室
记录人员：＊＊＊	

事件：（时间、地点、人物）
时间：8：30－10：00
地点：二楼社科借书室
人员：馆员、志愿者
事件一：外借图书
事件二：还书
事件三：咨询
事件四：检索
事件五：导引
事件六：提醒
事件七：图书上架
事件八：图书整理
过程：

外借部门外应读者需求放置了图书消毒柜，一进门右侧是读者刷卡器，每位读者进入前都要预先刷卡进入，以确认读者身份。此处设专人监督，并提醒读者存包和水杯。左侧设有还书处和借书处，社科的书皆由此处借出和还回。借还书系统是 ILASⅢ－1.0 系统。

8：50：读者开始陆续有借书和还书的

8：51：几位馆员前往还书箱处去取读者所还的图书。

8：52：1 位读者前来借书，系统显示书证有效期（1 年）已过，借书处工作人员告知读者到大厅东侧的办证处免费办理延期后再来借书，并将图书代为保存。

8：53：1 位读者借书

8：55：1 位读者借书；办理延期的读者返回借书。

8：56：1 位读者进入社科外借处，提醒读者须刷读者证进入，无证的读者可前往阅览室。

9 点钟左右借还书的读者陆续的多了起来

9：01：1 位带小孩的中年女子前来借书，借书处的工作人员热情的同小读者打招呼。

9：02：馆员取书回来，几位馆员在短暂的休息后，开始上书，排架，整理图书。

9：05：告知读者存包进入

借还书不用充磁和消磁，节省了流程时间。还书较多的时候，其他馆员会帮助把书放到有条码的一页，以节省还书时间，提高工作效率。

9：11：1 位读者查询书目信息，查询后由馆员引导借书。

9：12：1 位读者借书量超过最大借书量。

9：18：1 位读者办理续借。

靠近窗边一侧共有 6 个桌子和若干个椅子供阅览，还有 1 个检索机供读者查阅。

续表

日期：2013－8－13	部门：外借部——社科室
记录人员：＊＊＊	

结果：

读者的请求都得到了满意的答复，但由于高峰期的读者借阅量较大，服务效果会打折扣。

馆员访谈：＊＊

1. 社科借书处有多少个馆员？有志愿者吗？

8个正式馆员，4个志愿者。倒班制度，2班倒。

2. 藏书量有多少？

大约40万册。

3. 高峰期是什么时间？

一般是寒、暑假3点半至5点半和周末上午9：00－12：00的时间。

4. 工作强度怎么样？

季节性较强。目前工作强度较高

5. 员工间的工作关系怎么样？

很融洽

读者访谈：青年，学生，女

1. 经常过来吗？

1个星期1次，距离30路起点至终点。

2. 平时喜欢什么类型的书籍？

小说，休闲类

3. 评价如何？

一般

4. 服务水平？

一般

5. 馆员态度如何？

还好

6. 改进的地方？或不足之处？

书有点乱，破损严重（没能发现就借出去了）

重要启示：

物质层、制度层方面可以进一步改善。

精神层方面，馆员意识需要进一步强化。

资料来源：本研究整理

（三）访谈资料

访谈可以通过一对一的深度交流获取图书馆员关于图书馆组织文化的认知。本研究的访谈对象涉及普通员工、中层领导和高层领导，研究对象数量的确立采取分层抽样的原则。在总样本中，最终访谈高层领导1人，中层领导10人，普通员工20人。样本的人口学变量的详细情况，见表6.4。

表6.4　样本的人口学变量的情况　单位：人

样本情况	性别情况		年龄			学历			工作年限		
	男	女	20－30	31－40	41以上	本科及以下	硕士	博士	5年及以下	6－10年	11年及以上
数量	12	19	5	16	10	23	6	2	7	8	16
比例	38.71	61.29	16.13	51.61	32.26	74.19	19.35	6.45	22.58	25.81	51.61

资料来源：本研究整理

（四）问卷资料

问卷的发放按照所属部门采取分层抽样的原则进行发放，抽取140名员工作为样本，其中共回收问卷125份，回收率达到了89.29%，剔除无效问卷11份，用于数据分析的问卷共计114份，有效回收率为81.43%。问卷数据的分析应用社会统计分析软件SPSS20.0，调查样本的人口学特征反映着目标馆员工的基本情况，本案例研究着重调查了样本的性别、工作年限、文化程度和职务等。

1. 样本的性别特征分布

性别特征方面，如表6.5所示，样本的性别比例基本符合图书馆的现实情况，其中被调查的男性图书馆员有52人，占45.61%，女性图书馆员62人，占54.39%。

表6.5　山东省图书馆组织文化调查样本的性别特征分布

		频数	百分比	有效百分比	累积百分比
有效	男	52	45.61	45.61	45.61
	女	62	54.39	54.39	100.00
	合计	114	100.00	100.00	

资料来源：本研究整理

2. 样本的工作年限分布

工作年限反映着被调查者在组织中生存时间的长短，被调查者的年龄分布在1年以内、1－3年、3－5年、5－10年及10年以上五个区段，见表6.6。其中，10年以上共计65人，占半数以上。这些人在组织中生存的时间较长，对组织文化有较深刻的理解，是本研究调查的重要对象。

表6.6 山东省图书馆组织文化调查样本的工作年限特征分布

		频数	百分比	有效百分比	累积百分比
有效	1年以内	9	7.89	7.89	7.89
	1－3年	8	7.02	7.02	14.91
	3－5年	6	5.26	5.26	20.18
	5－10年	26	22.81	22.81	42.98
	10年以上	65	57.02	57.02	100.00
	合计	114	100.00	100.00	

资料来源：本研究整理

3. 样本的文化程度分布

在文化程度方面，如表6.7所示，样本的学历分布有专科及以下、本科、硕士研究生、博士研究生及以上四个区段，其中本科分布比例占多数，共计79人，占69.30%，实际工作中，这一区段的图书馆工作人员也是最多的。

表6.7 山东省图书馆组织文化调查样本的文化程度特征分布

		频数	百分比	有效百分比	累积百分比
有效	专科及以下	5	4.39	4.39	4.39
	本科	79	69.30	69.30	73.68
	硕士研究生	25	21.93	21.93	95.61
	博士研究生及以上	5	4.39	4.39	100.00
	合计	114	100.00	100.00	

资料来源：本研究整理

4. 样本的职务分布

在职务分布方面，如表6.8所示，调查样本的职务涉及一般工作人员、部门副主任、部门主任、副馆长和馆长。调查结果显示，样本职务的分布呈现逐层递减的趋势，其中一般工作人员占84.21%、中层领导（部门副主任和主任）占13.16%、高层领导（副馆长和馆长）占2.63%。

表6.8　山东省图书馆组织文化调查样本的职务特征分布

		频数	百分比	有效百分比	累积百分比
有效	一般工作人员	96	84.21	84.21	84.21
	部门副主任	8	7.02	7.02	91.23
	部门主任	7	6.14	6.14	97.37
	副馆长	2	1.75	1.75	99.12
	馆长	1	.88	.88	100.00
	合计	114	100.00	100.00	

资料来源：本研究整理

5. 样本的职称分布

在职称分布方面，如表6.9所示，被调查者以初级及以下和中级职称居多，分别占43.86%和36.84%。副高级职称较少，共计13人，占11.40%。正高级职称的人数最少，共计7人，占6.14%。这与山东省图书馆职称分布的现状比例也是保持一致的，样本具有一定的代表性。

表6.9　山东省图书馆组织文化调查样本的职称特征分布

		频数	百分比	有效百分比	累积百分比
有效	初级及以下	50	43.86	44.64	44.64
	中级	42	36.84	37.50	82.14
	副高级	13	11.40	11.61	93.75
	正高级	7	6.14	6.25	100.00
	合计	112	98.25	100.00	
缺失	系统	2	1.75		
合计		114	100.00		

资料来源：本研究整理

第二节 山东省图书馆组织文化分析

按照第四章图书馆组织文化诊断模型设计中内容模块对山东省图书馆的组织文化的成因、现状、未来预期进行了诊断，根据诊断数据分析撰写了山东省图书馆组织文化诊断报告，并且拟定了山东省图书馆组织文化发展纲要草案。

一、成因分析

图书馆组织文化是在外部因素和内部因素共同作用下形成的，外部成因和内部成因有很多，本部分对员工访谈中涉及的外部因素和内部因素的重要性进行了调查，选项设置 1 = “完全不重要”、2 = “不太重要”、3 = “一般重要”、4 = “比较重要”、5 = “非常重要”。

其中，外部因素方面。按照选项均值排序依次为社会文化、经济环境、政治环境、地域环境、传统文化、行业文化和国际环境，见表 6.10。从调查结果可以看出，图书馆员认为国内的政治、经济、文化对图书馆组织文化的形成影响较大。

表 6.10 山东省图书馆组织文化成因的外部因素

外部因素	统计量	均值
社会文化	114	4.26
经济环境	114	4.26
政治环境	114	4.19
地域文化	114	4.03
传统文化	114	3.98
行业文化	114	3.96
国际环境	114	3.41
有效的统计量（列表状态）	114	

资料来源：本研究整理

内部因素方面，按照选项均值排序依次为服务水平、沟通与交流、资源、管理、制度、人员、宣传与推广、建筑与设备，见表 6.11。从调查结果可以看出，图书馆员认为除了传统的资源与服务对组织文化的形成具有较大影响外，内部的管理、沟通与交流、制度等也十分重要。整体而言，内部因素的均值要高于外部因素，可见内部因素是促成图书馆自身组织文化形成的重要方面。

表 6.11　山东省图书馆组织文化成因的内部因素

内部因素	统计量	均值
服务水平	114	4.59
沟通与交流	114	4.56
资源	114	4.54
管理	114	4.54
制度	114	4.54
人员	114	4.52
宣传与推广	114	4.52
建筑与设备	114	4.27
有效的统计量（列表状态）	114	

资料来源：本研究整理

图书馆的组织文化是图书馆的实践活动在价值观念上的映像，图书馆有什么样的资源、提供什么样的服务、有什么样的战略和制度安排也会反映出相应的价值观体系。但是，图书馆是处于一定的时代背景和社会环境之中，因此，图书馆的发展离不开一定的环境，其组织文化的形成也会受到内外因素的影响。

二、现状分析

按照所构建的图书馆组织文化诊断模型和山东省图书馆的组织文化诊断需求，本部分的现状分析主要是对山东省图书馆组织文化的总体情况、物质层、制度层和精神层的现状进行调查。

（一）总体情况

山东省图书馆自成立以来历经 105 年的悠久历史，虽然尚未开展组织文化建设活动，但是却有着深厚的文化积淀。总体而言，图书馆员对图书馆的历史都很了解，对图书馆的文体活动和整体的工作氛围较为认同，但是多数图书馆员认为本馆的组织文化有待进一步完善。

1. 图书馆历史的了解情况

如表6.12的调查结果所示，多数图书馆员对本馆的发展历史是熟悉的，“非常了解”和“了解”的比重达到了75.44%，对本馆发展历史不熟悉的人占少数，“模糊”和“完全不了解”的仅占5.27%。其中，领导层的熟悉程度也要高于一般工作人员。

表6.12　图书馆员对图书馆历史的了解程度

			非常了解	了解	一般	模糊	完全不了解	合计
职务	馆长	频数	1	0	0	0	0	1
		比例%	100.00	0.00	0.00	0.00	0.00	100.00
	副馆长	频数	1	0	0	1	0	2
		比例%	50.00	0.00	0.00	50.00	0.00	100.00
	部门主任	频数	4	2	1	0	0	7
		比例%	57.14	28.57%	14.29	0.00	0.00	100.00
	部门副主任	频数	2	3	3	0	0	8
		比例%	25.00	37.50	37.50	0.00	0.00	100.00
	一般工作人员	频数	24	49	18	4	1	96
		比例%	25.00	51.04	18.75	4.17	1.04	100.00
合计		频数	32	54	22	5	1	114
		比例%	28.07	47.37	19.30	4.39	0.88	100.00

资料来源：本研究整理

2. 图书馆文体活动开展情况

文体活动是组织文化的重要组成部分，包括文艺、娱乐、体育等活动，山东省图书馆近些年通过工会举行的文体活动也在日益丰富。如表6.13所示，图书馆员对本馆的文体活动的开展效果是持认同态度的，“非常好”和“好”的比例达到半数以上，并且没有图书馆员选择“非常差”的评价。

3. 图书馆工作氛围的状况

图书馆员对组织文化的直接感觉来源于其对工作氛围的评价，调查结果显示，见表6.14，图书馆员对自身工作氛围的整体评价很好，选择“好”和“非常好”的比例为52.64%，达到了半数以上。

表 6.13　图书馆员对山东省图书馆文体活动开展情况的评价

			非常好	好	一般	差	合计
职务	馆长	频数	0	0	1	0	1
		比例 %	0.00	0.00	100.00	0.00	100.00
	副馆长	频数	0	0	0	2	2
		比例 %	0.00	0.00	0.00	100.00	100.00
	部门主任	频数	1	3	2	1	7
		比例 %	14.29	42.86	28.57	14.29	100.00
	部门副主任	频数	0	4	3	1	8
		比例 %	0.00	50.00	37.50	12.50	100.00
	一般工作人员	频数	13	37	41	5	96
		比例 %	13.54	38.54	42.71	5.21	100.00
合计		频数	14	44	47	9	114
		比例 %	12.28	38.60	41.23	7.89	100.00

资料来源：本研究整理

表 6.14　图书馆员对图书馆的工作氛围评价

			非常好	好	一般	差	非常差	合计
职务	馆长	频数	0	1	0	0	0	1
		比例%	0.00	100.00	0.00	0.00	0.00	100.00
	副馆长	频数	0	0	1	0	1	2
		比例%	0.00	0.00	50.00	0.00	50.00	100.00
	部门主任	频数	1	5	1	0	0	7
		比例%	14.29	71.43	14.29	0.00	0.00	100.00
	部门副主任	频数	0	4	3	1	0	8
		比例%	0.00	50.00	37.50	12.50	0.00	100.00
	一般工作人员	频数	15	34	43	3	1	96
		比例%	15.62	35.42	44.79	3.12	1.04	100.00
合计		频数	16	44	48	4	2	114
		比例%	14.04	38.60	42.11	3.51	1.75	100.00

资料来源：本研究整理

4. 图书馆组织文化体系的总体认识

图书馆组织文化体系的总体认识方面，如表 6.15 所示，认为“有待提升”的比例最高，占 55.26%。然后依次为“完善”（29.82%）、“模糊不清”（8.77%）、“非常完善”（4.39%）、“根本没有”（1.75%）。那么，对于从未开展过组织文化建设的山东图书馆而言，组织文化体系并不系统，图书馆员的自我评价也集中于“有待提升”的选择。

表 6.15 图书馆员对本馆组织文化体系完善程度的评价

			非常完善	完善	有待提升	模糊不清	根本没有	合计
职务	馆长	频数	0	0	1	0	0	1
		比例%	.00	.00	100.00	.00	.00	100.00
	副馆长	频数	0	0	2	0	0	2
		比例%	.00	.00	100.00	.00	.00	100.00
	部门主任	频数	0	2	4	1	0	7
		比例%	.00	28.57	57.14	14.29	.00	100.00
	部门副主任	频数	0	2	6	0	0	8
		比例%	.00	25.00	75.00	.00	.00	100.00
	一般工作人员	频数	5	30	50	9	2	96
		比例%	5.21	31.25	52.08	9.38	2.08	100.00
合计		频数	5	34	63	10	2	114
		比例%	4.39	29.82	55.26	8.77	1.75	100.00

资料来源：本研究整理

（二）物质层

图书馆组织文化的物质层是文化的表象，这方面的主要问题集中反映在建筑表达和设备、资源、服务的自我评价上。

1. 建筑的适应性

山东省图书馆总馆新建于 2002 年，建筑总面积 5 万多平方米。然而经过多年的发展，馆藏资源的不断增加，馆舍的面积已显不足之势，内部空间布局等已显现出了一定的局限性。如表 6.16 所示，认为现有图书馆的建筑布局可以充分适应图书馆未来发展需要的仅占 15.79%，认为可以适应图书馆当前发展需要的占 36.84%，认为不完全适应当前需要的占 35.09%，认为不适应图书馆的文化需要占9.65%。此外，对此问题不清楚的占2.63%。可见，现有建筑空间布局要想与图书馆组织文化相适应要做适当的调整，拓展空间、改变布局、增添设施等都是可以尝试的办法。

表6.16　图书馆员对图书馆建筑适应性的认知

您认为本馆的建筑是否适应图书馆目前的文化需要			可以充分适应图书馆未来发展的需要	可以适应图书馆当前发展需要	不完全适应当前需要	不适应图书馆的文化需要	不清楚	合计
职务	馆长	频数	0	1	0	0	0	1
		比例%	0.00	100.00	0.00	0.00	0.00	100.00
	副馆长	频数	0	1	1	0	0	2
		比例%	0.00	50.00	50.00	0.00	0.00	100.00
	部门主任	频数	1	1	3	2	0	7
		比例%	14.29	14.29	42.86	28.57	0.00	100.00
	部门副主任	频数	0	5	3	0	0	8
		比例%	0.00	62.50	37.50	0.00	0.00	100.00
	一般工作人员	频数	17	34	33	9	3	96
		比例%	17.71	35.42	34.38	9.38	3.12	100.00
合计		频数	18	42	40	11	3	114
		比例%	15.79	36.84	35.09	9.65	2.63	100.00

资料来源：本研究整理

2. 设备、资源与服务的自我评价

设备、资源与服务是图书馆组织文化的物质载体，对它们的自我评价可以看出图书馆员对图书馆物质资源的自我认知。如表6.17所示，图书馆员普遍认为本馆的资源和服务是优于或领先于其他图书馆的，而本馆的设备情况处于中游水平，有待加强。

（三）制度行为层

图书馆组织文化的制度行为层处于组织文化的中间层次，是连接物质层和精神层的桥梁，主要涉及管理、员工行为、制度等。山东省图书馆主要的问题反映在领导力、人力资源管理、员工行为和制度执行等方面。

表 6.17　图书馆员对设备、资源与服务的自我评价

您认为本馆的设备与同行业相比处于什么样的水平	领先于其他图书馆	优于一般图书馆	处于中游水平	落后于先进的图书馆	处于下游水平	合计
频数	8	30	57	14	5	114
比例%	7.02	26.32	50.00	12.28	4.39	100.00
您认为本馆的资源与同行业相比处于什么水平	领先于其他图书馆	优于一般图书馆	处于中游水平	落后于先进的图书馆	处于下游水平	合计
频数	10	53	34	15	2	114
比例%	8.77	46.49	29.82	13.16	1.75	100.00
您认为本馆的服务与同行业相比处于什么水平	领先于其他图书馆	优于一般图书馆	处于中游水平	落后于先进的图书馆	处于下游水平	合计
频数	11	53	36	12	2	114
比例%	9.65	46.49	31.58	10.53	1.75	100.00

资料来源：本研究整理

1. 领导力

领导力与组织文化的关系密切，领导的威信和影响力很可能会主导一个图书馆组织文化的方向，本研究对山东省图书馆领导的信任度和领导指令的执行情况进行调查。

（1）领导的信任度

领导的信任度方面，如表6.18所示，总体而言，图书馆员对高层领导的信任度很高，“一直很信任”的比例达39.47%，“逐步加强信任”的比例达38.60%，“没信任过”的比例仅占4.39%，而且均来自于一般工作人员，可见中层和高层领导间的信任度更高。

（2）领导指令的执行情况

领导指令的执行情况方面，如表6.19所示，总体执行情况比较好，选择“非常好”（16.67%）、“好”（48.25%）的比重远高于“差”（2.63%）和“非常差”（1.75%）的比例。可见，山东省图书馆领导下发的指令可以很好的被执行，不存在领导下发指令而无人做事的情况。

表 6.18　图书馆员对高层领导的信任度认知

			一直很信任	逐步加强信任	逐步减少信任	没信任过	放弃	合计
职务	一般工作人员	频数	34	38	16	5	3	96
		比例%	35.42	39.58	16.67	5.21	3.12	100.00
	部门副主任	频数	5	2	1	0	0	8
		比例%	62.50	25.00	12.50	0.00	0.00	100.00
	部门主任	频数	5	2	0	0	0	7
		比例%	71.43	28.57	0.00	0.00	0.00	100.00
	副馆长	频数	0	2	0	0	0	2
		比例%	0.00	100.00	0.00	0.00	0.00	100.00
	馆长	频数	1	0	0	0	0	1
		比例%	100.00	0.00	0.00	0.00	0.00	100.00
合计		频数	45	44	17	5	3	114
		比例%	39.47	38.60	14.91	4.39	2.63	100.00

资料来源：本研究整理

表 6.19　领导指令的执行情况

		频率	百分比	有效百分比	累积百分比
有效	非常好	19	16.67	16.67	16.67
	好	55	48.25	48.25	64.91
	一般	35	30.70	30.70	95.61
	差	3	2.63	2.63	98.25
	非常差	2	1.75	1.75	100.00
	合计	114	100.00	100.00	

资料来源：本研究整理

2. 人力资源管理

人才选用和利用是组织核心价值观的一种体现，人才选用的依据和有效利用的情况体现着组织的公平性。

(1) 人才选用标准

在人才选用方面，如表 6.20 所示，图书馆员认为本馆在选用人才方面的依据的排序为“德才兼备”、“人情关系”、“注重能力”和“注重学历”。由此可见，总体而言，图书馆员普遍认为馆里在人才选用方面是公平的，选择“德才兼备”的比例接近半数，占51.75%。尽管如此，我们也要看到“人情关系”的次序是比较靠前的，可见，我国传统文化中注重“关系”和情感的文化因素的负面影响还是不容忽视的，在人才选用方面，要特别重视。

表 6.20　图书馆员对馆里人才选用的认识

		响应		个案百分比
		N	百分比	
人才选用[a]	德才兼备	59	49.58%	51.75%
	人情关系	19	15.97%	16.67%
	注重能力	17	14.29%	14.91%
	注重学历	18	15.13%	15.79%
	其他	6	5.04%	5.26%
总计		119	100.00	104.39%

a. 值为 1 时制表的二分组。

资料来源：本研究整理

（2）人才利用情况

人才利用情况方面，如表6.21所示，对人才利用情况达到满意的（“非常好”和“好”）的比例占42.10，对人才利用情况不满意的（“差”和“非常差”）占少数，仅为8.77%。从调查结果来看，仍有49.12%的图书馆员持中立态度。从职务分布方面来看，领导层对人才利用方面的满意程度要高于一般工作人员，选择“差”和“非常差”的均来自于一般工作人员。可见，在人才利用方面，馆内管理仍有待加强，要争取更多基层图书馆员的理解和信任。

3. 员工行为

员工行为是组织文化制度行为层的一个重要部分，对图书馆员行为的诊断分析可以判断图书馆员的态度和行为倾向，有利于帮助提炼图书馆的核心价值观。本部分结合访谈发现的问题和相关文献的理论对图书馆员的工作动因、维持现有工作的动力、图书馆员压力、图书馆员沟通和图书馆员对未来发展的态度进行了调查研究。

表 6.21　图书馆员对人才利用方面的认识

您认为本馆在人尽其才才尽其用方面能够做到什么程度			非常好	好	一般	差	非常差	合计
职务	一般工作人员	频数	14	22	50	4	6	96
		比例%	14.58%	22.92%	52.08%	4.17%	6.25%	100.00%
	部门副主任	频数	0	4	4	0	0	8
		比例%	0.00%	50.00%	50.00%	0.00%	0.00%	100.00%
	部门主任	频数	0	6	1	0	0	7
		比例%	0.00%	85.71%	14.29%	0.00%	0.00%	100.00%
	副馆长	频数	0	1	1	0	0	2
		比例%	0.00%	50.00%	50.00%	0.00%	0.00%	100.00%
	馆长	频数	0	1	0	0	0	1
		比例%	0.00%	100.00%	0.00%	0.00%	0.00%	100.00%
合计		频数	14	34	56	4	6	114
		比例%	12.28%	29.82%	49.12%	3.51%	5.26%	100.00%

资料来源：本研究整理

（1）工作动因

图书馆员选择图书馆这一职业是出于一定的动机，如表 6.22 所示，图书馆员的职业选择动机排序依次为“喜欢”、“稳定”、“压力小”、“专业对口”和“适合个人性格”。由此可见，个人兴趣、工作性质、专业背景和个人性格是山东省图书馆员选择图书馆职业的最大动机。

表 6.22　图书馆员职业选择的动机

		响应		个案百分比
		N	百分比	
选择图书馆作为职业的原因[a]	喜欢	29	16.48%	25.44%
	稳定	24	13.64%	21.05%
	压力小	18	10.23%	15.79%
	专业对口	16	9.09%	14.04%
	适合个人性格	4	2.27%	3.51%
总计		176	100.00	154.39%

a. 值为 1 时制表的二分组。

资料来源：本研究整理

（2）图书馆员维持现有工作的动力

图书馆员坚持在图书馆的工作是有一定的原因的，如表6.23所示，多数图书馆员认为在本馆的工作是“有发展机会”的，部分图书馆员认为在本馆的工作“很有前途”。然而，从调查结果来看，我们也不能忽视部分图书馆员对这一问题的模糊认识，甚至有些图书馆员是感到“令人悲观”的。

表6.23　图书馆员选择坚持工作的动力

		频率	百分比	有效百分比	累积百分比
有效	很有前途	14	12.28	12.28	12.28
	有发展机会	47	41.23	41.23	53.51
	说不清楚	34	29.82	29.82	83.33
	令人悲观	18	15.79	15.79	99.12
	其他	1	.88	.88	100.00
	合计	114	100.00	100.00	

资料来源：本研究整理

（3）图书馆员压力

在图书馆的工作环境下，图书馆员的工作分工、工作任务、人际交往等会给他们带来个人工作压力。如表6.24所示，除去近半数的图书馆员对工作压力的感觉“一般”的适中程度以外，压力感“非常大”和“大”的比重是比较多的，分别占17.54%和22.81%. 图书馆员中认为压力感“小”和“非常小”的分别占7.02%和3.51%，仅为10.53%。由此可见，部分岗位的工作压力还是比较大的。

表6.24　图书馆员的工作压力感

		频率	百分比	有效百分比	累积百分比
有效	非常大	20	17.54	17.54	17.54
	大	26	22.81	22.81	40.35
	一般	56	49.12	49.12	89.47
	小	8	7.02	7.02	96.49
	非常小	4	3.51	3.51	100.00
	合计	114	100.00	100.00	

资料来源：本研究整理

（4）员工沟通

沟通是促进图书馆员之间相互交流、分享知识和经验的一种方式。对图书馆员的沟通意愿调查结果如图表 6. 25 所示，多数图书馆员是愿意（“非常愿意”和“愿意”相加占 86. 84%）将自己的知识和经验分享给身边的同事的。

表 6. 25　图书馆员的沟通意愿

		频数	百分比	有效百分比	累积百分比
有效	非常愿意	49	42. 98	42. 98	42. 98
	愿意	50	43. 86	43. 86	86. 84
	一般	9	7. 89	7. 89	94. 74
	不愿意	1	. 88	. 88	95. 61
	非常不愿意	2	1. 75	1. 75	97. 37
缺失	系统	3	2. 63	2. 63	100. 00
	合计	114	100. 00	100. 00	

资料来源：本研究整理

图书馆员具有愿意与同事分享知识、经验的意愿，那么工作中遇到具体问题的时候图书馆员是通过什么渠道来进行沟通的呢？如表 6. 26 所示，多数图书馆员选择“不抱怨”（30. 70%）和“向家人抱怨”（24. 56%），由此可见，在工作中遇到问题的时候，许多人是选择逃避而不去沟通，或者是倾向于选择非正式的沟通渠道。因此，馆里在正式沟通方面应进一步加强管理，鼓励馆领导与图书馆员的正式交流。

（5）图书馆员对未来发展的态度

图书馆员对个人未来发展的看法能够激发他们的工作积极性，如表 6. 27 的调查结果显示，能力、态度和关系成为图书馆员认可的发展动力，所占比例分别为“专业水平高”（47. 32%）、“工作态度好”（32. 14%）、“和同事搞好关系”（23. 21%）。由此可见，图书馆员对未来发展方面认为个人能力、工作态度和同事关系是十分重要的。

表 6.26 图书馆员的沟通渠道

如果您对上级或同事的言行有不同看法或不满您会		频数	百分比	有效百分比	累积百分比
有效	向本部门同事抱怨	11	9.65	9.65	9.65
	向本部门领导抱怨	10	8.77	8.77	18.42
	向家人抱怨	28	24.56	24.56	42.98
	不抱怨	35	30.70	30.70	73.68
	向馆里情感比较好的同事抱怨	11	9.65	9.65	83.33
	向其他部门领导抱怨	2	1.75	1.75	85.09
	向馆抱怨长	2	1.75	1.75	86.84
	其他	15	13.16	13.16	100.00
	合计	114	100.00	100.00	

资料来源：本研究整理

表 6.27 图书馆员对未来发展动力的认识

		响应		个案百分比
		N	百分比	
图书馆员的发展动力[a]	专业水平高	53	29.94%	47.32%
	工作态度好	36	20.34%	32.14%
	和同事搞好关系	26	14.69%	23.21%
	工作得到领导认可	2	1.13%	1.79%
总计		177	100.00	158.04%

a. 值为 1 时制表的二分组。

资料来源：本研究整理

图书馆员对组织未来发展目标的了解，可以判断图书馆员个人目标与组织目标是否匹配。山东省图书馆 2011 年制定的战略规划中明确了“国内一流、国际知名”的战略目标，调查结果如表 6.28 所示，对这一战略目标比较了解的仅占 14.91%。而多数图书馆员当前更倾向于“整合资源开创服务品牌”和“做好基本服务”。一方面，可能源自于当前组织对战略规划及战略目标的宣传力度不足，另一方面，也有可能这两方面的内容是实际工作中比较迫切的问题。

表 6.28　图书馆员对图书馆未来发展目标的了解程度

		响应		个案百分比
		N	百分比	
图书馆未来发展方向[a]	争做国内一流、国际知名的图书馆	17	9.77%	14.91%
	做好基本服务	26	14.94%	22.81%
	整合资源开创服务品牌	38	21.84%	33.33%
	重视数字阅读井发数字图书馆	13	7.47%	11.40%
总计		174	100.0%	152.63%

a. 值为 1 时制表的二分组。

资料来源：本研究整理

4. 制度

图书馆的制度是图书馆员工作的约束、是管理实施的保障，对待制度的态度和执行情况是组织文化的具体体现。制度的执行情况方面，如表 6.29 所示，山东省图书馆的制度执行情况很好，多数图书馆员都是遵照图书馆的制度开展工作的，其中完全遵照和基本尊重的比例达到了 94.69%。

表 6.29　图书馆员的制度执行情况

您的工作是完全遵照相关的管理制度开展吗		频数	百分比	有效百分比	累积百分比
有效	完全尊重	62	54.39	54.87	54.87
	基本遵照	45	39.47	39.82	94.69
	不完全遵照	1	.88	.88	95.58
	经常不遵照	3	2.63	2.65	98.23
	基本不遵照	2	1.75	1.77	100.00
	合计	113	99.12	100.00	
缺失	系统	1	.88		
合计		114	100.00		

资料来源：本研究整理

此外，如表 6.30 所示，违反制度的现象也较少，不按照制度办事的现象是“几乎没有”和“较少”的，所占比例达到 68.42%。

表 6.30　图书馆员违反制度的现象

不按照制度办事在本馆的普遍程度是		频数	百分比	有效百分比	累积百分比
有效	非常普遍	10	8.77	8.77	8.77
	比较普遍	9	7.89	7.89	16.67
	普遍	17	14.91	14.91	31.58
	较少	56	49.12	49.12	80.70
	几乎没有	22	19.30	19.30	100.00
	合计	114	100.00	100.00	

资料来源：本研究整理

（四）精神层

山东省图书馆尚未开展过组织文化建设，因此没有显性的精神层文化存在，因此精神层诊断方面主要考察其潜在的精神文化，依据访谈的内容，对精神层的调查主要考察了两个问题，一是组织是否存在榜样人物，即个体层面的精神领袖。另一方面是否存在团体文化，即群体层面的组织文化。然后，在诊断结果阶段，对访谈和问卷调查结果进行分析，提炼山东省图书馆的核心价值观体系。

1. 榜样

榜样的存在可以成为其他图书馆员学习的对象，如表 6.31 所示，对于此问题的认识是模糊不清的，认为有榜样人物的比例为 39.47，认为没有榜样人物的比例占 21.05%，对这一问题不清楚的占 39.47%。可见，尽管存在部分可以被图书馆员学习的对象，但是他们的成就仍不够突出，没有达到全馆知名的程度。

表 6.31　图书馆员对本馆是否存在榜样人物的认识

本馆有没有能够代表本馆精神的模范员工		频数	百分比	有效百分比	累积百分比
有效	有	45	39.47	39.47	39.47
	不清楚	45	39.47	39.47	78.95
	没有	24	21.05	21.05	100.00
	合计	114	100.00	100.00	

资料来源：本研究整理

2. 团体文化

团体文化的形成有利于形成良好的组织氛围，增进图书馆员间的和谐气氛，保障图书馆工作任务的有效执行。如表 6. 32 所示，多数图书馆员倾向于团队协作的工作方式，所占比例 79. 82%，喜欢独立单干的仅占 14. 04%。因此，可以考虑组建跨部门的工作小组来完成一些馆里的工作任务，促进组织的和谐发展。

表 6. 32　图书馆员对工作协作的态度

您喜欢团队协作还是独立单干		频数	百分比	有效百分比	累积百分比
有效	团队协作	91	79. 82	79. 82	79. 82
	独立单干	16	14. 04	14. 04	93. 86
	不清楚	7	6. 14	6. 14	100. 00
	合计	114	100. 00	100. 00	

资料来源：本研究整理

三、未来预期

（一）未来预期的测量方法

研究者对组织文化的测量、诊断与评估十分重视，并引入企业文化测量与诊断的成熟理论应用于图书馆之中，对其适用性进行检验，并适当的进行修正。在这些研究中，大多应用企业文化中的对立价值框架（Competing Values Framework，简称 CVF）理论对图书馆组织文化的未来预期进行诊断。这一理论是由 Cameron 和 Quinn 在 1983 年提出的，他们基于实施组织文化变革的需要，从与绩效相关的组织文化维度入手，建立了用于分析组织核心价值的理论框架①。对立价值框架理论把组织文化划分为 4 种类型，包括团队型文化、灵活型文化、目标导向型文化和层级型文化，组织的文化可能会表现为其中的一种，当然也有可能多种并存。Cameron 和 Quinn 教授在对立价值理论的基础上创造性地提出了组织文化诊断量表（Organizational Culture Assessment Instrument，简称 OCAI），提出了六个维度用以诊断组织文化，分别是组织特征、领导风格、组织凝聚、战略重点、员工管理和成功标准②。他们依据组织

① 于天远. 组织文化的定义和研究方法综述［J］. 经济管理，2009，31（4）：178 - 182

② Kim S. Cameron and Robert E. Quinn，Diagnosing and Changing Organizational Culture：Based on The Competing Values Framework［M］，Addison Wesley，1998，32.

效率研究中的发现，将组织文化进行统计分析形成了两大互相对立的价值观体系，其一是灵活性和适应性与稳定和控制的对立统一，其二是注重内部管理和整合与关注外部竞争和差异性的对立统一。他们将这两大标准分成了四个象限，如图6.1所示。

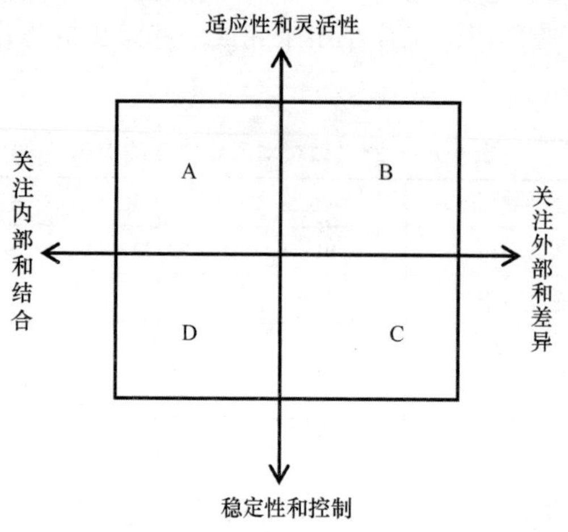

图6.1 组织文化诊断量表

第一个象限（左上角）A代表着团队型文化，也称作部落式文化。这样的文化就像家庭一样，组织共享价值观和目标、彼此团结互助。员工彼此间适合团队合作的方式开展工作，通过员工的自觉来管理组织。

第二个象限（右上角）B代表着灵活型文化，也称作临时体制式文化。这样的文化，其组织的体制是临时的，组织可能没有组织结构图、办公的物理空间也没有限定、组织成员的角色定位也不固定。但是，最大的优点在于这样的组织具有很强的创造和革新能力。

第三个象限（右下角）C代表着目标导向型文化，也称作市场导向式文化。这样的文化，组织运行的状态就像是市场一样，一切以组织的目标为导向。对于图书馆而言，就是读者服务为导向。

第四个象限（左下角）D代表着层级型文化，也称作等级森严式文化。这种文化是传统的科层制管理所形成的一种文化类型，通常这样的组织是高度制度化和机构化的场所，稳定和效率备受管理人员重视。

组织文化诊断量表的应用，一方面可以深入了解图书馆当前的组织文化现状，另一方面可以了解图书馆员对组织文化未来的期望。

（二）山东省图书馆组织文化未来预期数据分析

图书馆组织文化未来预期的诊断可以从现状诊断的内容中进行抽取，通过设计问题来获取图书馆员对相关内容的未来期望。为保证山东省图书馆组织文化现状诊断的全面性，问卷设计主要分为两部分，一是能够反映馆员样本基本情况的人口学特征，本案例研究着重调查了样本的性别、工作年限、文化程度和职务等；二是图书馆员对组织文化的认识，由于本研究的对象山东省图书馆尚未开展过组织文化建设，图书馆员对组织文化的认识相对比较模糊，因此本研究选择了 Cameron 与 Quinn 的组织文化测量量表来进行未来预期的诊断。

本研究对山东省图书馆组织文化六个方面的内容的现状和未来预期进行测量，包括主要特征、领导能力、员工管理、组织黏合力、战略重点和成功标准，见表 6.33。本量表每个部分有 4 个选项，图书馆员对每个选项的现状和预期进行打分，保证四个选项之和为 100 分。

表 6.33　山东省图书馆组织文化诊断量表

	1. 主要特征	现状	预期
A	我们馆是一个非常人性化的地方。就像是家庭的延伸，图书馆员们不分彼此。		
B	我们馆具有很高的活性和创业精神。图书馆员勇于冒险和承担责任。		
C	我们馆的功利性很强。图书馆员们期望完成工作，能力很高并且期望成功。		
D	我们馆的管理严格，组织严明。员工们按照条例办事。		
	2 领导能力	现状	预期
A	馆领导通常被视为体现了导师、推动者或培育者的作用。		
B	馆领导风格主要是创业、创新和尝试冒险。		
C	馆领导风格主要是“没有废话”，具有进取性和高功利性。		
D	馆领导风格主要是有条理、有组织性、运作顺畅且充满效率。		
	3 员工的管理	现状	预期
A	管理风格是团队合作、少数服从多数以及参与性强。		
B	管理风格是个人英雄主义、喜欢冒险、勇于创新、崇尚自由和展现自我。		
C	管理风格具有很强的竞争性，要求和标准都非常严格。		
D	管理风格主要是确保雇佣关系，人们的关系是可以预见、稳定和一致的。		

续表

	4 组织的黏合力	现状	预期
A	组织靠忠诚、互信黏合在一起。人们都具有承担义务的责任感。		
B	人们靠创新和发展结合在一起，走在时代的前端是重点。		
C	成功和完成目标把人们联系在一起。进取和取得胜利是共同的目标。		
D	人们靠正规的制度和政策在一起工作，维持顺畅运作的组织是非常重要的。		
	5 战略重点	现状	预期
A	我们馆重视人力资源发展、互信、开诚布公和员工持续的参与。		
B	我们馆主要寻求新的资源和迎接新的挑战。尝试新的事物和寻求机遇是员工价值的体现。		
C	我们馆追求成功，在区域的读者服务中获取读者的认同是组织的主要战略。		
D	组织希望看到持久和稳定，效率、控制和顺畅的运作是工作重点。		
	6 成功的标准	现状	预期
A	组织对成功的定义是人力资源、团队合作、员工的贡献和对员工的关怀上的成功。		
B	组织对成功的定义是组织是否具有最特别和最新的服务产品，组织是否是服务产品的领导者和创新者。		
C	组织对成功的定义是获取区域服务的成功，获得读者的认可，成为区域图书馆发展的领导者。		
D	组织视效率为成功的基础。平稳的工作安排和低成本是至关重要的。		
	总分	100	100

1. 组织文化六个维度的未来预期诊断

将山东省图书馆组织文化诊断量表的调查数据分六个维度分别进行统计，在主要特征方面，将 A 选项的“现状”或“预期”所得全部分数相加并除以该项出现的次数，即为 A 选项的平均分数，B、C、D 的处理方法以及剩余五个维度依次类推。然后分别将每个维度的现状和预期 A、B、C、D 四个选项进行连线获得山东省图书馆组织文化六个维度的现状和预期的轮廓图，综合在同一张图内，如图 6.2。

（1）主要特征的未来预期诊断

组织文化的主要特征体现在组织主体的主观性和规范性两个方面，对于图书馆来说，其主观性主要指图书馆馆员的行为方式以及价值观念、道德准则、创新意识等；规范性则指图书馆的规章制度和行为指南等[①]。团队型组织文化的主要特征体现为组织共享价值观和目标、彼此团结互助；活力型文化则以较强的创新性与灵活性为主要特征；目标导向型文化则一切以组织目标的实现为导向，功利性较强；层级型文化重视规章制度的遵守，管理较为严格。由图6.2中主要特征的调查结果（左上）可以得出其现状属于层级型文化（30），其余降序排列为目标导向型（29）、团队型（21）、活力型（20）；而其预期则趋向于团队型文化（29），活力型文化得分也较高（26）。由此可以看出山东省图书馆组织文化主要特征的现状与预期相差较大，这意味着员工期望当前严格刻板的管理方式能够在一定程度上向团结互助、目标共享和重视革新的管理方向转变。

（2）领导能力的未来预期诊断

领导能力，也称作领导风格，指领导行为的主要特征，它对于组织文化的形成和组织文化的类型有着密不可分的联系[②]。团队型组织的领导者注重组织中资源的合理配置，以类似于导师甚至父亲的推动者形象出现；活力型领导能力以个性化为主导，领导以革新者的形象出现；目标导向型领导能力注重组织目标的实现，领导以生产者和竞争者的形象出现；层级型领导能力主张权利文化主导，领导通常以协调者和组织者的形象出现[③]。图6.2中领导能力（右上）的调查结果表明，山东省图书馆的领导能力现状与预期均为层级型文化得分最高，分别为32、30。就现状而言，馆领导偏向于组织性强、效率较高、流程平稳的领导风格，这与图书馆这一既定形象是相吻合的，领导更加注重图书馆业务的正常运行和推动图书馆整体目标的实现，而不愿意尝试冒险。从未来预期来看，领导风格依旧偏向于层级型，与此同时对于团队型领导的预期上涨至28，说明馆员在一定程度上倾向于更加亲切的领导风格。

（3）员工管理的未来预期诊断

员工是组织文化的创新者、实践者和受益者，现代图书馆应重视馆员的人本管理，在现代化的图书馆员工队伍基础上实现人力资源的优化配置[④]。员工管理在不同类型组织文化中有不同的表现，团队型管理风格鼓励团队合作

---

① 王丽娟. 图书馆组织管理文化的六个维度分析［J］. 兰台世界，2014，（10）：127－128

② 朱春燕，孙林岩，汪应洛. 组织文化和领导风格对知识管理的影响［J］. 管理学报，2010，7（1）：11－16

③ 张勉，张德. 组织文化测量研究述评［J］. 外国经济与管理，2004，26（8）：2－6，61

④ 崔鸿雁，杜志新. 组织文化、人力资源优化配置与图书馆发展［J］. 前沿，2007，（2）：246－248

和协商，灵活型管理风格注重个人英雄主义和创新精神，目标导向型管理风格则有较强的竞争性和功利性。据样本人口学调查结果可得出，山东省图书馆兼具管理人才、专业人才与科研人才，员工队伍层次合理。图6.2员工管理（左中）调查结果显示出员工管理现状与其未来预期的轮廓较为一致，现状轻微偏向于层级型文化和团队型文化（得分均为27），而未来预期则更偏向团队型文化，说明馆员对于团队合作和共同协商这一管理制度的认可和期望。组织内应当提倡一定的员工自我管理，培养员工之间的信任感，创造互相支持与合作的环境。

（4）组织粘合力的未来预期诊断

组织的粘合力，也称凝聚力，是指群体成员之间为实现组织活动目标而实施团结协作的程度，是维持组织存在的必要条件①。组织粘合力具体体现为组织与员工愿景的一致性，共同愿景能够起到有效的导向和激励作用。团队型文化依靠忠诚或传统来凝聚员工，强调凝聚力和士气；灵活型文化靠不断的革新来凝聚员工，强调领导的地位；目标导向型文化依靠竞争胜利和目标管理来凝聚员工；层级型文化则依靠规章制度来凝聚员工，强调组织运行的稳定和有效。图6.2中组织粘合力（右中）的现状与预期轮廓图差异较大，组织粘合力现状严重偏向于层级型文化（32），而预期则偏向于团队型文化（30），层级型文化（22）的预期大幅下降。这表明馆员期望将规章制度作为凝聚力量的现状向更具责任感和团结性的团队型文化转变，在一定程度上更认可共同参与的组织粘合力建设方式。

（5）战略重点的未来预期诊断

组织文化的建设是战略实施的一部分，根据组织的战略重点可以了解其内部文化与战略目标。团队型文化的战略重点在于人力资源的发展，灵活型文化则注重革新与机遇，目标导向型文化以进取和任务胜利完成为战略重点，层次型文化则认为维持顺畅运作是最重要的。依据图6.2战略重点（左下）调查结果可以看出战略重点的现状严重偏向于层级型文化（33），而战略重点的未来预期则偏向于团队型文化（29）和活力型文化（26）。由此可看出馆员并不满足于组织维持稳定持久的运作，而是期望组织的战略重点向人力资源的优化配置转变，更加关注员工与客户的发展，并期望有新活力注入业务中，能够尝试新的想法和创意。

① 周力雁．组织凝聚力评价指标体系的构建［J］．开封教育学院学报，2014，(12)：285－286.

（6）成功标准的未来预期诊断

组织对于成功的评判标准在一定程度上体现着组织的核心价值观。团队型文化将成功定义为团队合作和人力资源上的成功，灵活型文化认为能够提供独特新兴服务为成功，目标导向型文化认为获得读者认可和成为区域内的领导者为成功，层次性文化则认为低成本和良好运行为成功。图 6.2 成功标准（右下）现在与未来预期的轮廓图较为相似，现在偏向于目标导向型文化（27），未来预期则趋向于团队型文化（28），但目标导向型依旧占有不小比例（25）。这表明馆员认为图书馆的成功很大部分在于读者的认可和该领域内的领先，同时期望组织内可以有更多的合作和更高的透明度。

1 主要特征			
选项	象限	现状	预期
A	团队型文化（左上）	21	29
B	活力型文化（右上）	20	26
C	目标导向型文化（右下）	29	21
D	层级型文化（左下）	30	24

2 领导能力			
选项	象限	现状	预期
A	团队型文化（左上）	22	28
B	活力型文化（右上）	21	22
C	目标导向型文化（右下）	25	20
D	层级型文化（左下）	32	30

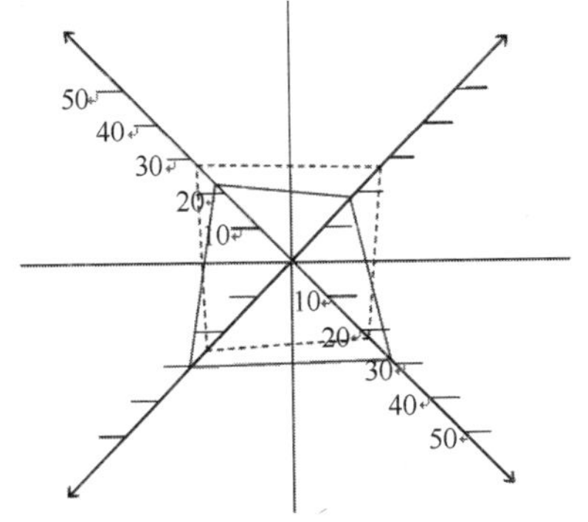

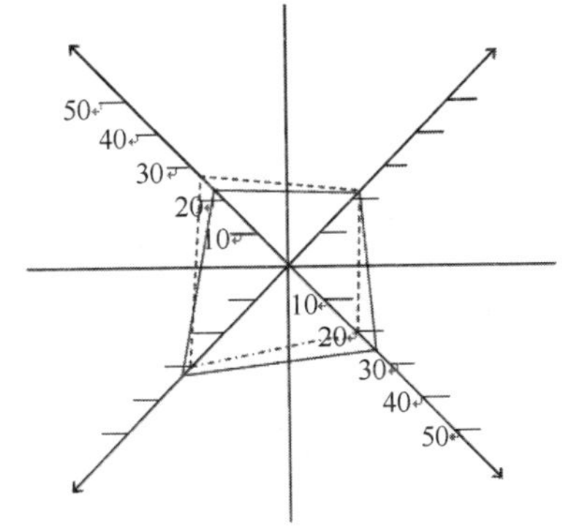

3 员工管理			
选项	象限	现状	预期
A	团队型文化（左上）	27	30
B	活力型文化（右上）	21	22
C	目标导向型文化（右下）	25	26
D	层级型文化（左下）	27	22

4 组织的粘合力			
选项	象限	现状	预期
A	团队型文化（左上）	25	30
B	活力型文化（右上）	20	22
C	目标导向型文化（右下）	23	21
D	层级型文化（左下）	32	22

图 6.2 山东省图书馆组织文化轮廓图

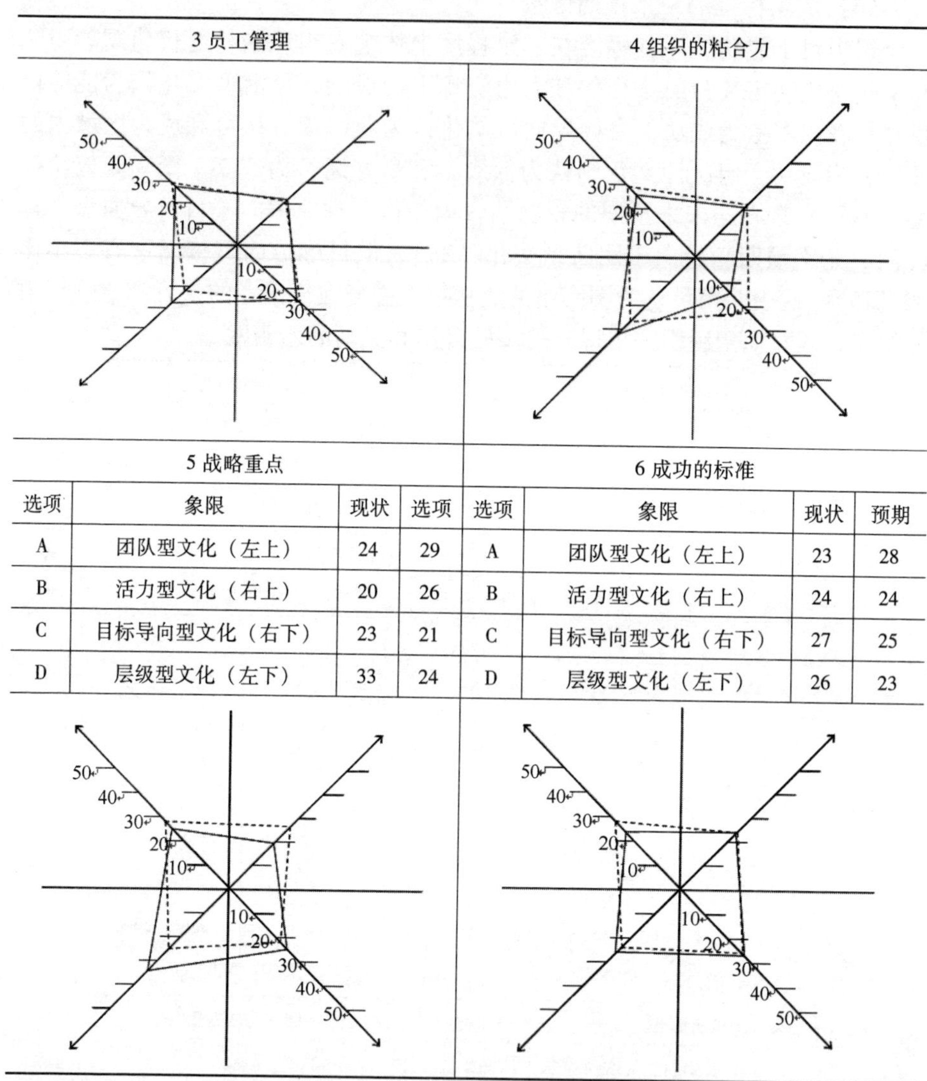

5 战略重点

选项	象限	现状	选项
A	团队型文化（左上）	24	29
B	活力型文化（右上）	20	26
C	目标导向型文化（右下）	23	21
D	层级型文化（左下）	33	24

6 成功的标准

选项	象限	现状	预期
A	团队型文化（左上）	23	28
B	活力型文化（右上）	24	24
C	目标导向型文化（右下）	27	25
D	层级型文化（左下）	26	23

图 6.2 续　山东省图书馆组织文化轮廓图

2. 总体情况的未来预期

综合六个内容维度，对组织文化诊断量表的数据进行再统计。首先，将上述六个内容维度中涉及的“现状”或“期望”中所有 A 选项的分数相加并除以 6，即为 A 选项的平均分数，B、C、D 的处理方法以此类推。然后分别将现状和预期 A、B、C、D 四个选项进行连线获得山东省图书馆组织文化的现状和预期的轮廓图，总体情况如图 6.3 所示。

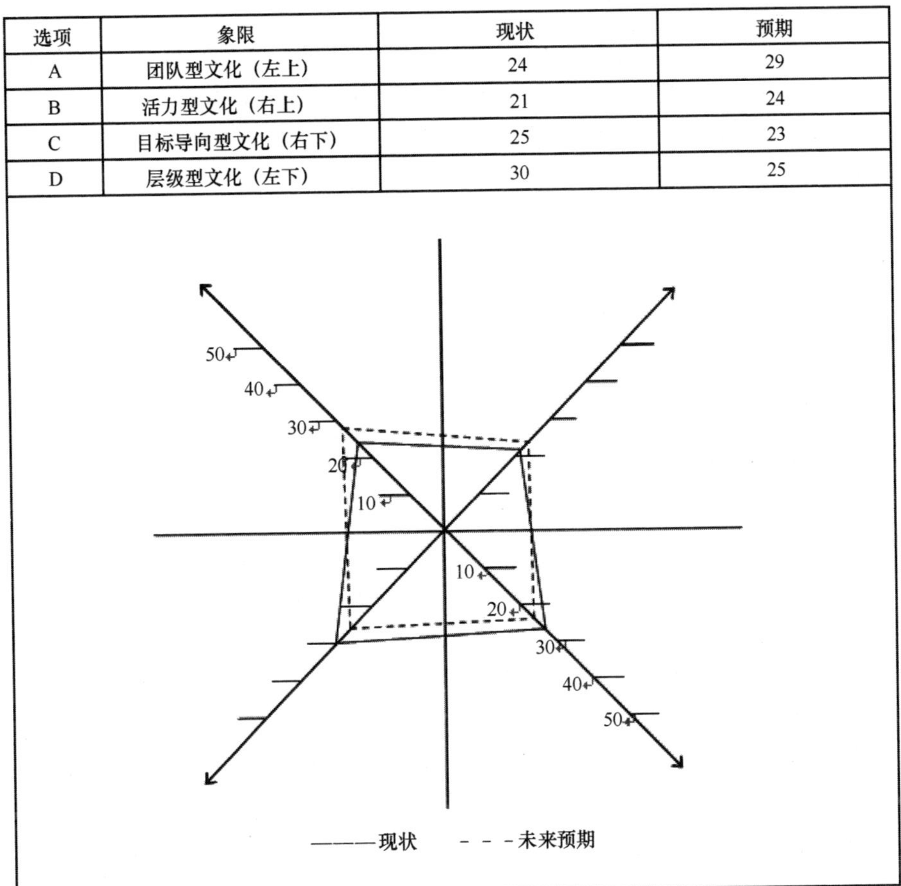

选项	象限	现状	预期
A	团队型文化（左上）	24	29
B	活力型文化（右上）	21	24
C	目标导向型文化（右下）	25	23
D	层级型文化（左下）	30	25

图 6.3　山东省图书馆组织文化总体情况的轮廓图

结合上述对于组织文化六个维度的逐一分析以及总体情况的轮廓图，可以得出当前的组织文化趋向于层级型文化。这也就是说山东省图书馆组织文化当前的管理更倾向于制度化和机构化的管理手段，更关注组织的稳定和效率。组织文化总体的未来预期趋于向团队型文化发展，说明组织成员期望组织应更加具有灵活性和适应性。然而，从图中组织文化轮廓的情况来看，这一差距并不够特别显著，可见组织管理现状的高度制度化、关注稳定和效率的观念仍旧根深蒂固。

四、诊断结果输出

诊断分析后，会形成一些组织文化诊断的结果，这些结果是对整个组织文化诊断过程的总结和升华。山东省图书馆的组织文化结果输出了两项成果，一是为领导层提供的山东省图书馆组织文化诊断报告，二是拟定了山东省图书馆组织文化发展纲要。

（一）组织文化诊断报告的撰写

组织文化诊断报告是诊断实施结束后形成的书面材料，是图书馆组织文化诊断的核心内容，诊断报告主要是将诊断实施中发现的问题进行分析和解释，并为解决这些问题提出建议方案。

1. 山东省图书馆组织文化诊断报告的结构

山东省图书馆组织文化诊断报告是在内部资料搜集、员工的访谈和问卷调查的基础上分析讨论而得出的，按照提出问题—分析问题—解决问题的思路，安排诊断报告的结构，整个诊断报告分为四个部分：

第一部分，前言。主要介绍研究背景、研究设计、研究方法等基本问题。

第二部分，诊断分析。主要根据所搜集的资料、图书馆员访谈和问卷调查的数据进行诊断分析，分析的主要内容包括山东省图书馆组织文化的成因分析、现状分析和未来预期分析三个维度。(详细的数据分析见本节的内容)

第三部分，诊断结论。主要依据诊断分析得出山东省图书馆组织文化的基本特征，并指出现有组织文化存在的主要问题，(详见下一节)

第四部分，诊断建议。综合研究结论，给出山东省图书馆组织文化现存问题的解决方案。(详见下一节)

2. 报告的讨论与修订

在组织文化诊断报告撰写完成后，由工作小组成员审核提出修改建议，并通过意见的交流与沟通，不断地进行修订，直到山东省图书馆组织文化诊断报告最终稿的生成。

（二）山东省图书馆组织文化发展纲要草案的拟定

文化发展纲要是组织文化发展的战略性文件，通常也会称作“某某文化纲领”、“某某基本法”、“某某之路”、“某某的理念”等，例如：华为基本法，根据山东省图书馆组织文化诊断结果，本研究拟定了山东省图书馆组织文化发展纲要草案，见附录G。

1. 纲要的作用

山东省图书馆组织文化发展纲要主要是对山东省图书馆的核心价值观体系的详细阐述，作为组织文化未来发展的纲领性文件，指导山东省图书馆的具体工作、制度安排和员工的行为。

2. 纲要的内容

山东省图书馆组织文化发展纲要的内容体系设计分为宏观—中观—微观三个层次，从组织文化、群体文化和个体文化三个层面设定山东省图书馆组织文化的体系架构。首先，组织层面。草案在组织层面主要阐述了山东省图书馆组织文化体系构成、山东省图书馆的定位、山东省图书馆的宗旨和山东省图书馆的目标。其次，群体层面。主要阐述了体制、管理和沟通等方面的内容。第三，个体层面。主要阐述了图书馆员的职业素养与品质、馆领导需要具备的特质等。

第三节　山东省图书馆组织文化诊断的结果与建议

山东省图书馆的组织文化处于一种自发运行的状态，从未主动开展过组织文化建设活动。通过本次山东省图书馆组织文化的诊断，对它的组织文化有了全面的认识，通过资料收集、访谈和问卷调查的数据分析得出了诊断的结果，并给出了山东省图书馆组织文化发展的建议。

一、山东省图书馆组织文化诊断的结果

（一）山东省图书馆组织文化的优势

1. 图书馆员具有较好的组织归属感

在山东省图书馆组织文化的调查中，图书馆员对现行图书馆的组织文化的自我评价较高，具有较好的组织归属感，首先，图书馆员对图书馆的历史沿革十分熟悉，比重达到75.44%。其次，对图书馆文体活动的开展情况和工作氛围的状况均持认同的态度，比重达到半数以上。再次，图书馆员认为本馆的资源与服务是优于或领先于业界其他图书馆的，具有很强的荣誉感。

2. 图书馆具有强势的领导文化

调查结果显示，本馆的领导具有很高的信任度，总体为“信任”（包括

“一直很信任”和“逐步加强信任”）的比例高达78.07%。此外，领导的指令也能够被下属很好的执行，显示出了比较强势的领导文化。

3. 图书馆员的工作态度积极，有利于具体工作的开展

调查结果显示，山东省图书馆员工选择职业的动机主要来源于个人兴趣、工作性质、专业背景和个人性格等因素，兴趣驱动的工作任务是具有很高的执行力的，非常有利于工作的开展。此外，多数图书馆员也认为在图书馆的工作是有发展机会的，增加了他们工作的动力。

4. 图书馆制度完备，并能够很好的执行

通过对山东省图书馆的参与观察和实地调研，认为其制度建设方面是很完备的，同时调查结果显示，这些制度的执行情况良好，多数图书馆员能够遵照现行制度完成工作，违反制度和不按制度办事的现象较少。

（二）山东省图书馆组织文化的不足

1. 内外环境变革的应对能力不足

调查结果显示，图书馆员认为影响较为深刻的外部环境有社会文化、经济文化和政治文化，内部环境有服务水平、沟通与交流和资源。访谈结果显示，应对这些内外环境变革的能力还不足，需要增加相应培训与学习的机会，并且需要制定一些措施保障图书馆员能够获得外出培训和学习的机会。

2. 管理的灵活性不足

对山东省图书馆组织文化的测量结果显示，当前的组织文化趋向于层级型文化，管理更倾向于制度化和机构化的手段，管理灵活性不足。一方面，与强势的领导文化有关，这可能会压抑住某些创新的思想。另一方面，与严格的制度体系有关，对制度的遵照和执行限制了组织的创新。

3. 部分岗位的工作压力较大

问卷调查和访谈的结果显示，部分面向读者的一线岗位工作压力较大，由于公共图书馆开始施行免费开放政策，读者量有了明显的增加，而相应地人员方面并没有增加的情况下一些一线岗位的工作压力在不断增加。问卷调查的结果显示，除去半数压力感一般的员工外，压力感“非常大”和“大”的比重分别占到了17.54%和22.81%，这一比重已经占到了近四成。

4. 非正式沟通成为了主要渠道

调查结果显示，图书馆员尽管十分愿意分享他们的工作经验，但是在面

对工作问题的时候，更多人选择逃避不去沟通，而且也有相当一部分图书馆员选择向家人抱怨，而不是同上级领导沟通。这种非正式的组织沟通成为了应对工作问题的主要方式，不利于现有组织任务的传达，同时也影响员工完成工作的效率。

5. 典范与榜样的认可度不高

典范与榜样是组织精神的一个标志，然而调查结果显示，多数图书馆员对于本馆是否存在模范员工的态度持模糊不清的状况，可见这些员工对现有的典范和榜样的认可度不高，图书馆在这方面的宣传有待进一步加强。这也从另一个侧面反映出图书馆组织文化精神层的核心价值体系尚未形成，有待进一步提炼。

二、山东省图书馆组织文化的发展建议

（一）构建一个核心价值观体系

针对山东省图书馆组织文化的不足，本研究建议应首先主动开展图书馆组织文化建设活动，提炼一个核心价值体系。一方面继承组织的文化传统，另一方面整合组织的内部的子文化体系。综合山东省图书馆组织文化诊断调研的结果来建议山东省图书馆打造一个以发现、创新、沟通、成长为核心的主体价值观体系。

（二）打造团队文化

山东省图书馆组织文化诊断中对组织文化测量的结果显示图书馆员对组织文化未来的期望向团队型文化发展。基于此，本研究提出打造团队文化的建议，通过团队文化建设，可以进一步提高组织管理的绩效。

（三）打造学习文化

访谈与问卷调查的结果均显示出了图书馆员有学习的需求，他们需要通过对新事物、新技术、新理念的学习来提高自身的素质，以适应不断变化的图书馆内外环境。此外，打造学习文化也同山东省图书馆倡导的个人岗位成才的理念相呼应，可以促进图书馆员的进步，进而提高图书馆整体的素质。

第四节　研究结果

通过案例研究将本研究设计的图公共书馆组织文化诊断模型应用于山东

省图书馆的组织文化诊断之中，从而检验了该模型的适用性。由这一案例研究，我们得出以下研究结果：

一、本模型具有很好的适用性

山东省图书馆组织文化诊断的案例研究显示本模型具有很好的适用性。一方面，模型的流程设计能够指导山东省图书馆组织文化诊断的全过程。另一方面，模型的内容维度可以满足山东省图书馆组织文化诊断的具体需求。

二、本模型具有可操作性

本模型在山东省图书馆组织文化诊断的应用体现了它的可操作性。依据这一整合模型，可以指导参与主体、安排诊断流程和架构诊断的内容体系，具有很强的实际操作性。

三、应用本模型还需要考虑的两个重要因素

本模型在山东省图书馆的组织文化诊断实施中，进一步发现在组织文化诊断的过程中贯穿于整个模型各个阶段的两个重要因素：其一，参与。其二，沟通。

（一）参与

在诊断的各个过程中，不同人员的参与是十分必要的，并且对于完整的一个诊断周期而言，要争取全体图书馆员的参与。从诊断的主体的角度来看，要争取到馆长、副馆长、部门主任、优秀图书馆员的参与。从诊断的客体角度来看，针对不同诊断的目标，应该争取外部利益相关者的意见，包括书商、读者等的参与。

（二）沟通

始终贯穿于模型应用各个过程的另一个重要因素是沟通，通过沟通可以解决很多诊断过程中出现的问题，及时的沟通能够推进诊断的进度，并且如果沟通做得好，可以避免很多重复性的工作。沟通工作，一方面来自于内部沟通。工作小组内部的沟通可以通过定期、定时的小组内部会议来进行，便于小组成员间的交流。一方面来自于外部沟通。工作小组同馆内其他部门的沟通，一般而言，要选派熟悉馆内工作的专门人员来进行这样的沟通，同时也可以采取小组成员同馆内其他部门的图书馆员座谈的形式进行沟通。除了这些正式的沟通方式外，深入图书馆员的生活，参与他们的工作，从局外人

向局内人转变的非正式沟通也能够达到很好的效果。

四、模型需增加的辅助诊断检查表

从山东省图书馆的组织文化诊断来看，模型的容量有限，对于具体问题还需要借助一些辅助性的工具来完成。由案例实践中具体遇到的问题，本研究补充了几个辅助的诊断检查表。

（一）资料收集设计矩阵

山东省图书馆的资料收集采用了一个资料收集设计矩阵来辅助，见表6.34。这一资料收集设计矩阵可以帮助图书馆在组织文化诊断的资料收集过程中确定收集哪些资料、从哪里获得资料、同谁联系、时间安排等问题。

表6.34　资料收集设计矩阵

研究问题是什么	选择这些问题的原因是什么	哪些资料能够回答这些问题	从哪里能够获得这些资料	同谁联系进入研究场所	如何安排时间

资料来源：本研究整理

（二）诊断进度控制表

山东省图书馆组织文化诊断实施是在诊断进度控制中完成的，应用了一个诊断进度控制表，见表6.35。通过对计划进度的把握，让小组成员清晰的了解整个组织文化诊断的进程，做到心中有数。倘若出现实际进度落后计划安排很多的情况，就要及时地进行全方位的沟通，保证组织文化诊断按时完成。

表 6.35 山东省图书馆组织文化诊断进度控制表

诊断工作内容	负责人	计划安排				实际进度			
		1 周	2 周	3 周	4 周	1 周	2 周	3 周	4 周
1. 确定需求		√				√			
2.									
…………									
5. 成因诊断			√					√	

资料来源：本研究整理

第七章 公共图书馆组织文化诊断的方法

组织文化的诊断通常可以大致划分为“软诊断”和“硬诊断”两种方式，“软诊断”是指用定性的方法进行诊断，收集定性的信息和数据。而相应地，“硬诊断”是指用定量的方法进行诊断，收集定量的信息和数据。在图书馆组织文化诊断中，“软诊断”与“硬诊断”各有优势，尽管“软诊断”会具有主观性，可能会受诊断主体的知识结构与意识形态的影响，但是“软诊断”对判断未来预期会具有先见性。同时，“硬诊断”会具有客观性，有利于客观准确的分析组织文化的运行情况，但是同样的缺陷在于缺乏灵活性。在公共图书馆组织文化诊断的实际中，若是全面性、综合性的诊断要将二者结合起来使用。

公共图书馆组织文化的诊断要对公共图书馆组织文化的物质层、制度层、精神行为层的现状与未来预期进行全面地诊视，对这些层次的诊断分析依赖一定的方法，通常而言，可以划分为定量方法和定性方法。本研究根据案例研究的结果，提出公共图书馆组织文化的成因诊断、现状诊断与未来预期的过程中可供选择的研究方法有 SWOT 分析法、PEST 分析法、情景分析法、竞争因素分析法、BCG 矩阵分析法、问卷调查法、访谈法、扎根理论研究法、案例研究法、实验法、内容分析法、文本分析法、参与观察法等。

第一节 公共图书馆组织文化成因诊断期的方法选择

公共图书馆组织文化的成因诊断主要对公共图书馆组织文化从发端到当前阶段的梳理，其目的是从中继承公共图书馆组织文化中的优良传统与存在问题，进而预见未来的方向。在实际诊断中，可以根据具体需求，选择适当的研究方法来匹配要进行诊断的内容。

一、公共图书馆组织文化的内外部环境的构成

（一）公共图书馆组织文化的外部环境构成

公共图书馆的组织文化是处于社会大环境之下的，与社会文化下的其他亚文化之间共生发展。公共图书馆的组织文化并不是孤立存在的，来自于图书馆外部的文化对其影响深远。因此，外部环境的分析有利于公共图书馆掌握自身的文化生长土壤的状况。本研究在理论研究与案例研究的基础上认为影响公共图书馆组织文化的外部环境包括政治环境、经济环境、社会文化环境、国际文化环境、传统文化环境、地域文化环境和行业文化环境。

（二）公共图书馆组织文化的内部环境构成

公共图书馆组织文化的内部环境是公共图书馆组织文化内化孕育的基础，本研究认为这些内部环境包括公共图书馆的服务水平、沟通与交流、资源、管理、制度、人员、宣传与推广、建筑与设备。

二、公共图书馆组织文化成因诊断的方法

公共图书馆组织文化的成因诊断是基于对公共图书馆组织文化内外部环境的分析，相关的组织环境分析的方法与工具是可供借鉴的，主要涉及 SWOT 分析、PEST 分析、情景分析法、竞争因素分析法、BCG 矩阵分析法等，见表 7.1。

（一）SWOT 分析法

SWOT 分析法也被称作道斯矩阵或态势分析法，是在 20 世纪 80 年代初期由美国的 Weihrich 教授提出的，常用于组织战略制定、组织环境分析等情境。SWOT 分析是一个综合性的分析工具，是将与组织相关的各种主要的内部优势、劣势和外部的机会和威胁等进行列举排列，之后应用系统分析的思想，把相关因素匹配分析，得出相应结论的方法。

SWOT 分析法中的 S 代表 strengths，即优势，W 代表 weaknesses，即弱势，S 与 W 是组织的内部因素。O 代表 opportunities，即机会，T 代表 threats，即威胁，O 与 T 是组织的外部因素，见图 7.1。通过几个要素间结合起来分析，能够为组织决策提供参考。

表 7.1　公共图书馆组织文化成因诊断的方法选择表

公共图书馆组织文化成因诊断		可选研究方法
外部成因诊断	政治环境影响	SWOT 分析 PEST 分析 情景分析法 竞争力分析等
	经济环境影响	
	社会文化影响	
	国际文化影响	
	传统文化影响	
	地域文化影响	
	行业文化影响	
内部成因诊断	服务水平	
	沟通与交流	
	资源	
	管理	
	制度	
	人员	
	宣传与推广	
	建筑与设备	

资料来源：本研究整理

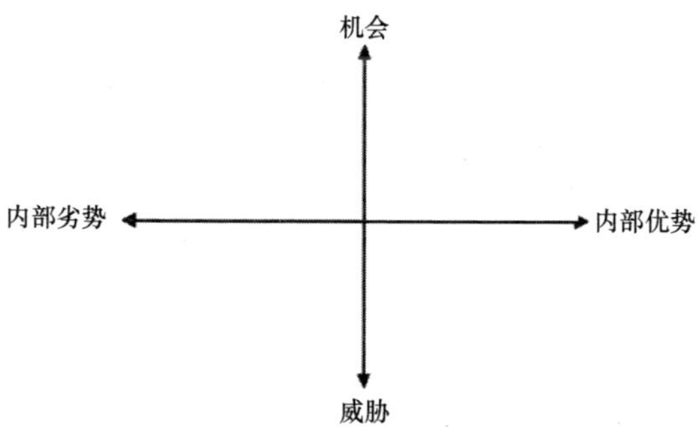

图 7.1　SWOT 分析法

资料来源：王玉. 公司发展战略和管理［M］. 上海立信出版社，2003：159.

（二）PEST分析法

PEST分析法常用于组织外部环境分析，包括政治因素（Politics）、经济因素（Economic）、社会因素（Society）和技术因素（Technology）四个层面。PEST分析法是针对组织宏观环境分析的一种方法，常常会增加社会文化（Socio - cultural）、法律（Legal）、环境（Environmental）、教育（Education）和人口统计（Demographics）等因素而扩展为PESTE、PESTEL、LEPEST等。

针对公共图书馆外部环境分析，PEST分析法可主要分析政治因素、经济因素、社会因素和技术因素四个方面，见图7.2。

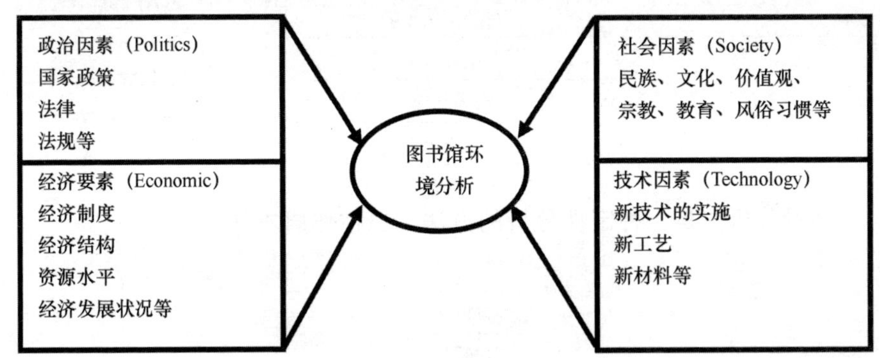

图7.2　PEST分析法
资料来源：本研究整理

1. 政治因素（Politics）

政治因素是指与组织活动具有实际或潜在影响的政治力量以及相关的法律、政策等因素。政治体制下的影响对于公共图书馆而言往往是最为直接的，国家的政策、法律、法规的调整，会影响公共图书馆的文化导向。要及时调整公共图书馆的价值观与国家政策、法律、法规接轨，适应时事政策的发展大方向。

2. 经济因素（Economic）

经济因素是指国家经济方面的制度、经济结构、资源水平、经济发展等。国家经济的发展对图书馆的影响是极大的，以美国为例，20世纪30年代和80年代，经济的危机曾经影响美国图书馆的经费投入，导致图书馆开支的紧缩。因此，在制定公共图书馆组织文化的过程中，国家经济因素是不容忽视的一个基本要素。

3. 社会因素（Society）

社会因素是指社会构成方面的因素，主要涉及民族、文化、价值观、宗教、教育、风俗习惯等。以文化因素为例，社会文化的变革会影响公共图书馆读者的基本需求，因此公共图书馆的组织文化就要进行调整以适应社会文化的进步。

4. 技术因素（Technology）

技术因素，不仅包括具有革命性变革的发明创造，还包括与组织成长密切相关的新技术、新工艺和新材料等。对于公共图书馆而言，近些年来影响最大的技术就是计算机与网络技术。此外，通信技术、印刷技术等均有所影响。再有，高新企业的新技术正改变着人们大众的生活方式与学习方式，这也是公共图书馆不容忽视的技术变革。

（三）情景分析法

情景分析法是一种定性分析的方法，也称作脚本法或前景描述法，是在对未来假定的前提下，对可能出现的情况或可能发生的后果进行预测的一种方法。通常可用于对研究对象的未来发展状况作出预想，可应用于环境分析、决策参考、提高组织的适应能力、进行资源的优化配置等。

应用情景分析法对环境分析，首先要了解公共图书馆的内部环境，搜集定性或定量的数据，之后需要主观的想象力，对结果进行预测。通常可以遵循主题确定、环境构造、关键因素识别、趋势和发展态势的假定、检测对未来发展和趋势的影响的步骤进行分析。

（四）竞争力分析法

竞争力是组织得以生存与发展的源泉，竞争力分析要了解竞争者的分布，分清主要竞争者、次要竞争者和潜在竞争者等。此外，要分析竞争格局、竞争者的优势与劣势等。美国学者 Porter 在 20 世纪 80 年代期间提出了五力模型可用于竞争力分析，见图 7.3。

Porter 提出的五力模型包括供应商、购买者、潜在的新入者、替代品的其他企业和行业内的竞争者五个方面，它们彼此间的竞争，会导致最终的行业竞争的变化。

1. 供应商的供应能力

公共图书馆的供应商有书商、出版社和数据库商等组成，供应商主要通过调节产品价值、质量、价格等因素来提高其市场的占有率和产品的竞争力。

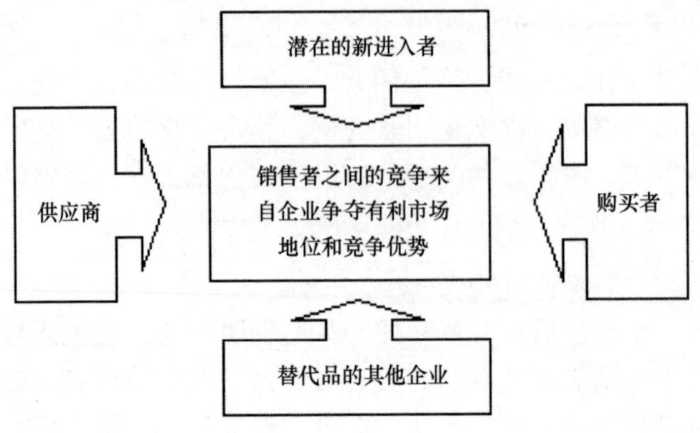

图 7.3　波特的五力模型

资料来源：迈克尔·波特；陈小悦译．竞争战略［M］．北京：华夏出版社，2004.

供应商具有稳固的市场、有竞争力的产品、产品不可替代的情况下是具有较强竞争力的体现。

2. 购买者的议价能力

公共图书馆作为购买者，其议价能力是会影响行业的竞争力的。一般而言，购买者占有供应商较大份额、供应商以小企业居多，多个购买者竞争的情况下是可以通过要求提高产品质量和服务质量等的要求来进行议价的。

3. 新进入者的威胁

对于公共图书馆而言，新进入者一般是指新建的公共图书馆、或是相关行业的新馆。新进入者在一定程度上会瓜分公共图书馆的原有读者群，对公共图书馆存在着潜在的威胁。

4. 替代品的威胁

与公共图书馆相同的行业，包括文化宫、博物馆、档案馆等具有竞争的场所，若它们推出具有竞争力的服务，那么在一定程度上会有替代性的威胁。

5. 同行业竞争者的竞争程度

同一区域的图书馆之间从某种程度上是存在着竞争关系的，尽管我国高校图书馆尚未社会化开放，与公共图书馆之间的竞争相对较小。同行业之间的竞争程度需要进行控制，通过合作与竞争共同处理他们之间的动态发展关系。

除了上述几种组织环境分析方法以外，还有很多方法可供参考，例如：

波士顿（BCG）矩阵、利益相关者分析法、价值链分析法、平衡积分卡等。往往要根据实际需要，结合几种方法共同使用。

第二节　公共图书馆组织文化现状/未来预期诊断期的方法选择

公共图书馆组织文化现状/未来预期是图书馆组织文化在现行/未来图书馆运营管理中所体现出来的文化状态，在诊断过程中的方法选择要着重挖掘公共图书馆组织文化的时序特征，选择适当的方法。

一、公共图书馆组织文化现状/未来预期的诊断内容

按照公共图书馆组织文化诊断的流程，在成因诊断后要进行组织文化现状/未来预期的诊断，主要涉及总体特征、物质层、制度行为层和精神层的诊断，见表7.2。

（一）总体特征

公共图书馆组织文化的总体特征诊断包括总体情况的认知和对现有文化的测量，总体情况的认知是馆员对图书馆总体状况的了解程度，可以通过问卷调查和面对面的访谈来获取；现有组织文化的测量可以使用已有量表进行测量。

（二）物质层

公共图书馆组织文化的物质层诊断包括建筑与空间的文化表达、视觉识别、物质环境、馆藏资源的文化倾向、公共图书馆的服务等。通常可以采用参与观察法、内容分析法、文本分析法、扎根理论法等进行测量。

（三）制度行为层

公共图书馆组织文化制度行为层诊断包括组织文化宣传、领导力、工作制度、责任制度、特殊制度、馆员个体行为、群体行为和组织行为。通常可以采用问卷调查法、访谈法、案例研究法、实验法、扎根理论法等。

（四）精神层

公共图书馆组织文化的精神层主要是对图书馆核心理念的提炼，包括经营性理念、管理型理念和体制型理念三个方面。通常可以采用问卷调查法、访谈法、扎根理论方法、内容分析法、文本分析法等。

表 7.2 公共图书馆组织文化现状/未来预期诊断的内容项目选择表

<table>
<tr><th colspan="2">公共图书馆组织文化现状/未来预期诊断</th><th>可选研究方法</th></tr>
<tr><td rowspan="2">总体特征诊断</td><td>总体情况的认知</td><td rowspan="20">问卷调查法（量表测量）
访谈法
扎根理论法
案例研究法
实验法
内容分析法
文本分析法
观察法</td></tr>
<tr><td>现有组织文化的测量</td></tr>
<tr><td rowspan="5">物质层诊断</td><td>建筑与空间的文化表达</td></tr>
<tr><td>视觉识别</td></tr>
<tr><td>物质环境</td></tr>
<tr><td>馆藏资源</td></tr>
<tr><td>图书馆的服务</td></tr>
<tr><td rowspan="8">制度行为层诊断</td><td>组织文化的宣传</td></tr>
<tr><td>领导力</td></tr>
<tr><td>工作制度</td></tr>
<tr><td>责任制度</td></tr>
<tr><td>特殊制度</td></tr>
<tr><td>图书馆员个体行为</td></tr>
<tr><td>群体行为</td></tr>
<tr><td>组织行为</td></tr>
<tr><td rowspan="3">精神层诊断
（核心理念分析）</td><td>经营性理念分析</td></tr>
<tr><td>管理性理念分析</td></tr>
<tr><td>体制性理念分析</td></tr>
</table>

资料来源：本研究整理

二、公共图书馆组织文化现状/未来预期诊断的方法

公共图书馆组织文化现状/未来预期诊断可选择的方法包括问卷调查法（量表测量）、访谈法、扎根理论法、案例研究法、实验法、内容分析法、文本分析法、参与观察法等。

（一）问卷调查法

问卷调查法是组织文化诊断获取第一手资料的主要方法，通常可以有两种方式，一种是调查现状和馆员态度的认知问卷，一种是对个人行为和态度的测量量表式问卷。问卷的编制主题仅需要符合主题要求即可，而量表的构建需要理论的依据，并且量表的各个分量需要有明确的定义。

（二）访谈法

访谈法是直接获取馆员认知和态度的有效方法之一，通常需要针对基层馆员、中层管理人员和高层领导而分别设计访谈提纲，获取不同员工层面的看法和期望，以全面了解各个层级人员的态度。

（三）案例研究法

案例研究法是深入了解组织状态，获取研究数据的有效方法之一，通常对图书馆中发生的典型事件、典型人物可以采用案例研究的方法进行跟踪，总结分析案例的特征，归纳组织文化的现象。

（四）实验法

实验法是定量研究方法中的一种，通常适用于组织中的个人行为和群体行为的研究，通过实验法能够挖掘组织中的规律，为组织文化决策提供参考。

（五）内容分析法

内容分析法是一种定性与定量相结合的研究方法，通过将非量化的有价值的信息转化为定量的数据，对出现的词语按词频建立分类，从而分析信息的某些特征。通过内容分析法，可以归纳已有组织文化的内容、结构和特征等。

（六）文本分析法

文本分析法是一种定性分析的方法，是通过对文本外部特征和内容特征的挖掘而进行诠释和解释的一种方法，它的分析对象是文本，相对于内容分析的对象较为狭窄。公共图书馆的组织文化特征可以从现有的图书馆众多文本中进行挖掘，尤其是公共图书馆组织文化的成因诊断，在搜集公共图书馆组织文化传统特征中，文本分析法尤为适合。

（七）观察法

观察法是深入实地，切身感受组织特征的有效方法之一。通常有参与式观察和非参与式观察两种模式，参与式观察是研究者以馆员的身份实际参与到所在馆的实际工作中的一种方式，通过参与的过程观察图书馆的工作流程，了解馆员的组织生活，进而挖掘公共图书馆组织文化的过程。而参与式观察是以旁观者的视角进行观察的过程，比较客观，但是难以挖掘到深层次的文化特征。

第三节 公共图书馆组织文化诊断结果输出期的方法选择

公共图书馆组织文化诊断结果输出期是公共图书馆组织文化诊断的收尾期，主要的工作是诊断结果的输出。因此，撰写报告期间所选取的方法主要是进行文字和数据方面的描述方法。

一、公共图书馆组织文化诊断结果输出的文档构成

公共图书馆组织文化诊断结果的输出通常会撰写两类报告，一类是报告性文件，另一类是指导性文件，见表7.3。

表7.3 图书馆组织文化诊断结果输出期的内容项目选择表

图书馆组织文化诊断结果输出			可选研究方法
报告性文件		组织文化诊断报告	逻辑思维分析法 描述统计法 焦点小组访谈法
指导性文件	文化战略	组织文化发展纲要	
	文化制度	员工手册	
		制度汇编	
	文化变革	组织文化变革建议书	

资料来源：本研究整理

（一）报告性文件

报告性文件是公共图书馆组织文化诊断结果输出的核心性、基础性的文件。它是对整个公共图书馆组织文化诊断过程的结果输出。完整的组织文化诊断报告应该包括公共图书馆组织文化诊断的项目概述（背景、原则、目标、数据来源、样本构成等）、组织文化诊断的维度（成因、现状、未来预期）、组织文化诊断的结果、组织文化建设评估意见等。

（二）指导性文件

指导性文件是在公共图书馆组织文化诊断报告的基础上生成的对公共图书馆组织文化建设具有指导意义的文件。通常包括文化战略（组织文化发展纲要）、文化制度（员工手册、制度汇编）和文化变革建议书等。在报告性文件的基础上，要对图书馆原有相关制度性文件进行修订，将发现的组织文化

问题及时更正，将组织文化战略部署及时融入到图书馆制度文件之中。同时，根据诊断需要决定是否需要撰写组织文化变革建议书。如果诊断结果中有重大文化导向问题存在时，建议进行图书馆组织文化变革，通过图书馆组织文化战略的调整适应社会发展的需要。

二、公共图书馆组织文化诊断结果输出期的方法

公共图书馆组织文化诊断结果输出期是对前两个阶段的总结、整理和形成文本的阶段，可选择的方法通常有辩证逻辑分析法、描述统计法和焦点小组访谈法。

（一）逻辑思维分析法

逻辑思维也被称作抽象思维，是借助概念、判断、推理等思维形式能动地反映客观现实的理性认识过程。在公共图书馆组织文化诊断结果输出期可使用的逻辑思维分析法包括比较法、分析与综合法和推理法。

1. 比较法

比较法也称作类比、对比等，是对两个或两个以上研究对象进行比照，找出相同点和不同点的一种逻辑分析方法。公共图书馆组织文化诊断结果输出期，撰写文件时，可以根据研究需要采用比较法进行分析。一是可以从时间和空间的角度进行比较；二是可以从方法的角度，采用定性方法或定量方法进行比较；三是按照内容覆盖范围，采用局部比较或全面比较；五是按照研究目标，可以采用求同比较或求异比较。

2. 分析与综合法

分析法是将研究对象分解为若干个要素，在对每个要素及要素彼此间的关联进行研究的一种方法，适用于理论分析和问题分析。而综合法是将分散的部分看做整体，从整体的角度分析研究对象的一种方法，适用于建立观念模型。分析法与综合法是统一的，是处于同一个系统中的两个方法。公共图书馆组织文化诊断结果分析中可以应用因果分析、表象和本质分析、相关分析的分析方法和简单综合、系统综合和分析综合的综合方法来撰写文本。

3. 推理法

推理法通常包括归纳推理和演绎推理两种形式，归纳推理是由个别推理出一般结论的方法，演绎推理是指运用逻辑证明以及数学推导的方式，由一般原理推理出个别或特殊结论的方法。公共图书馆组织文化诊断结果输出可

以使用的归纳推理方法包括简单枚举归纳、科学归纳、完全归纳和不完全归纳，可以使用的演绎推理方法包括三段论、假言推理等。主要用于个体文化、群体文化的归纳与演绎。

（二）描述统计法

描述统计法是通过图表或数学方法，对所获得的数据资料进行分析整理的过程，对数据分布状态、数字的特征和随机变量之间的关系进行估计和描述的方法。公共图书馆组织文化诊断结果的输出期可以采用描述统计法对问卷调查数据、访谈数据、文本数据等进行描述性统计分析，最终得出结论供图书馆组织文化建设参考。

（三）焦点小组访谈法

焦点小组访谈法是由预先选定的主持人以自然地无结构化的形式同一个小组的被调查者围绕着预定的焦点（主题）进行交谈，从中获取焦点小组对焦点问题的看法。往往这种方法能够在自由地小组讨论中获得有价值的发现。在公共图书馆组织文化诊断结果输出期进行焦点小组访谈的主要目的是围绕未来预期，由读者、员工以及图书馆领导层提出发展建议，为公共图书馆组织文化未来发展目标的确定提供依据。

第四节　公共图书馆组织文化诊断工具

在公共图书馆组织文化实践中可根据需要自行编制问卷或量表开展组织文化诊断，同时也可以选择组织文化实践领域中的成熟问卷或量表进行测量，当然这些成熟的问卷和量表还需要进行修订以适合公共图书馆的语境。已有的组织文化诊断中的成熟问卷和量表涉及综合性诊断工具和分项诊断工具可供参考。

一、综合性诊断工具

在现有的组织文化诊断工具中，许多工具可以直接用于测量组织文化，在此将其归结为综合性诊断工具，对公共图书馆组织文化诊断有借鉴意义的主要包括以下几种：

（一）组织文化牢固度自查问卷

1. 问卷内容

通过下面简单测试，可以检测所在组织文化的牢固程度。下面给出了两种供选择的情况，分别代表对工作处所的价值观所持的不同但同样有效的看法，请选择更加符合您的工作环境的一项，并在答案处做出适当的标记。

(1) A. 我们所做的一切背后都有一定的制度。
B. 我们在前进的过程中找到了解决问题的办法，对此我们感到自豪。

(2) A. 我们的日常经营活动有一条明确的指导性原则。
B. 我们的大多数决策都根据情形而定。

(3) A. 我们主要对员工实现总体质量和服务目标的情况作出评价。
B. 我们主要评价每个人的生产力和营业额。

(4) A. 我们认为首先要善待员工。
B. 我们认为首先要善待客户。

(5) A. 我们的一线员工有充分的自主权和权威。
B. 当领导们批准对程序作出变更时，事情会进展得更加顺利。

(6) A. 与同类公司相比，我们提供更多的职务和责任。
B. 我们不相信我们的员工会有太多的专长。

(7) A. 我们的项目通常是跨部门的。
B. 我们大力鼓励部门的自主权。

(8) A. 我们有一整套严谨的需要团队大量参与的录用新员工的程序。
B. 我们让各位经理决定录用新员工的细节。

(9) A. 首先对员工与公司里的同事相处得怎么样进行评价。
B. 首先对员工完成自己的工作的情况进行评价。

(10) A. 为了对竞争作出快速反应，我们随时准备对规则作出变通。
B. 我们非常审慎，绝不会为一时的便利使已被证实了的做法冒风险。

(11) A. 在技术应用上，我们走在同类公司的前面
B. 我们乐于让别的公司去犯技术上的错误，而我们只充当“迟到的应用者”。

(12) A. 我们花在研究客户趋势上的时间比花在研究竞争对手上的时间多。
B. 我们花在研究竞争对手上的时间比花在研究客户趋势上的时间多。

(13) A. 我们认为优秀的客户服务强调的是过程。
B. 我们认为优秀的客户服务强调的是态度。

（14）A. 我们通过亲自充当客户来检验我们的过程。
B. 我们依靠客户的反馈意见来检验我们的过程。

（15）A. 我们收集客户业务的数据，并作出战略性的反应。
B. 我们在出问题时才对客户的问题作出反应。

（16）A. 我们鼓励与工作有关的外部活动。
B. 我们奉行将工作与外部活动分开。

（17）A. 我们在社区中非常活跃，充分发挥了我们的专业特长。
B. 我们的慈善活动和社会活动大部分在本质上都是财务上的活动。

（18）A. 我们对低微的岗位和专业的岗位都一视同仁。
B. 我们把初级的岗位看做是垫脚石，而不是与别的岗位平等。

（19）A. 我们的大部分领导人都是从公司内部提拔的。
B. 我们雇佣能够找得到的最好的领导人，许多人是从本公司以外找来的。

（20）A. 我们的员工注重的是公司的整体形象。
B. 我们的员工注重的是各自具体的工作。

（21）A. 我们的高级管理层至少每星期都与全体员工进行交流。
B. 我们的高级管理层只在发生重大事件时才会与全体员工进行交流。

2. 计分规则

计算你选择了多少个 A，并对照表格的数据对您自己特有的文化特质进行评价，见表 7.4。

表 7.4　计分表

选择 A 的个数	您的组织强有力的文化特质
1——3 个	出色的业绩
4——6 个	良好的工作环境
7——9 个	团队建设
10——12 个	经营的发展和变化
13——15 个	客户服务
16——18 个	充满工作激情
19——21 个	明智的领导艺术

资料来源：本研究整理。

3. 结果解释

上述表格中的特质每一项都是重要的，但是每个组织的情况不一样，这也就意味着每个组织都有自己的文化特质。这个测试只是说对组织的文化做一个快速的扫描，看一看您所在的组织在哪方面能够与当今名列前茅的组织最好的做法平起平坐，并找出值得学习和借鉴的新思想。

（二）组织文化评估问卷

组织文化评估问卷分为两个部分，组织文化评估后要进行个人行为风格测试，通过两部分的对比得出个人与群体，竞争与和谐的关系。

1. 问卷内容

组织文化评估：

进入个人行为风格测试之前请先根据以下描述来确定公司或部门的组织文化。

组织文化之工作方式维度__________________（在以下两种模式中选择最接近于组织或部门的工作方式，若两者特征兼备，则选择更多场合表现出的模式）

群体工作方式：可以用足球队来形容这种组织，它强调的是团体活动，成员之间的联系和积极互动是这种组织文化的主要特征，因此会议和讨论是组织内部工作的重要部分。另外，这种文化重视员工奋力争取的行为，积极推动事情的进展被视为优良作风。

个体工作方式：这种组织中的成员更加缄默，可以关起门来单独完成工作，因此，组织通常会为员工准备相对独立的个人空间，确保员工可以专心工作。喧闹的行为与这种文化格格不入，组织并不重视社交和业务上的人际网络，并要求尽量避免或减小。

组织文化之工作氛围维度__________________（在以下两种模式中选择最接近于公司或部门的工作方式，若两者特征兼备，则选择更多场合表现出的模式）

和谐工作氛围：这种组织强调合作、人际敏感以及和谐温暖的氛围，组织目标中具有利他取向，关注产品或服务的社会价值。组织工作的推动依靠成员之间达成的共识，不鼓励冲突和内部竞争。组织内部充满友好和热情，不存在职位等级之分。除了在工作上有联系之外，员工私下里还维持紧密关系。

竞争工作氛围：组织重视竞争精神和良性争论，组织内部提倡对他人观点的怀疑和批判。只要有利于推动工作，就可以向同事提出挑战，而大家也视挑战为一种机会，而不是威胁。是否擅长应对内部竞争和挑战在很大程度上决定了个人的成功与失败。员工之间的关系仅仅维持在工作层面上，不了解也不关心同事的私事。

个人行为风格测试：

请参加组织文化匹配的人员进行个人测试，共包括24道题，每道题有A、B两个选项，要求在10分钟内完成所有题目，然后根据计分规则进行计分。

1. 你正在准备明天的考试，朋友求你帮忙陪他买电脑，你会
   A 对朋友说明你正在复习，没有时间，请他谅解
   B 经不起朋友的请求，最终答应，却又很懊恼
2. 毕业10年了，大学同学组织聚会，你会
   A 积极参与组织策划
   B 等待组织者通知时间、地点
3. 对于许多通过财富进入上流社会的人士，你认为
   A 拥有财富就可以了，盲目追求社会等级是没有必要的
   B 上流社会是社会等级的象征，是体现个人价值的因素
4. 你的交友原则是
   A 朋友不可滥交
   B 朋友不嫌多
5. 你更喜欢下列哪种工作环境
   A 安静、可以独处
   B 热闹、可以讨论
6. 在部门会议中，上司对你的方案提出质疑，你通常会
   A 在会议结束后，找机会单独与上司交流自己的想法
   B 在会上据理力争，阐述该方案的优点
7. 你更喜欢下面哪种场合
   A 酒吧
   B 茶馆
8. 公司准备进行一次市场推广活动，领导打算由你负责这次活动，你
   A 勉为其难，不愿承担责任
   B 欣然接受，乐于承担责任
9. 在聚会中，你通常
   A 侃侃而谈，成为谈话中心

B 愿意充当忠实听众

10. 第一次独立完成一个项目，结果却不尽人意，你的反应是

A 总结经验教训，为下一个项目做好准备

B 情绪会保持很长时间的低落，难以全身心投入新的任务

11. 工作中你更看重

A 个人成就

B 组织权力

12. 你的工作进度受到技术部门的拖延，你会

A 等待技术部门主动配合完成你的工作

B 不断催促技术部门，全力推动工作的顺利进行

13. 对于公司新来的员工，你通常

A 会主动与他们聊天以增进相互了解

B 除非有工作上的接触，否则不会主动接近他们

14. 对于团队合作方式，你更赞成下列哪种方式

A 应该是单纯的合作，不应该存在竞争

B 不仅仅是合作，竞争也是必要的

15. 同事几天没来上班了，今天早晨看到他，你会

A 非常关心地问他这两天怎么没来

B 像往常那样打个招呼

16. 公司举行运动会，你在自己最拿手的比赛项目中输了，你会

A 不服气，认为自己不应该输

B 自我安慰，胜败乃兵家常事

17. 你研发的新产品就要面世了，你更关注它的

A 社会价值

B 经济收益

18. 你的上司不拘小节，与下属打成一片，你认为他

A 富有亲和力，是你喜欢的类型

B 亲和力过多，不是你喜欢的类型

19. 在工作中，同事之间往往会有争论，你通常是

A 参与辩论的某一方

B 旁观者

20. 如果你在电梯里看到一个熟人，你通常会

A 微笑，并询问对方近来可好

B 打完招呼后保持沉默

21. 餐厅服务员态度不好，你通常会

A 息事宁人，尽量避免冲突

B 找经理投诉，要求改善

22. 你对同事提出的见解，第一反应是

A 怀疑

B 肯定

23. 你刚刚加入一个拓展俱乐部，今天是第一次活动，你希望

A 成员之间能够互相帮助，互相支持

B 成员之间能够开诚布公的交流，争论

24. 你的项目组新加入两个成员，你更喜欢下列哪一个

A 坦率直接的小王

B 友好温顺的小李

2. 计分规则

组织文化评估问卷的计分规则如下：

分别在组织文化的工作方式（S）和工作氛围（C）两个维度上为测试者计分：1、2、6、7、9、10 题选 A，3、4、5、8、11、12 题选 B，在 S 维度上加 1 分；13、14、15、17、18、20、21、23 题选 A，16、19、22、24 题选 B，在 C 维度上加 1 分

测试者个人行为风格测试最后得分：

S ____ C ____

3. 结果解释

组织文化之工作方式维度（个人－－－－－－－－群体）

1≤S≤4：表明测试者倾向于保持缄默和独立，比较适合以个人工作方式为主流的组织文化。或者说他/她更喜欢在一种推崇个人成就而非广泛社会关系的组织中。他/她需要一个能够不受干扰专心工作的环境，否则会觉得与很多人不停打交道是在浪费时间。另外，他/她认为自己不是奋力进取的人，所以可能不会去那些以吸引该类人才出名的公司。

5≤S≤8：表明测试者对组织工作方式的要求比较灵活。如果他/她所在的公司在这个维度上没有形成一定的模式，即有时需要高水平的活动和社交，有时允许更独立、更集中的思考和分析，他/她会在这样的组织中游刃有余。当然，他/她也能够很好的适应在这个维度上已经具有明显倾向性的组织文

化，即崇尚个人工作方式或者崇尚群体工作方式的组织文化。但是，对测试者而言，去一个具有极端的个人或群体工作取向的公司则是一个错误。

9≤S≤12：表明测试者倾向于进取和社交，比较适合以群体工作方式为主流的组织文化。或者说他/她更喜欢以讨论和互动为主要工作方式的组织。他/她需要在一个大的群体中工作，而且希望成为社交圈中的核心人物。另外，测试者会主动去推动事情的进展，因此他/她希望公司每一个员工都象自己一样奋力进取。

组织文化之工作氛围维度（竞争－－－－－－－－和谐）

1≤C≤4：表明测试者倾向于竞争和冲突，比较适合以竞争的工作氛围为主流的组织文化。或者说他/她更喜欢在一个充满辩论和坦诚交流的组织中，他/她认为只有这样才能激发创造力和成功。他/她需要大声说出自己的意见，因此也希望公司其他成员能够像自己一样开诚布公、坚持己见。测试者更喜欢与同事保持较远的距离，所以成员之间关系密切的组织是他/她不太想去的。

5≤C≤8：表明测试者重视友好和支持的组织氛围，而鼓励直接表达的氛围也是他/她比较喜欢的。因此，存在一定冲突的组织比较适合测试者，但是他/她可能也会努力避免极端冲突情形的出现。虽然他/她也能够适应崇尚竞争工作氛围或者和谐工作氛围的组织文化，但是充斥着对抗性的残酷竞争的公司以及完全不允许辩论的公司都不适合测试者。

9≤C≤12：表明测试者倾向于友善和合作，因此以和谐和“温暖”为主流的组织气氛比较适合他/她。或者说他/她更喜欢在一个利他取向的环境中，至少有一些同事与测试者观点一致。他/她希望尽量减少争论，避免冲突，因此相互尊重、为他人着想、相互支持和人人平等是测试者理想中的工作氛围。公司内部存在竞争、对抗的组织文化不是他/她适宜发展的环境。

（三）组织文化调查问卷

1. 问卷内容

组织文化调查问卷共有30个题项测量员工的组织文化态度和组织文化的状况，见表7.5。

2. 计分规则

根据上表问卷内容，选择从不或偶尔记1分，选择一般计2分，选择经常或总是记3分。

表 7.5　组织文化调查问卷

题号	题目
1	单位所有的工作都从长远发展的角度去规划，绝不马虎。
2	员工所作出的成绩能得到管理者的称赞和重视。
3	员工都具有平等提升、晋升职称的机会。
4	单位内外环境让所有员工觉得精神振奋，决心为单位奉献出自己的聪明才智。
5	员工清楚地知道自己所从事的工作所要达到的目标。
6	管理者对员工的出色绩效和贡献采取激励性奖励机制。
7	管理者十分重视文体娱乐活动。
8	员工很了解整个组织的发展目标。
9	管理者的讲话使得员工精神振奋。
10	员工对所处环境很满意，对富有挑战性的工作跃跃欲试。
11	“罚款”一词不再动不动就挂在管理者的嘴边。
12	单位把生产的次品当众销毁。
13	管理者关注并且尽量满足员工的正当需求。
14	“一切为客户服务”是单位的信条。
15	管理者十分重视员工的个人发展。
16	出现问题不互相指责，而是集中精力解决问题。
17	管理者善于挖掘各层次员工的领导才能。
18	管理者鼓励员工提出自己的意见和建议。
19	员工为自己是组织的一员而感到自豪。
20	组织中各个部门团结协作，凝聚力强。
21	需要改进的领域，管理者总是给员工提供积极的反馈和指导。
22	管理者在迎来送往上一切从简。
23	管理者体谅员工在工作过程中存在的实际困难，并且想方设法帮助解决。
24	管理者在员工分工上充分考虑他们的优势和弱点，做到人尽其才，合理安排。
25	管理者清楚地告诉员工他们在单位中的作用和所作出的贡献。
26	员工清楚地知道自己在组织中所扮演的角色。
27	员工很清楚自己期望的是什么。
28	管理者把职工培训当作大事来抓。
29	厉行节约在组织中已经达成共识。
30	管理者具有雷厉风行的工作作风。

资料来源：本研究整理

3. 结果解释

根据得分结果，若得分高于65分表明员工对所在组织的组织文化持肯定态度，若得分低于40分，表明组织的组织文化亟须改进。

（四）组织文化类型

1. 问卷内容

组织特征问卷调查表可用于测试组织文化类型，见表7.6。

表7.6　评估组织的文化问卷

评估组织的文化，针对下面的陈述，指出你同意或不同意的程度。首先，先决定你所要分析的单位是整个组织、一个事业部、一个部门，或是一个小的工作团队。若想辨识你所属的各种文化，你可能需要依据分析的单位一一测试。

陈述	非常不同意	不同意	不置可否	同意	非常同意
1. 我现在所评估的团队（组织、事业部、单位工作团队）非常清楚它的企业目标	1	2	3	4	5
2. 人们打从心底互相喜欢	1	2	3	4	5
3. 人们遵从清楚的工作方针和指示	1	2	3	4	5
4. 人们相处得很好，没有争论	1	2	3	4	5
5. 不好的绩效表现，会迅速、严格地被处理	1	2	3	4	5
6. 人们经常在工作外进行社交	1	2	3	4	5
7. 团队表现出强烈的求胜心	1	2	3	4	5
8. 人们因为喜欢对方而帮助他	1	2	3	4	5
9. 有机会占据竞争优势时，人们果断地行动	1	2	3	4	5
10. 人们交朋友纯粹是为了友谊，而不是为了其他的目的	1	2	3	4	5
11. 有共同的策略目标	1	2	3	4	5
12. 人们会向别人吐露私事	1	2	3	4	5
13. 人们建立长期而密切的人际关系——有一天或许会从中获利	1	2	3	4	5
14. 赏罚分明	1	2	3	4	5
15. 人们对其他人的家庭状况很熟悉	1	2	3	4	5
16. 团队要打败的敌人很明确	1	2	3	4	5
17. 人们被鼓励去完成工作，方式不限	1	2	3	4	5

续表

陈述	非常不同意	不同意	不置可否	同意	非常同意
18. 达成目标是唯一重要的事	1	2	3	4	5
19. 为了完成工作，你可以在系统里运作	1	2	3	4	5
20. 开始实行的项目都被完成	1	2	3	4	5
21. 当人们离开时，同事会保持联络	1	2	3	4	5
22. 工作职责很分明	1	2	3	4	5
23. 人们相互维护	1	2	3	4	5

资料来源：王吉鹏，李明．企业文化诊断评估理论与实务［M］．北京：中国发展出版社，2005.

2. 计分规则

问卷评分计算结果：

问题 2 + 问题 4 + 问题 6 + 问题 8 + 问题 10 + 问题 12 + 问题 13 + 问题 15 + 问题 17 + 问题 19 + 问题 21 + 问题 23 得分相加，即为社交性的分数。

问题 1 + 问题 3 + 问题 5 + 问题 7 + 问题 9 + 问题 11 + 问题 14 + 问题 16 + 问题 18 + 1 问题 20 + 问题 22 + 问题 23 得分相加，即为团结性的分数。

3. 结果解释

上面问卷的得分，显示了你所属团队的文化（见图 7.4）。

每一个正面形态的背后都隐藏着黑暗面，这意味着不管是社交性或团结性，都可能有负面的导向。

社交性为组织带来正面的利益，高度友善的互动，是社交性最重要的一个表现。但是在评估组织是正面或负面形态时，所要问的关键问题是：这些友善互动结果是什么？以下是几种可能的结果。例如：人们互相交换构想、共享信息，并在同事有需要时给予协助。很多友善互动既没有对组织产生利益也没有造成伤害。有许多的谈话而没有行动。在负面的网络型组织中，人们经常抱怨会议冗长而无益，每个人在寻找他们不能得到的共识，因此会议没有正面的结果。另一种情况是，高度友善互动对组织产生了负面的效果。八卦信息很多，人们不断结党营私。最糟的情况是，人们其实一点都不喜欢对方，却假装是伙伴。这是负面社交性的极致。

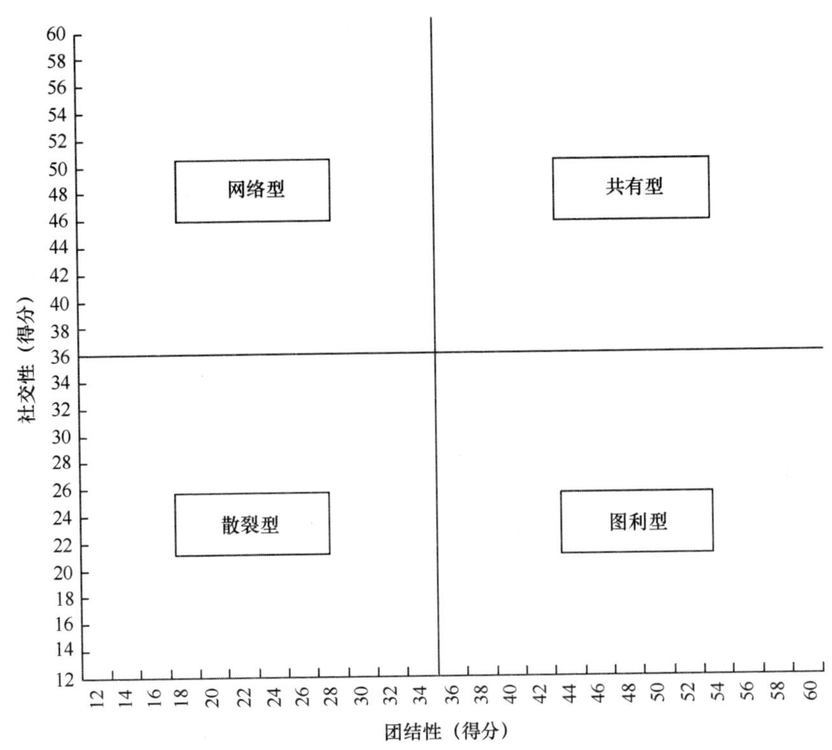

图 7.4　所属团队的文化示例

资料来源：王吉鹏，李明．企业文化诊断评估理论与实务［M］．北京：中国发展出版社，2005.

团结的行为对组织而言同伴有利有弊。当这些行为有益时，个体的活动帮助组织往目标迈进，并维护共同的利益。对组织的目标与外敌有广泛的共识。当团结行为只对组织内小部分团体有利益时，人们罔顾整体利益，只追求自己团体的目标。他们坚决要达到目标，即使那会对整个企业造成伤害。举例而言，地区分公司可能牺牲企业的品牌或声誉，已达到以下目标下限。最具杀伤力的情况的是，团结的行为与态度是装出来的。生活真的像一场战争，所有人都卑鄙、残酷，为近利而互相对抗。

同时，下面这一工具可以用来判断组织文化现实的特色是正面还是负面的，见表 7.7。

表 7.7　组织文化显示的特色问卷

文化形态	非常不同意	不同意	不置可否	同意	非常同意
网络型					
1. 在这里有许多八卦消息	1	2	3	4	5
2. 紧密的关系有助于人们迅速沟通	1	2	3	4	5
3. 发表会都是作秀，没有实质内容	1	2	3	4	5
4. 人们不允许规则限制他们，他们跨越了官僚体系	1	2	3	4	5
5. 友谊经常阻止了人们作出严厉的决定	1	2	3	4	5
6. 友谊意味着即使公司状况差，人们还是会留下来	1	2	3	4	5
图利型					
1. 绩效评估系统使得人们以阴险的手段恶性竞争	1	2	3	4	5
2. 人们最在意的是个人的目标，其次才是整个组织的绩效	1	2	3	4	5
3. 人们花很多的时间调查自己在敌对公司眼中的价值	1	2	3	4	5
4. 成功或者失败的定义明确，是共识且公开化的	1	2	3	4	5
5. 公司各部门由于太专注于达成自己的目标，而损失了需要合作才能得到的商机	1	2	3	4	5
6. 事情的优先级可以很快地被决定，其他人亦坚决遵从	1	2	3	4	5
散裂型					
1. 个人可以不受干扰，单独去做自己的工作	1	2	3	4	5
2. 人们很少将其他人视为同事	1	2	3	4	5
3. 组织的成功主要是个人成就的总和	1	2	3	4	5
4. 人们回避会使整个组织获益的例行工作和活动	1	2	3	4	5
5. 规则或者会议很少阻碍到工作	1	2	3	4	5
6. 人们试着避开同事	1	2	3	4	5
共有型					
1. 团队中拥有获得成功所需的资源与信息					
2. 人们向其他人质疑我们要做些什么与如何去做					
3. 组织的领导人几乎是不可替代的	1	2	3	4	5
4. 人们强烈地认同、实践某种价值观	1	2	3	4	5
5. 人们有自信，对未来有信心	1	2	3	4	5
6. 全体成员会讨论及分享构想	1	2	3	4	5

资料来源：王吉鹏，李明. 企业文化诊断评估理论与实务［M］. 北京：中国发展出版社，2005.

如果在1、3、5项目得到高分，表示你的文化是负面型；在2、4、6项目得到高分，表示你的文化是正面型。

（五）组织文化评价量表

组织文化评价量表，即OCAI量表是Cameron和Quin于1998年提出的。（详见第三章第二节与第六章第二节内容）。

（六）仁达方略的综合评估诊断系统

仁达方略是于1995年成立的一家管理咨询公司，该公司在OCAI量表的基础上开发了组织文化诊断与评估工具。领导者企业文化倾向评估问卷是其开发的基础评估工具之一。

1. 问卷内容

领导者企业文化倾向评估问卷（Leader's Preferred Culture Assessment Instrument，L－PCAI）是仁达方略企业文化诊断与评估系统中的基础评估工具之一，见表7.8。

表7.8　L－PCAI问卷

管理特征	现在	将来
XX公司中充满活力和事业心，员工愿意接收和承担风险	B	
XX公司的组织结构明确，控制系统完善。员工的工作完全按照规章制度	D	
XX公司注重工作的完成和工作结果，员工也看重竞争和成就	C	
XX公司像一个大家庭，存在个性化的空间，员工们能够同甘共苦	A	
总分	100	100
组织领导	现在	将来
XX公司领导是员工的导师、看护者或促进者	A	
XX公司领导就是企业家、创新推动者或改革者	B	
XX公司领导是公司的协调者、组织者和改善公司运营效率的人	D	
公司领导是实际主义者，干劲十足、只问工作结果	C	
总分	100	100
员工管理	现在	将来
高度竞争、高要求、高成果是XX公司管理中的特点	C	
XX公司的管理是以团队、参与管理和取得共识为主	A	
XX公司寻求雇佣和员工关系的稳定性、员工行为的一致性和可预知性	D	

续表

管理特征	现在	将来
XX公司的管理中充满个人冒险主义、自由、创新和独特性	B	
总分	100	100
组织凝聚力	现在	将来
XX公司的凝聚力来自于正式的规定和政策，保持组织平稳运行非常重要	D	
完成目标和重视成就形成了XX公司的凝聚力，进取和获胜是XX公司的主旋律	C	
XX公司的凝聚力来自于注重个性和发展，XX公司的关注点是消除边界，融为一体	B	
忠诚和项目信任是XX公司凝聚力的来源，员工承担义务对XX公司非常重要	A	
总分	100	100
战略目标	现在	将来
XX公司重视人员的发展、高度信任、开放和持续参与	A	
XX公司重视持久和稳定，强调效率、控制和平稳运行	D	
XX公司重视获得新资源和创造新的挑战，鼓励为寻找机会而尝试新事物	B	
XX公司强调竞争性行动和成就，最重要的是达到目标和在市场中获胜	C	
总分	100	100
成功标准	现在	将来
成功就是XX公司在市场上获胜、超过竞争对手，成为市场竞争的领导者	C	
成功意味着XX公司有最新或独特的技术或服务，是技术、服务的领导者和创新者	B	
在人员发展、团队、员工承诺和关注员工的基础上才会有XX公司的成功	A	
效率是XX公司成功的基础，关键是可靠的传递、顺畅的计划和低成本	D	
总分	100	100

注：本问卷中“现在”一栏表示公司目前的真实现状，“将来”一栏是您希望五年后的状况

资料来源：王吉鹏，李明．企业文化诊断评估理论与实务［M］．北京：中国发展出版社，2005.

2. 计分规则

问卷填答者为企业的高层领导。每道问题含四个陈述，总分为100分，请您将符合现状及将来预期的分值添入相应陈述后面的空格中，分值越高表示这一项更符合情况，在回答任何一项时可以出现0分或100分。例如：四项得分为：30、54、0、16，也可以为：100、0、0、0，但总分为100分。

3. 结果解释

L－PCAI 根据六个方面来评估领导者的企业文化倾向：管理特征、组织领导、员工管理、组织凝聚、战略目标以及成功标准。问卷共有六个维度 24 个测试条目，每个维度下有四个陈述句，分别对应着四种类型的企业文化。对于某一特定企业来说，分别在它某一时点上的企业文化是四种类型文化——宗族型、活力型、层级型和市场型——的混合体。

各种类型文化特征的表现：

宗族型（Clan）——企业内部有非常友好的工作环境，强调组织凝聚力和团队士气，重视关注客户和员工，鼓励团队合作、参与和协商。

活力型（Adhocracy）——企业内部有充满活力的、有创造性的工作环境。员工勇于争先、创新和承担风险，鼓励个体的主动性和自主权。

层级型（Hierarchy）——企业内部有着非常正式的、有层次的工作环境，各级员工的工作行为活动都有章可循，关注的长期目标是企业运行的稳定性和有效性。

市场型（Market）——企业内部有一个竞争性十足的工作环境，关心剩余和成功，关注富有竞争性的活动和对可度量目标的实现。

如图 7.5 所示，对角线上的数字分别是在宗族型、活力型、市场型和层级型上的得分。其中 A 象限：宗族型；B 象限：活力型；C 象限：市场型；D 象限：层级型。

（七）组织文化年度自我评估问卷

每年至少进行一次关于企业文化的调查来了解员工对公司的满意程度是一个很好的方式。定期地进行企业文化调查，能够帮助公司尽早认识到存在的问题，并在这些问题对公司产生负面影响之前将其解决。同时，调查结果也可以指明公司的优势、培训需求以及存在的挑战，也可以作为对部门企业文化管理工作的年度考核指示。

很多常规的企业文化调查工作都冗长、复杂、成本较高且不易进行评分。这份由 12 个问题组成的调查问卷易于理解，而且只需要花费 30～45 分钟的时间可以完成。这份问卷既适合口头调查，也可以转化为书面调查，这样，公司员工就能够以不记名方式完成调查内容。

每个问题的设计都基于快速、准确地反映公司的企业文化。这些问题是基于健全的、成功的团队的特征提出的，因此得分越高，答案越一致，说明员工对公司越满意。

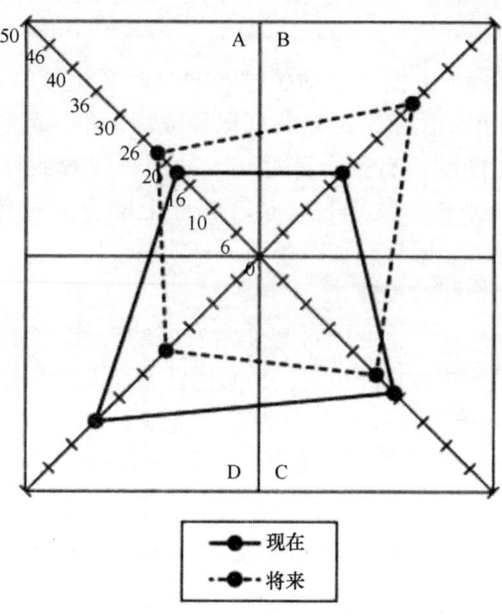

图 7.5　L－PCAI 企业文化特征矩阵示意图

资料来源：王吉鹏，李明．企业文化诊断评估理论与实务［M］．北京：中国发展出版社，2005.

1. 问卷内容

企业文化年度自我评估问卷

调查者姓名：________________ 答卷人姓名：______________

工龄：______________________ 所在部门/职位：____________

企业文化年度自我评估问卷中计分方式为，1 代表从不、2 代表偶尔、3 代表有时、4 代表经常、5 代表总是，回答下列问题。

（1）我清楚的知道自己在组织中所扮演的角色或所从事的工作，我也很清楚我期望的是什么。________分

（2）我拥有充分的信息来正确地完成工作。________分

这些信息来自于其他员工？__________________

这些信息来自于部门领导或公司领导？__________________

（3）我了解组织的发展目标。________分

使命是什么？__________________

价值观是什么？____________________

（4）组织领导关注并满足员工的需求。________分

你所在部门领导之间是这样的么？____________________

（5）组织中不同部门之间会进行众多的团队协作。________分

（6）组织中工作的条件能够促进工作效率的提升。________分

（7）在提升的机会面前，员工一律平等。________分

你是否受到公平对待？____________________

（8）在工作过程中，我会充分运用自己的积极能动性来取得成绩。______分

（9）我的想法和建议受到重视和鼓励。________分

（10）我所做出的成绩得到了别人的称赞和重视。________分

（11）在那些需要改进的领域，别人给我提供积极的反馈和指导。________分

（12）员工的士气和效率不高。________分

什么事情会对组织的士气和效率产生极大影响？________

2. 计分规则

评分表分别记录每个员工对每个问题的得分。比如第一个问题，组织中5名员工的得分分别是3、4、3、5、2，那么这个问题的平均分就是3.4。据此可计算出每个问题的平均分。

3. 结果解释

这12个问题的平均分，能够帮助了解员工的满意度，也可以用来评估组织文化、员工队伍的士气和信心。

某一问题的平均分是3.6分或更低，表明这方面需要改进；平均分为3.7~4.1分，表员工的满意程度良好；平均分为4.2分或者更高，表明员工对公司非常满意。

以第一次调查结果作为分数基准，通过历次调查关注每一次改进，并做出部门企业文化管理的评估和考核。

每个问题要评估的内容

（1）我清楚地知道自己在公司中所扮演的角色或所从事的工作，我也清楚我期望的是什么。

这个问题评估员工对自身所起作用的理解程度。

（2）我拥有充分的信息来正确地完成工作。这些信息来自于其他员工？

这些信息来自于部门领导或公司领导？

这个问题评估组织内部的信息沟通情况，并确定员工获取信息能力大小，进一步还可以了解公司的一些信息是否不为人知或传递受阻。

（3）我了解组织的发展目标。使命是什么？价值观是什么？

这个问题评估组织员工是否明白公司存在的原因，以及他们对公司价值观的认识，为完成使命的努力程度。例如，员工是认为“我们这么做仅仅是为了快速致富”，还是看好一个更大的发展前景？

（4）组织领导关注并满足员工的需求。你所在部门领导之间是这样的么？

这个问题评估员工在某种程度上认为组织领导和整个组织能够了解并满足他们的需求。同时能够了解到员工对各种制度的看法，比如，弹性工作制以及其他一些制度和福利。

（5）组织中不同部门之间会进行众多的团队协作。

这个问题评估不同部门、不同团队之间进行团队协作的数量与质量，也能够说明不同部门之间的沟通情况。

（6）组织中工作的条件能够促进工作效率的提升。

这个问题能够说明哪些工作条件促进了工作效率的提升，哪些妨碍了效率的提升。有时候，一项小的投资，比如给办公室买一个冰箱或者换掉一台坏的复印机，都可能对员工的工作效率产生巨大影响。

（7）在提升的机会面前，组织员工一律平等。你是否受到公平对待？

这个问题衡量提升机会和程序的公平程度。同时也能够确定员工是否明白，提升机会到底是基于个人业绩，还是基于其他因素，例如，个人能力的多样性。

（8）在工作过程中，我会充分运用自己的积极能动性来取得成绩。

这个问题考察员工的赋能情况。同时也可以考察组织领导是如何看待授权的，在管理上面面俱到，还是让个人和团体进行自我管理。

（9）我的想法和建议受到重视和鼓励。

这个问题可以用来确定员工的创新想法和贡献，是否能够受到组织和组织领导的重视和尊重；同时也可以用来评估各种解决方案的结果。

（10）我所做出的成绩得到了别人的称赞和重视。

这个问题让我们明白，员工是否觉得他们得到了充分的称赞、承认、和奖赏，以及这些承认和奖赏对他们的影响。

（11）在那些需要改进的领域，别人给我提供积极的反馈和指导。

这个问题可以用来确定部门领导在提供积极的反馈和指导方面是否具备

高超的技能。

（12）员工的士气和效率不高。什么事情会对公司的士气和效率产生极大影响？

二、分项诊断工具

除了综合性诊断工具外，已有研究中还提供了许多分项诊断工具，对于小型的图书馆组织文化诊断，或者有具体要求的组织文化诊断来说，这类成熟的问卷和量表很有帮助。

（一）组织性格调查问卷

1. 问卷内容

组织性格调查问卷共有 50 个题项，可用于测量组织的性格类型，见表 7.9。

表 7.9　组织性格调查问卷

题号	题目
1	管理者害怕受到人或事的支配。
2	管理者之间缺少有意义的交流和沟通。
3	尽管表面上人们对待表扬、批评或别人的感觉不以为然，实际上这么做是为了不被伤害而给自己戴上面具。
4	由于管理者心中有隐藏的动机和特别的想法，他们极易误解并歪曲他人的行为，把小事复杂化。
5	从表面上看，管理者很热心、有魅力，但是他们不忠诚，没有同情心，不为他人着想。
6	管理者的首要任务是主宰并控制可以对他们的生活产生影响的人和事。
7	企业多年一直沿用同样的技术和竞争模式，制定了劳资协议、限制性的贸易惯例以及详实的价目。
8	企业总是把注意力放在内部的个人抱负上，每个人都去迎合顶头上司的口味并尽力满足自己的愿望。
9	管理者将注意力集中在非常狭小的范围内，给人的影响是冷淡、理智、不易感情用事。
10	员工们受到一种不寻常的兴奋和刺激的驱使，经常缺乏自律，注意力不集中，行为表现过分。
11	管理者因为追求完美而妨碍了他们纵观全局的能力。
12	企业大都是那些组织良好、为成熟健全的组织服务的。

续表

题号	题目
13	管理者们会制造一些障碍来阻碍信息的自由流通。
14	当管理者感到受迫害、不被信任的时候，就会对员工采取充满敌意的行为以求自卫，甚至会伤害或攻击员工。
15	管理者有很强的权力感。
16	陌生的东西会使管理者变得不安，他们认为事物的形式重于实质。
17	人们所完成的工作都是那些日常计划好的，不需要太多主动性的工作。
18	管理者的主动性会因为反对派的干扰而被打消或挫伤。
19	员工都很惧怕高层管理人员。
20	当管理者对权力成功和地位的幻想破灭时，可能会变得很生气，可能会采取迁怒于他人的行为。
21	管理者由于担心犯错误，破坏以前的效率，对一些实质性的问题迟迟不作出决定。
22	企业的可变度低，没有经历真正意义上的竞争，加之客户的单一性，使管理工作变得非常简单。
23	管理者极少关心企业文化的维持。
24	管理者只雇用、奖励、提拔那些和他观点相近的人。
25	员工倾向于把管理者理想化，即忽略他们的错误，强调他们的优点。
26	尽管管理者给人的影响是勤勤恳恳，但是他们的行为让人感到呆板、重复而且缺少创造力。
27	对企业的控制是由正规的计划和政策来完成的，而非通过管理者的主动性要求进行的。
28	由于和工作无关的活动越来越具有吸引力，愿意工作的管理者更少了。
29	和管理者意见相左的员工不论业绩如何，总是不被信任。
30	员工极度地依赖理想化的管理人员，感觉需要支持、赞同和迎合他们。
31	企业中，管理者和员工之间存在着高度的不信任。
32	变革的建议会受到抵制。
33	管理者对日常工作感到厌倦。
34	在个人与个人、部门与部门或者下属与下属之间形成了对抗性的关系，协调工作难以进行。
35	管理者因受到员工的恭维和崇拜而感到精神焕发。
36	管理者对丧失控制权的关注会剥夺员工的判断力、主动性、参与性、责任感和热情。

续表

题号	题目
37	企业很少去发现市场上的主要威胁和薄弱点。
38	人们因为害怕在社会中变得堕落，坚决不允许自己和他人在情感上发生任何关系。
39	管理者通过复杂的信息处理系统发现来自政府、竞争者和客户的威胁。
40	企业给人的感觉是过度的活跃，容易感情用事，充满冒险色彩，危险地放纵自身的举动。
41	高层管理者全神贯注于控制企业员工、企业运作和外部环境。
42	高层领导的漫无目的和冷漠排除了任何给企业指明方向和目标的可能。
43	人们在认知和情感上的缺陷使自己感觉不到身处孤立的状态。
44	重要的管理者认为不信任他人比控制信息的传递更安全。
45	管理者权力高度集中，他们在缺乏广泛支持的情况下，往往会赋予一些重要的人特权，让他们大胆地采取一些冒险的举动。
46	企业监视着内部发生的一切，避免出现意外的事。
47	管理者花费大量时间去做日常的琐事，推迟作出重要的决定。
48	人们总是渴望与他人有密切的联系，并得到社会的认可。
49	管理者不信任他人，高度敏感和警觉，隐匿、嫉妒、充满敌意。
50	决策者选择市场时有进有出，对待产品喜新厌旧，总是用企业的相当一部分资金去冒险。

资料来源：本研究整理

2. 计分规则

每个选择项选择是代表符合实际情况，并计 2 分。选择否说明不太符合实际情况，并计 1 分。测验题目按照强迫型（1，6，11，16，21，26，31，36，41，46）、沮丧型（2，7，12，17，22，27，32，37，42，47）、分离型（3，8，13，18，23，28，33，38，43，48）、怀疑型（4，9，14，19，24，29，34，39，44，49）和戏剧性（5，10，15，20，25，30，35，40，45，50）划分组织性格类型。

3. 结果解释

不同类型的组织性格其组织特性、管理风格、文化特色和战略结构有所不同，见表 7.10。

表 7.10 组织类型分析表

类型	强迫型	沮丧型	分离型	怀疑型	戏剧型
组织特征	①规定严格正规，信息系统详尽，评估程序形式化；②组织全面准确，管理者靠实干起家。	①形式主义、官僚作风、缺乏灵活性；②等级观念严重，内部沟通不畅，抵制变化。	注重内部情况；对外部环境了解不够；自己设置障碍使信息流通不畅；	信息处理过程很细致；充分分析外部趋势；权力集中。	高度的集中化阻碍了信息系统的有效发展；对丰富的产品和广阔的市场而言过于原始；在第二管理层缺少影响力。
管理风格	①喜欢自上而下地控制企业；②要求员工严格遵守规则；③固执而教条；④对完美主义着迷，管理中喜欢细致，按常规行事、讲效率、因循守旧。	缺乏自信；受自尊问题的困扰；对成功漠不关心。	自闭；对现在和未来不感兴趣；有时对表扬和批评不在乎。	警惕性高，准备反击进攻和个人的威胁，过于敏感；对他人不信任，多疑；为确保完全的控制而过于注重细节和规则；渴望得到信息，有时具有报复性。	寻找关注；渴望激情和刺激；被权力所打动；易走极端。
文化特色	①严格，内向，孤立；②员工顺从，缺乏创造性；③不可靠。	缺乏主动意识；缺少动力；不注意市场；以领导真空为特征，有回避反应行为。	缺乏热情和激情；充满矛盾；受不安全感困扰；用欺诈手段获取权力。	奉行不战而退的模式，依赖他人，害怕受到攻击；强调信息的作用；鼓励威胁、一致和缺少信任。	符合员工的依赖性和首席执行官的保护倾向，以“崇拜”和“模仿”为特征；管理者能够激励下属的主动性和士气。
战略结构	①计划精密，重点突出；②评价全面；③反应迟钝，适应性差；④依靠狭隘的、固有的主题；⑤受到战略片面性的困扰。	受“决策恐惧”的困扰；注重内部情况；缺乏对变化的市场条件的警惕；没有目的地制定战略；固守成熟而陈旧的市场。	优柔寡断，犹豫不决；自相矛盾。	被动、保守；过于重视分析、变化和秘密。	过于主动、冲动、冒险和无所畏惧；倾向大胆的管理；变化与发展不够协调；鼓励因行动而行动的动机；建立在不参与的决策基础之上。

资料来源：本研究整理

各种性格类型及在组织运作中的作用：

（1）强迫型性格：

管理者一旦达到事业的顶峰，时常会出现该性格。他们在某些管理方面可能做得很出色，但他们企业管理的效果显得很严酷。他们害怕受到人或事的支配。他们认为首要的任务就是主宰并控制那些对他们的生活产生影响的人和事。他们将人与人之间的关系视为主宰和屈从两种：在大权在握时，他们要求员工按自己的方式行事；当面对上级时，则毕恭毕敬、迎合奉承。他们追求完美，缺乏纵观全局的能力。他们的共同特征就是过于注重细枝末节，教条而且固执；过于关注秩序、组织和效率。他们关心的都是些琐碎小事和条条框框，工作缺乏主动性。他们认为事务的形式重于实质，陌生的东西会让他们感到不安。他们担心犯错误，对一些实质性的问题迟迟做不出决定。他们给人的影响是勤勤恳恳，但其行为又让人感到呆板且缺少创造力。他们有时宁可舍弃娱乐和发展有益的人际关系，也不忘全力以赴投入到工作中去。在强迫型的企业中，管理者更希望依靠正规的管理措施和直接的监督来进行协调，而不是依靠善意、共同的目标或者整个组织的智慧。这样，管理者和员工间就存在着高度的不信任，所以每一次决策都会有怀疑和操纵的含意。管理者对丧失控制权的关注自然会剥夺员工的主动参与性、判断力、热情和责任感。

官僚型组织文化刻板、没有个性，高层管理者全神贯注于控制企业员工、企业运作和外部环境。高层管理者通过涉及面广的政策、细致的运作程序和对工作任务与员工管理的具体要求等许多措施来控制企业，而非个人指导。

强迫型企业的内聚性也反映在企业的战略决策上。企业喜欢领导市场潮流，即使市场条件不合适，也会不断推出新产品。由于企业的内聚性妨碍了决策者纵观全局，因此很难做出改变。因此，企业又成为设备陈旧、产品质量低下的企业，失去了通过更新技术，达到在成本和质量上居于领先地位的机会。

强迫型企业监视着企业内部发生的一切，避免出现意外。高层管理者从来也不愿放弃对企业的控制。企业中，那些循规蹈矩的管理者比较得意，而独立型的管理者则无用武之地。企业的策略取决于管理者的强迫性，他们不欢迎讨论的形式，不以客观的、适应性的要求为依据。

强迫型企业强调正规管理和信息系统的作用。在强迫型企业中，管理是用来监督企业的生产效率、成本、计划和项目完成表现等内部运作的，它可以使企业的运作标准化，使企业的策略和措施正规化。这些策略包括生产和市场动向、着装规定、会议安排及员工的态度等。

强迫型组织每一个细节都是预先计划好并按常规实施的，其运作模式具有高度的程式化和内聚力，特别重视运作程序的全面性、完整性和一致性。

过度强迫型组织的弥补方法：

打破现有的官僚体制，深入研究客户和市场，根据需要作出积极反应；计划应该多样化；在研发项目上进行投资；鼓励企业家精神和战略性的创新；向在某一领域处于领先地位的企业看齐。

（2）沮丧型性格：

具有沮丧型性格的人的全部生活就是无助和绝望。如果企业有个沮丧型领导，那么企业文化的最大特征就是逃避。首席执行官给企业创造了一种消极、毫无生气的气氛，其他管理者也照此去做。这里有两种情况：一是因为管理者自己的个性造成郁闷的氛围；二是有外力的作用（如企业管理者的流失或更替，导致正常的领导失去控制能力、权威和主动性）。企业中弥漫着一种逃避的文化，管理者动机不明，将企业看作需要定期投入原料的机器，只进行最小化的管理，时常出现故障。管理者之间缺少有意义的沟通，即使企业遇到麻烦，也照旧进行。

沮丧型企业的特征：消极、缺乏自信、极度保守、孤立狭隘、没有目标。他们要完成的都是已经计划好的、不需要太多主动性的工作。

首先，多数沮丧型的企业都是那些组织良好、为成熟健全的其他企业服务的。他们多年沿用同样的技术和竞争模式，制定了劳资协议、限制性的贸易惯例以及详实的价目。企业的可变度低，没有经历真正意义上的竞争，加之客户的单一性，使管理工作变得非常简单。

其次，在沮丧型的企业中，权力集中、权力的大小由职位决定，权力并没有发挥出非常重要的作用。不通过管理者的主动性要求而由正规的计划和政策来完成对企业的控制；变革的建议受到抵制；高层管理者都认为自己能力有限，所以采取行动会受到限制；他们不能控制事件的发展，无法使企业焕发活力。

最后，沮丧型企业喜欢安于现状，很少去发现市场上的主要威胁和弱点，企业发展停滞，死气沉沉，对信息疏于收集。高层管理者从来没有清楚地考虑过战略问题，他们的无目的性和冷漠无法给企业指明方向和目标，企业也就不可能有重大变化。管理者花费大量精力去处理日常琐事，重要的决定老是推迟作出。

过度沮丧型企业的弥补办法：为领导力重新注入活力；重新确定战略方向；引入并关注有出色表现的企业文化；简化企业运作程序；提高产品质量和服务水平；对客户的需要作出更积极的反应；向业绩出色的企业看齐。

（3）分离型性格：

有分离型性格的人认为外部世界不能给他们带来满足感，与他人的交往结果只能是失败和对自己造成伤害，保持距离是更好的选择。逃避型和精神分裂型是社会分离的两种形式。带有逃避性格的人多疑，不愿意和他人有过分亲密的接触，但又渴望与他人有密切的关系并得到社会的认同。有精神分裂倾向的人在认知和情感上的缺陷使自己感觉不到身处孤立的状态。两种人在社会中都表现为犹豫不决、反应迟钝。

不参与和退缩是分离型的特征。分离型的人因为害怕在社会中变得堕落，坚决不允许自己和他人在情感上发生任何联系；他们更喜欢独处，认为没有交流的需要；为了不被伤害，他们表面上对待表扬、批评或别人的感觉不以为然。这样的结果总是躲避、情感的冷漠、无法表达自己的热情、拒绝和别人有任何的联系。有分离型行为的管理者对日常工作感到厌倦。因为和工作无关的活动越来越有吸引力，愿意工作的管理者更少了。

放弃自己责任的管理者通常会制造出政治性的企业文化。分离型的管理者避免和他人接触，把权力下放给第二级的管理者，而后者对领导的职权和责任不很清楚，又变成了“游戏玩家”，要花很多精力同其他部门的“对手”争权夺位，为提高个人影响力寻找机会。这经常会产生协调、合作、部门间的竞争以及决策犹豫等问题。他们极少关注内在化和企业文化的维持。

在精神分裂型的企业中，战略决策是由追求名利地位的第二级管理者组成的易变的联盟作出的，他们都想影响犹豫不决的领导，同时还要经营他们自己的小权力。企业在某一领域做出一些成绩后，由于新的领导上任又转向另外一个领域，管理者的主动性会受到反对派的干扰。

企业分裂的本质阻碍了有效的合作与交流。信息不是进行有效适应的载体，而是一个权力的源泉。管理者们会制造一些障碍来阻碍信息的自由流通。企业缺少外部商业环境的信息，总把注意力放在内部的个人抱负上，每个人都去迎合顶头上司的口味并尽力满足自己的愿望。第二级的管理者则忽略了对他们的行为进行思考或者同管理者意愿相矛盾的现实世界的事情。

过度分离型企业的弥补办法：使领导力重新焕发出活力；创造出战略重点，重视企业文化的活动，改善企业内部的信息流通，增强对外部的商业环境的反应能力。

（4）怀疑型性格：

其首要特征就是不相信任何人，时刻保持警惕，防范任何真实的或现象中的攻击。

其领导风格的主要特征：不信任他人，高度敏感、隐匿、充满敌意。其管理者总是时刻准备着对观察到的威胁进行反击。他们对他人的攻击会迅速地做出愤怒的反应。他们心中有隐藏的动机和特别的想法，极易误解并歪曲他人的行为，把小事复杂化。怀疑型的管理者总是希望玩弄些有“事实”证明的骗人的伎俩。他们只将注意力集中在狭小的范围内，给人的影响是冷淡、理智、不易感情用事。这种类型的高级管理者常会导致妄想狂式的企业失常行为。

在怀疑型企业中，领导与下级的关系总有一种迫害的倾向。当领导感到受到迫害、不被信任的时候，就会对员工采取充满敌意的行动以求自卫，甚至会伤害员工。怀疑型领导通过两种极端方式中的一种来表现这种敌意：

第一，通过严格的管理、严格的规定和制约以及严厉的处罚以实现紧密的控制，这剥夺了底层管理者的主动性，伤害了他们的自尊心，增强了与领导争辩的可能性。由于没有发展的机会，很多大有前途的管理者都离开了企业。

第二，做事极具进攻性，特别是对那些敢于表达自己想法的下属更是如此。进攻型领导紧握权力不放，总会在各种“交易”中取胜。这样，生活在企业中的人会感到自己时刻受到监视，士气大伤，生产力也会下降。

怀疑型的高层管理者对事物的不信任与怀疑也反映在企业文化上。在企业文化中，员工都很惧怕高层管理人员。企业中弥漫着害怕遭到攻击的气氛，企业花很多精力用来寻找可以指责的敌人。领导和下属都认为对方非好即坏，要么行为符合组织的利益，要么和他们作对。当这些敌人渐渐成为目标时，组织的成员就可拒绝承担自己行为的责任，也不屑调查自己的弱点；他们就会兴致勃勃地对敌人进行分析，并直截了当地采取竞争的策略。管理者动员企业的力量来对付这些敌人会使企业员工坚信他们行为的正确性。这样一来，妄想狂式的企业文化就会蔓延开来。怀疑型的领导只雇用、奖励和提拔那些跟自己观点相近的人。不论在组织的业绩如何，只要和领导意见相左的人，总是不被信任。这样的结果就会使他们晋升的机会被领导忽视或干脆拒绝。

怀疑的气氛影响到了人与人和企业部门之间的关系。那些对计划或问题了如指掌的人会把他们的信息储存起来或者当做商品进行交换。现在，在个人与个人、部门与部门或者下属与下属之间就形成了一种对抗性的关系，使协调工作难以进行。

在怀疑型的企业中，管理者的不信任会转嫁到对企业智能和控制的重视上。管理者通过复杂的信息处理系统发现来自政府、竞争者和客户的威胁。他们利用预算机制、成本中心、利润中心、成本会计等方法来控制企业内部的活动。这些信息处理方法反映出企业的管理者总是时刻保持着警惕，以应对突发情况。这就需要产品多样化，以降低过分依赖一种产品所带来的危险。但是，由于产品的多样化要求有更精细的控制与信息处理机制，实际上会使企业更加不切实际地妄想。企业中的妄想狂一旦碰到市场萎缩、强有力的竞争对手进入市场等因素，就会变得多疑、恐惧，惊慌失措。

这种妄想狂也影响决策。由于“程式化的怀疑”导致了对敌人的永久印象，从而造成了一种固定的模式；用这种一成不变的眼光去看待人和物的领导不能够观察到微小的变化，他们的决策方式也很死板，而且，重要的管理者认为不信任他人比控制信息的传递更安全。他们共享信息，齐心协力地发现企业中存在的问题，并选择解决问题的各种方法。如果做法适度，就能够产生积极的效果；如果做过了头就会导致很多问题。

对事物过分怀疑的企业的弥补办法：简化决策和报告机制；促进信息共享，将秘密降低到最小化；鼓励开展有助于增强信任的活动；以更积极的态度进行战略决策。

（5）戏剧型性格：

引起他人的关注和对宏伟气势的幻想是戏剧型的核心需要。戏剧型的个人对给别人施加影响和引起别人的注意的需求很强烈。因此，他们经常夸大个人的才能和成就，展示自己的情感。由于受到兴奋和刺激的驱使，他们经常缺乏自律，注意力不集中，行为表现过分。

许多戏剧型的个人权力感很强。他们从表面上看很热心、有魅力，却不忠诚，没有同情心，不为他人着想。他们往往以假定的态度看待和利用他人，关系不稳定。管理者对权力和显赫地位的幻想一旦破灭，就可能变得恼怒，甚至采取报复行为。

戏剧型的管理者经常会在企业中产生具体的角色群。他们通过独立的个性结构吸引员工的注意。行为倾向性和领导的宏伟的风格很适合没有安全感的员工的需要，从而使员工们在服从上级领导的需要的同时也能够承担起企业中的重要领域的工作责任。其结果通常如下：

员工倾向于把戏剧型管理者理想化，忽略它们的错误，强调他们的优点。他们极度地依赖理想化的管理者，感觉需要支持、迎合他们。由于员工很想受到领导的鼓励，害怕领导批评，所以很容易被管理者控制和操纵，而这正是戏剧型管理者所喜欢的。管理者很希望受到员工的恭维和崇拜，他们会寻找认可和奉承自己的员工。

在这类感召力文化中，一切都以戏剧型领导为中心，而且领导会具有侵犯性，头脑简单地完成他这个核心角色，这也成了追随者考虑的焦点。

戏剧型管理者的感召力确保一个企业只有一位领导。由于没有对手和他争权夺利，在员工中间就会形成一种无可争辩的、可信的气氛。在热心的追随者创造的这种氛围中，管理者的行为几乎被认为一贯正确的。既然所有的人寄希望于老板的决断，他们认为对于企业中的普通员工和中层管理者就没有太多思考和分析的必要了。在这类文化中，独立思考的管理者不会持久，早晚会成为领导权力的牺牲品。

戏剧型的企业给人的感觉是过度的活跃，容易感情用事，充满冒险色彩，危险地放纵自身的举动。他们在企业的各个层面上都鼓励冲动的决策，更加相信直觉和印象。这些企业的行为方式不会受到约束。由于权力高度集中，他们在缺乏广泛支持的情况下会赋予一些重要的人特权，让他们大胆采取一些冒险的举动。

大胆、冒险和多样化是戏剧型企业的主题。戏剧型的管理者不是根据商业环境作出反应，而是试图创造一种特殊的环境，选择市场时有进有出，对待产品也是喜新厌旧，总是用企业的相当一部分资金去冒险。这些企业的目标就是不受任何约束的发展，这反映了高层管理者有着惊人的自我陶醉的需求，渴望得到他人的关注。这样的结果就使企业计划高度地多样化和过度膨胀。

对于市场而言，戏剧型企业的结构过于低级。首先，独揽大权的首席管理者连日常的企业运作都要过问，这种过分集权化所带来的问题就是缺少有效的信息机制。由于高层的管理者相信自己的直觉而不是事实，对商业环境知之甚少，因此企业的外部交流一团糟；而企业的内部交流也不尽人意，这是因为领导的独断专行导致信息自上而下的传达。

过分戏剧化的企业的弥补方法：

明确重点并撤销失败的领导；建立一个联系紧密的企业结构；建立牢固的协调与控制系统，使核心企业重新获得活力，缩小庞大计划的规模；为领导的发展和连任做准备。

（二）组织适合性调查问卷

1. 问卷内容

组织适合性调查问卷共设有30个题目，用于测量员工适合工作的组织，见表7.11。

表 7.11　组织适合性调查问卷

题号	题目
1	你赞成规章制度早晚要被抛弃的观点吗？
2	你是否认为工作时间、假期安排按部就班比工作刺激更为重要？
3	你是否为在一家很出名的公司工作而感到自豪？
4	你是否觉得规则、政策和程序束缚了你的手脚，不利于你开展工作？
5	你是否认为必须在规模大的公司工作才有意义？
6	你是否认为工作应该看成绩而不是看他做出多大的努力？
7	你对工作的稳定性看得很重吗？
8	你是否喜欢独立完成工作？
9	你喜欢做稳定和可预见的事情吗？
10	你是否对在政府工作的公务员很羡慕？
11	你是否宁愿当一个小个体户，也不愿当大企业的一名员工？
12	你是否感到佩戴有号码的胸牌降低身份？
13	你是否认为一个企业如果没有清楚明白的规章制度就不可能取得成功？
14	你认为个人的需要不应为组织的利益让步吗？
15	你是否希望自己的身份和地位来自于自己的专业特长，而不是来自于雇用你的企业？
16	你是否认为对不同职位的人应予以不同的尊敬？
17	在接受一份工作时，你是否非常关心这项工作的福利？
18	你是否赞成工资与资历挂钩的做法？
19	在接受新的工作任务时，你是否希望安排者做详细的说明？
20	你是否不喜欢工作很固定？
21	你喜欢从冒险中找到刺激和乐趣吗？
22	你是否喜欢工作压力小，同事相处好的环境？
23	你是否愿意组织按各成员的贡献来衡量成员的绩效？
24	你是否愿意以个人利益的牺牲来换取组织目标的实现？
25	你是否喜欢组织为它的决策提供详细和合理的理由吗？
26	你是否愿意自己当老板？
27	你是否有“宁当鸡头不做凤尾”的想法？
28	你是否认为公司的任何事情都要按职位排定。
29	你是否认为一个人如果不在大企业工作就不可能成为专业人员？
30	你是否希望自由地处置工作？

资料来源：本研究整理

2. 计分规则

选项 2、3、6、7、8、10、15、16、18、19、21、22、23、24、26、28 选择是 1 分，否 0 分；选项 1、4、5、9、11、12、13、14、17、20、25、27、29、30 选择是 0 分，选择否 1 分。

3. 结果解释

得分 15 分以上表明你喜欢在官僚机构做事，工作态度端正，对工作的适应能力强，适合在大企业、公司做事。得分在 5 分以下表明你在官僚机构，尤其是在大型官僚机构中会受到挫折，对工作的认识有偏差，不适合在大型企业工作。

（三）组织行为调查问卷

1. 问卷内容

组织行为调查问卷共设 24 个题项，用于测量组织行为能力，见表 7.12。

表 7.12　组织行为调查问卷

题号	题目
1	当别人生气时，会很有耐心地听取别人的讲述。
2	点子多，总能拿出解决问题的办法。
3	别人心情不好的时候，总会热情地提供帮助。
4	讲话有吸引力，讲话时别人会认真地听。
5	易激动，容易感情用事。
6	在表达自己的观点之前，会先让其他人先行表达。
7	做事不按固有模式进行，喜欢试用新办法。
8	表情容易外露，有什么感受别人一眼就能看出来。
9	善于劝说和表达，总能使别人接受自己的想法。
10	易于表露感情，高兴不高兴别人一眼就能看出来。
11	待人和善，能够与同事友好相处。
12	总能想出好主意和好办法。
13	不固执己见，能够认真考虑别人的意见。
14	愿意在竞争的环境中工作，喜欢成功，憎恨失败。
15	在事情没能按照自己的想法进行时会生气和不安。

续表

题号	题目
16	喜欢显示自己很强的技术和能力，对自己的能力心中有数。
17	大度宽容，能够原谅别人的错误。
18	感情深藏不露，别人从外部很难看出心情如何。
19	思维快速、敏捷，办事利索。
20	说话做事能够引起别人的注意。
21	富有心计，善于帮助和指导别人。
22	聪明好学，智慧超群。
23	高兴或生气的时候，会表达出自己的感受。
24	语言表达能力强，能够将自己的想法表述得清楚明白。

资料来源：本研究整理

2. 计分规则

按照选择项目的认可程度，总是、大多数情况、经常、偶尔和几乎从不分别计5、4、3、2、1分。题型按理性技术能力（2，7，12，16，19，22）、语言支配能力（4，9，14，20，21，24）、情感表现力（5，8，10，15，18，23）、关怀维度（1，3，6，11，13，17）分类。

3. 结果解释

按照得分统计，不同类型的组织行为能力有高、中、低之分，见表7.13。其中，理性技术能力高说明行动快速，聪慧，竞争力强，好点子多，喜欢尝试新的想法并能拿出解决问题的好办法；语言支配能力高说明易于表现出强烈的竞争意识，循循善诱，拥有引起他人注意的气质；善于将想法表达得让人信服；一个人说话时要求大家注意力集中；把想法表达得清晰简洁；情感表现力高说明容易感情用事（如当事情的发展并未按自己的想象进行时会变得气恼或不安），善于表述自己的感受和情绪，善于将自己对他人所言的感受表达出来；关怀维度能力高说明倾听他人的想法并做出回应鼓励他人表达自己的想法，设法去理解他人去表达的感受，当他人生气或不安时会伸出援助之手，带有同感地去倾听，对和自己一起工作的人热情友善。

表 7.13 能力区分表

类型	能力高	能力中	能力低
理性技术能力	25~30 分	16~24 分	0~15 分
语言支配能力	26~30 分	20~25 分	0~19 分
情感表现力	20~30 分	15~19 分	0~14 分
关怀维度	25~30 分	17~24 分	0~16 分

资料来源：本研究整理

（四）价值观评价方法

图评价尺度法（graphic rating scales）是一种用来评价员工价值观的方法。如表 7.14 显示，所列举的每一个指标都要根据一个五分评价尺度来进行等级评价。针对每一个员工，分别从管理者、同事、下属以及自我评价等圈出与员工相符的分数。

表 7.14 图评价尺度法考核表

绩效指标	评价尺度				
	优异	优秀	值得赞扬	合理	较差
愿景目标	5	4	3	2	1
客户/品质	5	4	3	2	1
正直	5	4	3	2	1
负责	5	4	3	2	1
沟通和影响力	5	4	3	2	1
资源共享/无障碍授权	5	4	3	2	1
授权	5	4	3	2	1
知识/专业/智慧	5	4	3	2	1
主动性/速度	5	4	3	2	1
全球观	5	4	3	2	1

资料来源：王吉鹏，李明．企业文化诊断评估理论与实务［M］．北京：中国发展出版社，2005.

（五）文化定位考核

组织文化建设是一个渐进的、不断深化的过程，要重在建设、着眼长远、统筹兼顾、分步实施。组织文化建设既是长远任务，又必须加快推进；既要防止急功近利、一蹴而就，又要反对只说不做，等待观望。要力戒表面、表层、表演，追求实用、实干、实效。要随着组织的改革和发展，不断深化和延伸，不断总结完善，在发展中创新，在创新中发展。

管理者是组织文化建设的第一责任人，负责组织文化建设的规划、设计和组织实施。党政工团要按照在两个文明建设中所担负的责任，遵循以人为本，实现管人、管物、管事一体化的思路，各有侧重，互相配合，形成党政工团齐抓共管、职能部门各负其责的组织文化工作格局。

在年度考核中，引入组织文化定位考核，供各级管理人员和广大员工积极参与组织文化建设，并对组织文化建设和管理工作提出各种宝贵的建议，从而使组织文化定位深入人心，增强组织的凝聚力。

以下标准用于考核评估组织各层管理人员级核心员工对图书馆存在的理由以及正在努力达到的目标的清晰程度，并与团队及员工在实际工作中的表现相对照。

如表 7.15 所示，根据组织的实际情况打分，分值从 1 ~7 不等（1 分代表最差，7 分代表最优），并在空格里记下分值。除了打分，还希望员工能仔细分析原因，尤其对分数比较低的项。这些隐藏在分数背后的原因，不仅可以解释为打分结果，更重要的是，能够帮助员工采取相应行动以提高成绩。

表 7.15　组织文化定位考核

评估标准	得分	评论
愿景 组织对未来 3 ~20 年后业务发展成什么样、会有什么样的外部影响力（如在全球、细分市场以及所在行业的影响），有着清晰的远景目标		
使命 组织对于自身存在的核心原因的表述		
价值观 组织明确规定了一整套运作规则和成员行为规范。规定一旦发布，就应该成为该组织成员的行动原则		
运营理念 组织明确了一些有助于推行组织文化的关键因素，以便更好地实现组织战略；一旦明确了这些关键因素，就可以利用现有条件，激活并强化这些关键因素（例："我们提倡冒险，因为它能导致创新和思维突破"；"我们利用团队协作来节约时间和降低成本"；"我们鼓励直截了当的交谈以及面对面的交流，以便更快的了解真相并制定相应的对策"）		
组织定位的宣传 组织已将有关自身定位的信息通过市场营销、广告或其他方式向外传播		

资料来源：王吉鹏，李明. 企业文化诊断评估理论与实务［M］. 北京：中国发展出版社，2005.

（六）团队价值观评估工具

在团队成员共同合作实施一个短期或长期的项目之前，首先要弄清楚大家是否都遵从相同的价值观。本评估问卷能够帮助团队成员确认，大家是否已经准备充分。另外，本评估问卷还可以帮助找出合作过程中需要进行微调的某些方面。

1. 问卷内容

如表7.16所示，团队价值观评估共15个关于团队和团队协作的价值观问题。按照你所在的团队的实际情况，在适合的数字上画圈。

表7.16 团队和团队协作的价值观问题

题目	回答		
1. 工作重心	很模糊，不明确	1 2 3 4 5 6 7	很清楚
2. 工作的各种必备资源	不充足	1 2 3 4 5 6 7	很充足
3. 管理层对我们完成目标的能力的信任	丝毫没有表示	1 2 3 4 5 6 7	明白标示出来
4. 团队成员之间的交流	相互隐藏各自的想法	1 2 3 4 5 6 7	开放、共享
5. 与管理层的沟通	不沟通，沟通的不彻底	1 2 3 4 5 6 7	得到支持，彻底的沟通
6. 对工作成果的期望值	不实际	1 2 3 4 5 6 7	给予我们的能力大小
7. 工作量	过多	1 2 3 4 5 6 7	适度
8. 权威	没有充分的权力，导致工作效率低下	1 2 3 4 5 6 7	充分授权
9. 团队使命	缺乏专业知识和上进心	1 2 3 4 5 6 7	有知识、负责任
10. 使命	从来没有	1 2 3 4 5 6 7	指导着我们的工作
11. 团队领导能力	薄弱，领导不规范	1 2 3 4 5 6 7	促进了团队的发展
12. 开会	浪费时间	1 2 3 4 5 6 7	很有效
13. 激励	没有书面规定，随意性大	1 2 3 4 5 6 7	激励着我们
14. 对我们成绩的认可	管理层根本不关心	1 2 3 4 5 6 7	对我们的成绩大加赞赏
15. 团队精神	分裂的，敌对的	1 2 3 4 5 6 7	紧密的，亲密无间的

资料来源：本研究整理

注：1~7表示回答的渐进过程。

这15个问题的总分是：__________。

2. 计分规则

评分说明：把团队成员的总分相加，除以团队成员数，得到团队每一个问题的平均分。

3. 结果解释

如果有问题的平均分低于75分，说明这个团队并不具备（或尚未具备）整体凝聚力。解决这个问题的一个方法是，找出哪些价值观是具有决定作用的，看看团队成员都是如何给这些价值观打分的，考虑如何才能使这些价值观得到贯彻并在成员之间共享。

如果每道题的平均分只有4分或低于4分，就应该引起注意了。在团队的发展过程中，如果不早点解决这些问题，那么他们将会严重影响团队发展。你可能需要请求外部援助，直到问题最终解决。

（七）管理技能评价

Carmeron和Quin提出了OCAI组织文化评价量表，在此基础上还提出了管理行为自我评估表来对组织的管理技能进行评价。本套问卷分为同事评估和自我评估两个部分，通过两个部分的比较结果判断不同类型组织文化的管理者职能。

1. 问卷内容

（1）同事评估问卷

如表7.17所示，请描述你的经理行为。回答问题时以你实际的行为，而不是想法为准。如果你对答案不清楚，请尽可能得出最接近真实的答案。请只在答案表格上填写你的答案。其中，5代表强烈同意、4代表中等同意、3代表略微同意或略微反对、2代表中等反对、1代表强烈反对。

表7.17　评估经理行为问卷

1	当我和组员一起解决他们的问题时，我用非常支持的态度来沟通。	5	4	3	2	1
2	我鼓励组员创造新主意和新方法。	5	4	3	2	1
3	我常激发和鼓励员工做得更好。	5	4	3	2	1
4	我常紧密地关注我的部分的表现	5	4	3	2	1

续表

5	我常训练我的下属，帮助他们提高管理能力，以便他们能达到更高的表现水平。	5	4	3	2	1
6	我强调高强度的工作和高要求。	5	4	3	2	1
7	我建立具有雄心勃勃的目标，挑战我的下属以便他们达到比标准更高的水准。	5	4	3	2	1
8	我提高或者协助他人获得资源以便实现他们的创新。	5	4	3	2	1
9	当别人怀着新主意来找我时，我的帮助可以使得他们顺利地实现这些主意。	5	4	3	2	1
10	我让所有员工对制度、价值和目标都非常清晰。	5	4	3	2	1
11	我让所有员工对其工作在整个企业中和别人的关系有非常清晰的认识。	5	4	3	2	1
12	我培养大家的团队合作精神。	5	4	3	2	1
13	我定期向下属传递信息，表明我对他们表现的看法。	5	4	3	2	1
14	我清楚地表明团队可以在未来实现的愿景。	5	4	3	2	1
15	我在部门里培养了一种竞争意识，让员工的表现比其他部门更优秀。	5	4	3	2	1
16	我能确保在我的部门里有定期报告和绩效评估。	5	4	3	2	1
17	我将复杂的信息进行简化处理以便对他人有用，同时可以在整个组织里共享。	5	4	3	2	1
18	我在我的部门里倡导有效的信息分享和问题解决方案。	5	4	3	2	1
19	我在我的部门里倡导理性和系统地分析问题，以便由浅入深地解决复杂问题。	5	4	3	2	1
20	我能确保我的部门里每个人都有个人成长和发展的机会。	5	4	3	2	1
21	我创造了一种积极参与决策的氛围，员工因此会得到鼓励和奖励。	5	4	3	2	1
22	我的部门里能够同时兼顾目标完成和人际关系这两件事。	5	4	3	2	1
23	当批评员工时，我总是鼓励他们自我改进而不是生气或推卸责任。	5	4	3	2	1
24	我总是给予员工那些能够自我成长和发展的任务和责任。	5	4	3	2	1
25	在企业里，我积极帮助有能力的人向上升职。	5	4	3	2	1

续表

26	我常常拿出关于流程、产品和程序的新方法和新想法。	5	4	3	2	1
27	我经常向部门员工强调和重申我对未来的看法。	5	4	3	2	1
28	我帮助员工想象未来的情景，包括各种可能性和几率。	5	4	3	2	1
29	我一直在努力提高我们用于完成任务的流程。	5	4	3	2	1
30	我努力让我的部门达到世界级竞争水平。	5	4	3	2	1
31	通过授权员工工作，我让部门里充满着进取的氛围。	5	4	3	2	1
32	我和组织内部和外部的顾客保持着协调一致的密切的个人联系。	5	4	3	2	1
33	我确保部门常评估我们是否达到了顾客对我们的要求。	5	4	3	2	1
34	我向员工传授我的经验，帮助他们和组织文化相结合。	5	4	3	2	1
35	我激励我的员工创造出超越顾客预期的产品或服务，以便提高自身的竞争力。	5	4	3	2	1
36	我建立了一套控制系统来确保质量、服务、成本和生产力等都保持稳定的水准。	5	4	3	2	1
37	我常常与企业里其他部门的经理沟通、协调。	5	4	3	2	1
38	我按照惯例与企业里不同功能的部门之间分享信息，以便更好地协作。	5	4	3	2	1
39	我用一套评估系统来持续观测工作流程和结果。	5	4	3	2	1
40	我清楚让每一个员工知道我心目中他们的应该是什么样的。	5	4	3	2	1
41	我确保我们每做的一件事都是为了更好地为顾客服务。	5	4	3	2	1
42	我在部门里创造出积极进取和高强度工作节奏的氛围。	5	4	3	2	1
43	我常考察我们在竞争中的优势和弱势，并且让员工们知道该如何改进。	5	4	3	2	1
44	我在部门中推动一种自我不断改进的氛围。	5	4	3	2	1
45	为了帮助员工实现我的目标，我已经制定了一套清晰的战略。	5	4	3	2	1
46	当我和员工谈到我对未来的愿景时，我总能抓住对方的想象和感性承诺。	5	4	3	2	1
47	我推动了同事间、上下级间互相学习和发展的氛围。	5	4	3	2	1
48	我虚心和公开地接受他人的意见，哪怕我可能并不同意。	5	4	3	2	1
49	当管理一个团队时，我确保同事之间相互协作和正面化解矛盾。	5	4	3	2	1

续表

50	我通过表示理解向那些找到我谈问题的人们传递信任和透明度。	5	4	3	2	1
51	勇于实践和创新在我的团队中会得到奖励和认可。	5	4	3	2	1
52	我鼓励部门里每一个人不断地自我提升。	5	4	3	2	1
53	我鼓励大家在工作上坚持不断改进。	5	4	3	2	1
54	我确保我的部门不间断地收集有关顾客的需求和嗜好的信息。	5	4	3	2	1
55	我让顾客参与我的部门的计划和评估。	5	4	3	2	1
56	我在部门里设置了奖励制度和表彰会，以便加强组织的价值观和组织文化。	5	4	3	2	1
57	我的部门有着系统的收集和反馈其他部门信息的方法。	5	4	3	2	1
58	我建立了跨功能工作团队，专注于组织的重要事务。	5	4	3	2	1
59	我帮助员工进行全方位的自我提升，包括除了工作相关以外的其他方面。	5	4	3	2	1
60	我在我的部门里建立了一种不断追求更高要求而不是相互竞争的氛围。	5	4	3	2	1

资料来源：（美）卡梅隆，奎因，谢晓龙译．组织文化诊断与变革［M］．北京：中国人民大学出版社，2006.

（2）管理效力自我评估问卷

问题 61 ~73 用于评估自我的管理效力，见表 7. 18。评估的尺度为：5 代表优秀、4 代表非常好、3 代表平均、2 代表及格、1 代表差。

表 7. 18　自我评估问卷

61	团队管理（建立一支效率高、凝聚力强、运转顺畅的团队）	5	4	3	2	1
62	人际关系管理（虚心倾听他人意见和对他人意见的积极反馈）	5	4	3	2	1
63	个人发展管理（帮助他人提高绩效和获得个人发展机会）	5	4	3	2	1
64	创新管理（鼓励他人创新）	5	4	3	2	1
65	未来策略管理（准确地描述未来并创造实现的条件）	5	4	3	2	1
66	不间断的发展管理（在员工中建立做任何事情都不断提升的精神）	5	4	3	2	1
67	竞争管理（培养团队超越对手的进取心）	5	4	3	2	1

续表

68	激励员工（鼓励员工多用功、积极进取）	5	4	3	2	1
69	客户服务管理（培养员工关注对顾客的服务和包容）	5	4	3	2	1
70	文化的转换管理（帮助员工了解组织对他们的期望，组织的文化和标准）	5	4	3	2	1
71	控制系统管理（有评估和监督机制来跟踪流程和表现）	5	4	3	2	1
72	协调管理（在部门之间分享信息，相互协作）	5	4	3	2	1
73	综合管理能力（综合层面的管理能力）	5	4	3	2	1
74	就你的工作能力而言，你希望你在你的企业里做到哪个级别？5：最高层；4：几近最高层—刚好低于 CEO；3：高级管理人员；2：比现在高一级；1：不需要比现在高	5	4	3	2	1
75	和你知道的其他经理人相比，你怎样评价自己？5：最好的；4：最好的10%以内；3：最好的25%以内；2：最好的50%以内；1：最差的50%以内	5	4	3	2	1

资料来源：（美）卡梅隆，奎因，谢晓龙译．组织文化诊断与变革［M］．北京：中国人民大学出版社，2006.

76～87 问题用于评估管理技能的重要性，见表 7.19。评估尺度为：5 代表极度重要、4 代表非常重要、3 代表一般重要、2 代表一般、1 代表不重要。

表 7.19　管理技能评估工具

76	团队管理（建立一支效率高、凝聚力强、运转顺畅的团队）	5	4	3	2	1
77	人际关系管理（虚心倾听他人意见和对他人意见的积极反馈）	5	4	3	2	1
78	个人发展管理（帮助他人提高绩效和获得个人发展机会）	5	4	3	2	1
79	创新管理（鼓励他人创新）	5	4	3	2	1
80	未来策略管理（准确地描述未来并创造实现的条件）	5	4	3	2	1
81	不间断的发展管理（在员工中建立做任何事情都不断提升的精神）	5	4	3	2	1
82	竞争管理（培养团队超越对手的进取心）	5	4	3	2	1
83	激励员工（鼓励员工多用功、积极进取）	5	4	3	2	1
84	客户服务管理（培养员工关注对顾客的服务和包容）	5	4	3	2	1
85	文化的转换管理（帮助员工了解组织对他们的期望，组织的文化和标准）	5	4	3	2	1

续表

86	控制系统管理（有评估和监督机制来跟踪流程和表现）	5	4	3	2	1
87	协调管理（在部门之间分享信息，相互协作）	5	4	3	2	1

资料来源：（美）卡梅隆，奎因，谢晓龙译．组织文化诊断与变革［M］．北京：中国人民大学出版社，2006.

个人信息（D）

为了提供有对比性反馈信息，请提供你的个人信息。请在信息前注明：统计信息（D）

1. 你是谁？

   A. 项目参与者

   B. 参与者的下属

   C. 参与者的同事（同级别的人）

   D. 参与者的上司

   E. 比参与者高至少两级的上司

2. 性别

   男性　　B. 女性

3. 年龄

   A. 30 岁以下　　B. 31 ~ 36 岁

   C. 36 ~ 40 岁　　D. 41 ~ 45 岁

   E. 46 ~ 50 岁　　F. 51 ~ 55 岁

   G. 56 ~ 60 岁　　H. 61 岁以上

4. 职务

   A. 副总裁　　B. 总经理

   C. 总监　　D. 常务经理

   E. 主管　　F. 经理助理

   G. 车间经理　　H. 协调员/主管/行政

5. 工作地点

   A. 总公司　　B. 部门

   C. 车间　　D. 区域

   E. 其他

6. 直接向你汇报的下属有多少人？

   A. 0　　B. 1 ~ 3 人

C. 4 ~6 人　　D. 7 ~9 人
E. 10 ~12 人　　F. 13 ~15 人
G. 16 ~18 人　　H. 19 人以上

7. 过去 5 年内有多少次被升迁？
A. 1 次　　B. 2 次　　C. 3 次
D. 4 次　　E. 5 次　　F. 6 次
G. 7 次　　H. 6 次或以上　　I. 0 次

8. 去年的底薪同比上涨了多少？
A. 0　　B. 1% ~3%
C. 4% ~6%　　D. 7% ~9%
E. 10% ~12%　　F. 13% ~15%
G. 16% ~18%　　H. 19% ~21%
I. 21% 以上

9. 与去年同期相比，你将怎样评估自己组织的表现？
A. 很差　　B. 差
C. 有点差　　D. 保持不变
E. 略微增高　　F. 高
G. 很高

10. 与世界上最好的竞争对手相比，你单位去年的整体表现水平如何？
A. 绝对差　　B. 有点差
C. 保持不变　　D. 好一点
E. 绝对好

2. 计分规则

通过各个问题的统计得分，可以绘制管理技能轮廓，其中 01、05、12、13、18、20、21、22、23、24、25、47、48、49、50 代表团队型；02、08、09、14、26、27、28、29、44、45、46、51、52、53、59 代表灵活型；04、10、11、16、17、19、34、36、37、38、39、40、56、57、58 代表层级型；03、06、07、15、30、31、32、33、35、41、42、43、54、55、60 代表目标导向型。

3. 结果解释

（1）团队型管理者的职能

分配者以人和过程为导向。管理者重点处理分歧和建立协调。他通过使员工参与决策和问题的解决来建立自己的影响力，组织需要高度参与和透明度。

导师是一个充满爱心和感性的人。他了解员工并关心每个人的利益。他通过互信和互相尊重来建立个人影响力。组织需要的是士气和贡献。

（2）灵活型管理者的职能

革新者是一个思维清晰和敢于创新的人。他能预见变化。他通过预见未来和为员工创造希望而树立自己的影响。创新和适应性是组织的重要风格。

梦想者是一个以未来为导向的思考者。他的特点是关注于组织未来发展方向和一切的可能性。策略导向以及现实的不断改进是这个组织的特点。

（3）层级型管理者的职能

监督管理者是一个见多识广的技术专家。他确保每个环节都不出差错。他通过信息控制来建立自己的地位。这里文本信息管理和信息流管理是组织的关键。

协调者是一个可以依赖以及信任的人。他的工作是确保架构工作和工作流程的稳定。他通过现场工程管理、时间管理、分配任务和现场布置来建立自己的威信。稳定和控制是他追求的目标。

（4）目标导向式管理者的职能

竞争者是一个具有攻击性和果断的人。他追求完成目标和获得成功，并且能从竞争中获得源源不断的动力。获得成功是他毋庸置疑的目标，同时他关注外部竞争和市场地位。生产者是一个以任务和实干为导向的人。他通过努力来完成工作。他通过完成高强度的工作来树立自己的地位。生产力是最需要追求的目标。

（八）组织变革状况调查问卷

1. 问卷内容

组织变革状况调查问卷共题项 60 项，用于组织是否适合进行组织变革，见表 7.20。

表 7.20　组织变革状况调查问卷

题号	题目
1	你提交的反映项目收入和成本状况的部门预算是否能立即得到上级主管的批准？
2	你是否能够按时提交反映项目收入和成本状况的部门预算？
3	在财务年度内，你是否对收入预期做出灵活的调整？

续表

题号	题目
4	你的部门收入是否达到了预期目标？
5	你的部门是否有明确的预期收入？
6	你的部门是否有实力和能力承担起责任？
7	你对市场发展的期望和要求是否符合组织的目标任务，并且具有可实现性？
8	你在对当前目标市场的描述中是否对目标市场进行细分，从而有助于你理解不同的细分市场的特征与差别？
9	你在对未来目标市场的描述中是否对目标市场进行细分，从而有助于你理解不同的细分市场的特征与差别？
10	你是否认为对行为因素的所有方面进行变革，也就是态度、行为标准、价值观、认知能力、信仰、世界观以及言谈举止等方面？
11	你是否对未来的目标市场有过正式的描述？
12	你是否已经对当前的目标市场做过正式的描述？
13	对于预算制定程序，以及你在制定预算过程中的表现，你是否感到满意？
14	你对收入的期望与组织的目标任务是否一致？
15	你是否知道你的直接竞争对手有哪些？
16	你的竞争对手的产品与服务是否对你们构成竞争威胁？
17	你是否知道你的间接竞争对手有哪些？
18	你是否知道你的间接竞争对手提供哪些产品与服务？
19	你是否知道你的组织受到哪些外部因素的影响？
20	你是否知道影响你的外部因素中，哪些还影响着你的直接竞争对手？
21	你是否知道影响你的外部因素中，哪些还影响着你的间接竞争对手？
22	在对市场的研究过程中，你收集的资料是否要同时顾及到范围、深度两方面？
23	你是否有能力自己进行市场研究？
24	研究市场，你是否需要聘请外援？
25	你平时是否积累了不少经过分析的资料以便用作进行深入研究的基础？
26	你是否与其他部门的资深人士进行过沟通？
27	目前，你的组织内是否设有专门机构，去获取和记录客户对于产品、服务和组织形象的意见和建议？
28	你是否知道谁能向你提供最具有深度研究价值的信息？
29	你是否知道谁能够为变革施动者提供最广泛的内部信息？

续表

题号	题目
30	在制定应对措施的时候，如果需要其他部门协助你来完成，你是否知道谁最有能力来代表你的部门与对方进行磋商？
31	你是否知道谁有能力协助你对即将到来的变革采取相应的措施？
32	你是否已经建立起能帮助你对变革的早期预警信息作出及时反应的工作程序？
33	你对自己在实施和管理变革过程中的各种表现是否感到满意？
34	你的变革是否还需要外部资源的支持和帮助？
35	你是否可以完全依靠内部资源和程序来完成变革？
36	你是否知道你目前的管理风格？
37	你制定决策的过程是否采取民主集中制？
38	你是否认为组织的变革具有多面性特点？
39	你是否知道你们的组织文化与组织变革之间存在什么样的互动关系？
40	你是否知道你们的组织文化是什么？
41	你是否知道谁最有影响力去带领大家完成预期变革？
42	你是否知道你需要哪些潜在的过程来支持变革？
43	你是否知道变革在组织内的影响深度和广度？
44	你是否知道你希望变革的具体内容？
45	你是否知道谁会拥护你的这些变革？
46	你打算在什么时候进行变革？是否制定好了时间进度？
47	在哪些方面进行变革，你是否心中有数？
48	你是否要设置一个专门机构将你所获取的信息进行归纳总结？
49	你是否已经建立起与变革相关的其他部门之间的正式与非正式沟通机制？
50	你是否能设计出信息反馈机制流程图？
51	为获得管理层与非管理层人员的支持，你是否已经制定了相关的措施？
52	在组织内，你是否认为变革是不能随便取消和回避的？
53	你是否认为组织的变革要不断对变革的方向进行调整？
54	你是否认为组织的变革是一种跳跃式革新？
55	你是否认为组织的变革结果促使你形成新的世界观？
56	组织变革基于各种不同的逻辑推理，你觉得是否有道理？
57	你是否认为变革能改变单位的组织文化？
58	你是否认为要逐步改变一些旧有的思维习惯和行为方式？

续表

题号	题目
59	你是否对组织的目标任务做出了合理的、制度化的分解？
60	你是否认为你的变革不仅要针对内容而且还要针对环境？

资料来源：本研究整理

2. 计分规则

上述选择项如果选择是，说明符合组织现状，计 1 分，如果选择否说明不符合组织现状，计 0 分。

3. 结果解释

得分大于等于 45 分说明你的组织为实施变革做好了比较充足的准备，或者目前正在进行着核心变革；得分在 31～44 分之间说明你的组织为实施核心变革做好了一定的准备，如果变革正在进行，就说明还需要重新着手去强化核心变革的准备工作；得分小于等于 30 分说明组织目前实施核心变革的时机还不够成熟，最好暂停下来，重新对该方案进行评估和审查，仍需在着手制定变革方案之前进行大量的规划和筹备工作。

组织变革大致可以遵循从指定规划、研究组织现状、了解内外部环境、制定短期和长期计划、制定实施计划等步骤，同时也要注意在变革的过程中，始终要关注沟通的重要问题。首先，要制定沟通策略，保证组织变革的顺利实施。其次，要搭建多条沟通渠道，确保自上而下和自下而上的沟通渠道畅通。第三，要保证高层领导的直接参与，利用高层领导的权利推进组织变革的执行。第四，始终关注员工的态度，对于出现问题的员工及时关注，避免群体性突发事件的产生，要有危机管理的意识。

第八章　公共图书馆组织文化诊断的策略

组织文化之于公共图书馆就好比个性之于图书馆员。在公共图书馆中，组织文化的建设有利于图书馆员、领导和组织间价值观的匹配。组织文化可以塑造公共图书馆在员工心目之中的形象，有利于提高图书馆员的组织支持感，减少图书馆员的离职。组织文化作为一种意识形态、一种精神，它对图书馆员行为的影响是潜移默化的，所以必须通过图书馆的领导和员工相结合的方式，根据其相对应的独特风格建设具有鲜明特点的、深厚基础的公共图书馆组织文化。与此同时，还要着力倡导一种平等、公开、透明、亲和的人际关系，让图书馆员与图书馆之间相互依存、相互促进，给员工以感情尊重，理智尊重，从而促使公共图书馆的价值、精神、道德、风尚等深深植根在每个人的心中，造就一种视之有形、闻之有声、触之有觉的文化形象氛围，以此增强公共图书馆的活力、动力和凝聚力。

组织文化的建设要有依据，不能盲目而行。而通过公共图书馆的组织文化诊断来开展组织文化建设是一个有效的途径，诊断可以为图书馆的组织文件建设提供科学的依据和判断的标准。本部分根据图书馆员的访谈和山东省图书馆组织文化诊断的案例分析提出公共图书馆组织文化运行的机制及其应对的策略，在此基础上依据本研究对公共图书馆组织文化诊断的理论、模型和应用的研究，提出几点关于公共图书馆组织文化诊断的实践建议。

第一节　公共图书馆组织文化诊断的运行机制及应对策略

公共图书馆的组织文化是公共图书馆在长期的实践活动中所形成的并且为公共图书馆的所有员工普遍认可并遵循的具有自身特色的价值观念、团体意识、行为规范和思维模式的总和，对于自觉状态下的公共图书馆，了解其自身的组织文化现状对于图书馆管理和未来开展组织文化建设具有十分重要的意义。

根据第五章图书馆员访谈的质性编码结果和山东省图书馆组织文化诊断

的案例研究，鉴于组织文化是个人与组织、社会共同交互的结果，本研究提出了公共图书馆组织文化诊断的运行机制，见图8.1。

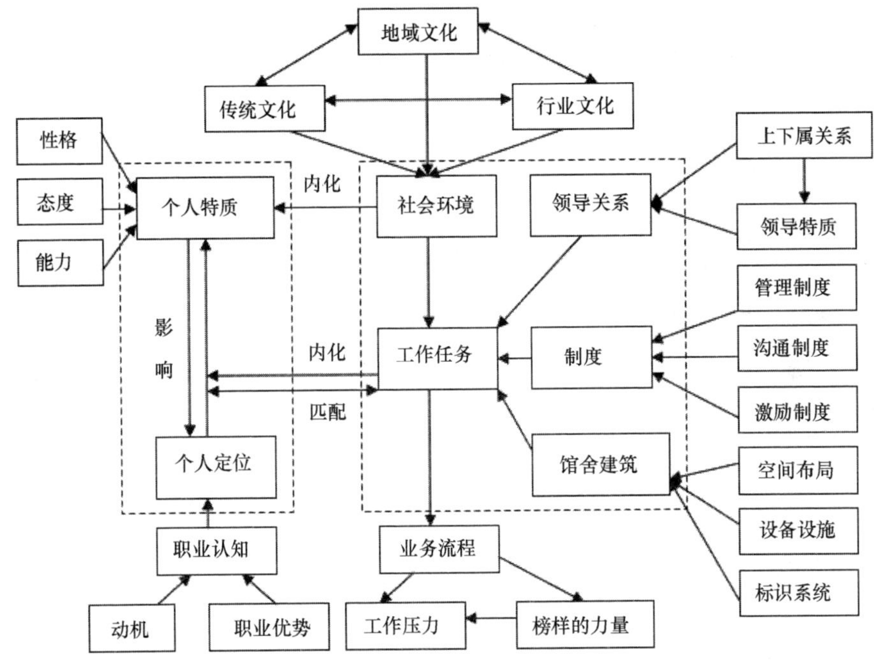

图8.1　公共图书馆组织文化的运行机制
资料来源：本研究整理

由图8.1所示，个体、图书馆和社会之间的文化交互过程中组织文化运行存在两个机制，一是图书馆员个体内化机制，另一个是图书馆员—文化匹配机制。

一、图书馆员个体内化机制

（一）内化的概念

内化（Internalization）这一学术用语最早是由Loewald在1962年提出的，他在研究个体精神机制和环境变革关系的时候使用了这个概念①。1986年，

① Loewald//Kenneth C. Wallis and James L. Poulton Internalization: The Origins and Construction of Internal Reality［M］, Buckingham: Open University Press, 2001: 68.

Walrond - Skinner 对其进行了进一步说明，他指出内化是某一个体借助外部对象将一种关系转嫁到个人内部世界的过程①。在文化理论的相关研究中，组织文化的内化是研究的重要领域之一②。

（二）公共图书馆组织文化内化的过程

组织文化与图书馆员的交互是逐步内化的过程，这里的内化是指组织文化渗透到图书馆员的思想和行为的过程，例如，问及图书馆员关于公共图书馆的服务理念时，许多人第一时间想到的是“一切为读者服务”，可见这一理念已经深入图书馆员的思想和行为之中，是典型的个体内化。一方面，这一过程是漫长的，它随着图书馆员的工作经历时间的延续而慢慢积累、沉淀下来，潜移默化的影响着个人的性格、态度和能力等。另一方面，除了组织文化在个体内化过程中的这种直接影响外，它在个体与社会文化之间还起到中介作用。公共图书馆的组织文化在与社会文化交互的过程中，会改变社会对公共图书馆组织的认识，而大众对公共图书馆的认识和理解也会通过图书馆员的日常生活进行渗透，从而加深其对公共图书馆组织文化的再认识。

（三）应对策略

公共图书馆对于组织文化的个体内化应该处理好两个关系，一是组织文化与社会文化的关系，图书馆需要积极向图书馆员宣传优良的传统文化、地域文化和行业文化，让个体内化这些优良的社会文化；二是处理好组织文化与员工文化的关系，这其中要注意将馆长所倡导的文化与员工的文化结合起来，只有组织文化与员工文化达到了一致性的程度，员工理解组织文化才能促进他们的文化认同，进而加快组织文化的个体内化过程。

二、图书馆员与组织文化的匹配机制

（一）个人—文化匹配的概念

匹配（fit）这一概念一直受到心理学家和组织行为学家的重视③，Kanungo 等人提出文化匹配的概念，强调社会文化环境对内部工作文化和人力资源

① Walrond - Skinner//Kenneth C. Wallis and James L. Poulton Internalization: The Origins and Construction of Internal Reality [M], Buckingham: Open University Press, 2001: 68.

② Ekwutosi O C, Moses O S. Internalization of Organizational Culture: A Theoretical Perspective [J]. International Journal of Business Tourism and Applied Sciences 2013, 1 (2): 77 - 96.

③ O'Reilly C A, Chatman J, Caldwell D F. People and organizational culture: A profile comparison approach to assessing person - organization fit [J]. Academy of management journal, 1991, 34 (3): 487 - 516.

管理的影响[①②]。个人—文化匹配（Person—culture fit）可以被看作是个人所工作的环境中个人与组织的兼容程度[③]。个人—文化匹配理论研究有两种基本的假设前提，一种假设是个人的工作经历对其行为具有重要影响[④⑤]。另一种假设是不同组织吸引到不同类型的人才并更够将其维持，主要取决于个人与组织目标、价值和需求的契合和匹配[⑥⑦]。

（二）个人—文化匹配的特征

公共图书馆组织存在个人—文化匹配的现象，这种个人与组织文化的匹配可能是正向的，也可能是反向的。个人特质与组织文化的正向匹配意味着很大程度上个人与组织的交互会取得满意的效果。相反地，个人特质与组织文化的反向匹配意味着个人将会消耗很多经历而不得不选择通过不断的自我调整来适应环境[⑧]。这与现有的组织研究中的相关研究成果可以相互验证。

（三）应对策略

个人—文化匹配（person - culture fit）对于公共图书馆管理而言具有重要意义。发现正向匹配并加以激励，能够极大的促进员工的积极性；相应地，发现反向匹配，则可以通过岗位调整、培训等措施加以改善。此外，个人—文化匹配有利于图书馆人力资源管理，在人才招募的过程中，可以避免反向匹配的出现，筛选适合在公共图书馆组织工作的个人。

---

① Kanungo R N, Hartwick J. An alternative to the intrinsic - extrinsic dichotomy of work rewards［J］. Journal of Management, 1987, 13（4）: 751 - 766.

② Kanungo R N. Jaeger. AM. Introduction: The Need for Indigenous Management in Developing Countries［J］. Jaeger. AM and Kanungo, RN（eds）Management in Developing Countries, London: Routledge. 1990.

③ Kristof, A. Person - organization fit: An integrative review of its conceptualizations, measurement, and implications［J］. Personnel Psychology, 1996（49）: 1 - 49.

④ Fiske, S. , & Taylor, S. Social cognition（2nd ed.）［M］. New York: McGraw - Hil, 1991: 223.

⑤ Lewin, K. The conceptual representation and measurement of psychological forces［M］. Durham, NC: Duke University Press, 1938: 14.

⑥ Chatman, J. Improving interactional organizational research: A model of person - organization fit［J］. Academy of Management Review, 1989（14）, 333 - 349.

⑦ Schneider, B. The people make the place［J］. Personnel Psychology, 1987（40）, 437 - 453

⑧ Mark Mallinger, Ileana Rizescu. Personality Traits and Workplace Culture: Online tests measure the fit between person and organization［DB/OL］.［2013 - 10 - 28］. http: //gbr. pepperdine. edu/2010/08/personality - traits - and - workplace - culture.

第二节　公共图书馆组织文化诊断的导入时机及应对策略

公共图书馆的组织文化是图书馆组织能力、组织模式和组织形式之间的不断互动。公共图书馆的内外环境在不断变革，相应地图书馆组织文化要在不断变化，图书馆在应对形势变革的过程中会经历不同的发展阶段，那么在哪个阶段适宜进行组织文化诊断是需要斟酌的，而且每个阶段的诊断的重点和目标也不尽相同。

一、公共图书馆组织成长的生命周期

从生命周期理论来看，组织的发展会经历初创期、成长期、成熟期和衰退期。对于公共图书馆而言，这种生命周期同样适用，从公共图书馆生命周期的重要转折点来看，可以大体分为新建馆阶段、转型期阶段和常态发展阶段。

（一）新建馆阶段

新建馆阶段是公共图书馆的诞生期，这一阶段的组织文化是强有力的，但却具有盲目性。因为，这一阶段的组织文化主要是领导者个人的文化，图书馆领导的价值观体系直接影响图书馆的主导组织文化。此外，也与图书馆所处的时代环境有密切关系。以山东省图书馆为例，山东省图书馆始建于1909年，建馆初期由于受到时代的影响和当时图书馆领导的个人思想，提出了保国粹、图富强的组织精神，带有鲜明的时代特色和个人色彩。

（二）转型期阶段

当公共图书馆经历社会变革，进行大规模的空间扩展与服务转型或者同附近其他公共图书馆进行合并与整合的时候，可以认为这一公共图书馆正在经历转型期。转型期的组织文化也是在经历文化变革的重要时期，适当的文化调整才能保证图书馆组织的效率与发展。

（三）常态发展期阶段

常态发展期阶段也就是公共图书馆组织稳步发展的阶段，目前新建馆的公共图书馆每年都有然而并不占多数，经历合并与整合的公共图书馆也尚属少数，多数公共图书馆均处于这种常态发展的状态下。这一阶段的图书馆组织文化是比较稳定的，然而也需要定期的诊断来了解组织文化当前的现状。

二、公共图书馆组织文化的导入时机

从生命周期的角度而言，初创期阶段的公共图书馆组织文化还没有经过时间的积累和沉淀，不具有稳定性，往往同领导主导的文化相重叠，不适宜进行组织文化的诊断。而转型期阶段和常态发展阶段的公共图书馆是比较适合进行组织文化诊断的，成长期图书馆的组织文化经过了一段时间的沉淀，通过组织文化诊断可以辨明组织文化的发展方向，使组织的文化更具竞争力；成熟期图书馆的组织文化已经趋于稳定，但是长时间的稳定会导致很多问题的出现，因此这一时期的组织文化诊断可以成为组织文化变革的先导；衰退期的图书馆由于经费、人员等的原因变得难以维持，这一时期也可以进行组织文化诊断，为图书馆的合并、扩容等重大变革做准备。

三、各个阶段的诊断重点与目标

（一）新建馆阶段的组织文化诊断重点与目标

新建馆阶段的组织文化诊断要重点关注馆领导的价值观和社会环境的分析。其一，要针对新建馆的领导层进行调研，充分了解他们的价值观；其二，要做好图书馆外部环境的调研，了解现行的社会文化和优秀的行业文化，与新建馆的组织文化建设做好结合；第三，要做好图书馆员的调查工作，了解他们的价值观和对组织未来的期望，以使新建馆的组织文化能够同图书馆员的价值观相匹配，促进他们之间达成共识。

（二）转型期阶段的组织文化诊断重点与目标

转型期阶段的公共图书馆处于震荡状态，组织正面临尖锐的问题，有可能进行合并与整合的过程。这一时期组织文化诊断是比较艰难的，而且任务重重。在这一时期的组织文化诊断重点与目标一般会关注组织文化的变革问题上面。往往会出现主体文化与子文化、一个图书馆的文化与另一个图书馆文化之间的整合问题。

（三）常态发展期的组织文化诊断重点与目标

对于常态发展期的公共图书馆而言，其组织文化具有相对稳定性，因此这一阶段的组织文化诊断可以作为一项常规性的工作，可以安排年度性、阶段性或者随机性的组织文化诊断工作以此来了解图书馆组织文化的现状与不足。

第三节 公共图书馆组织文化诊断的关键要素及应对策略

公共图书馆组织文化诊断的关键要素是指公共图书馆组织文化诊断需要具备的条件，根据山东省图书馆组织文化诊断的案例研究经验，本研究认为要做好公共图书馆组织文化诊断需要注意识别的关键要素如下：

一、合理的人员安排

人员是公共图书馆进行组织文化诊断的重要保障，合理的人员安排能够确保组织文化诊断工作的顺利实施。对于整个公共图书馆组织文化诊断而言，建议成立一个跨部门的工作小组来协助诊断工作的开展。此外，本研究的调查结果显示，公共图书馆的图书馆员对组织文化的认知度不高，因此应对小组成员进行预先培训，使其了解组织文化诊断的目的、意义和价值等。

二、科学的流程设计

公共图书馆开展组织文化诊断的目的是要了解现有组织文化的现状，为组织文化设计打下基础，科学的流程设计是一个关键。公共图书馆组织文化诊断的每一个流程环节都很重要，要注重细节。首先，要做好组织文化诊断的准备工作，在馆领导的批准下开始起草组织文化诊断计划，组建工作小组。其次，整个流程要根据目标馆的需求而设计，具体的内容也要通过不断的沟通而不断修正。

三、严谨的方法选择

公共图书馆组织文化诊断是一个研究过程，因此在研究方法的选择方面要注重严谨性。要根据所设计的研究内容体系来确定研究方法，通常可以使用的方法有定性和定量之分，对于规模较大、资金充足、相对复杂的公共图书馆组织文化诊断而言，建议采用定性与定量相结合的方式来进行。

四、易读易懂的诊断报告

诊断报告是公共图书馆组织文化诊断的成果，是为馆领导提供决策建议的书面材料。诊断报告应该是易读易懂的，可以采取图文结合的方式，避免使用生涩的学术语言。此外，诊断报告要经过工作小组的讨论和修订，在小组内部预先报告，由小组成员提出修改意见，最后再递交到馆领导层进行决策参考。

五、诊断结果的落实

公共图书馆的组织文化诊断是为公共图书馆的组织文化建设工作提供决策参考的，因此诊断结果的落实非常重要，否则就会成为纸上谈兵，那么组织文化的诊断就失去了意义。通常组织文化建设应该经历组织文化的诊断、设计、实施和变革的过程，所以在组织文化诊断之前应该提前制定好下一步计划，以便落实组织文化诊断的结果。

第九章　结论与展望

环境的不断变革给公共图书馆的发展带来动力，有效的管理变革将会引领图书馆不断的进化，进而适应环境而得以生存和发展。在变革的过程中，公共图书馆的价值也在不断转变，需要根据实际情况，针对公共图书馆发展的不同阶段的对组织的价值进行再定位，以使公共图书馆的价值同环境的价值相匹配，形成公共图书馆自身的独特文化，因公共此图书馆更要重视组织文化。

本研究在公共图书馆时代变革的大背景下，引入组织文化管理理论，探讨了公共图书馆组织文化诊断模型的理论依据，通过专家访谈、图书馆员访谈和专家问卷调查构建了我国公共图书馆组织文化诊断模型，并且通过山东省图书馆的案例研究验证了该模型的适用性和可操作性。最后，提出公共图书馆组织文化运行机制和应对策略以及公共图书馆组织文化诊断模型的实施策略。本章对研究结论和主要贡献进行总结，并指出本研究的局限和未来展望。

第一节　研究结论

一、公共图书馆组织文化诊断的基本理论

公共图书馆组织文化诊断的实践离不开理论的指导，而已有研究在基本理论方面的研究成果匮乏，本研究探讨了公共图书馆组织文化诊断的基本理论问题，主要结论如下：

（一）界定了公共图书馆组织文化诊断的概念、内涵和类型

本研究认为公共图书馆组织文化诊断是以提高公共图书馆组织文化水平为目的，应用一定的研究方法，收集与公共图书馆组织文化有关的信息以此发现组织文化存在的症结并提出改善方案和应对策略的一个研究活动。

本研究认为公共图书馆组织文化诊断是一个认识过程，是对公共图书馆的文化现状的一个全面的审视。其次，本研究认为公共图书馆组织文化诊断

是对公共图书馆的文化资源进行系统的总结、分类和整理的过程，是一个研究过程。再次，本研究认为公共图书馆组织文化诊断能够为图书馆组织文化的变革提供依据，为谋划图书馆组织未来发展提供指导性意见的一个管理实践过程。

本研究根据诊断的主体、对象、内容、时间四个方面对其进行划分。按照诊断主体划分为馆内诊断、馆外诊断和馆内外联合诊断三种类型；按照对象隶属等级划分为省级馆诊断、市级馆诊断、县级以下馆诊断等；按照内容划分为一般性诊断和特殊性诊断；按照时间划分为短期诊断、中期诊断、和长期诊断等。

（二）提出公共图书馆组织文化诊断的原则和意义

本研究提出了公共图书馆组织文化诊断应遵循的六大原则，分别是可操作性、参与性、需求导向性、科学性、保密性和经济性。

在公共图书馆组织文化诊断的意义方面，本研究认为其对于公共图书馆的组织文化建设和公共图书馆的未来发展都具有十分重要的意义。首先，它有利于公共图书馆对内外部环境进行一个全面的审视；其次，它有利于公共图书馆查找自身组织文化存在的问题；再次，它可以为公共图书馆组织文化建设提供思路。

（三）界定了公共图书馆组织文化诊断的主体、过程和内容

本研究认为公共图书馆组织文化诊断的主体是指参与公共图书馆组织文化诊断活动的个人、组织或机构。按照诊断类型的不同，诊断的主体也不同。若是图书馆的馆内诊断，那么参与的主体便是图书馆员，包括馆领导层和普通员工。若是聘请外部专家或者咨询机构开展的组织文化诊断，那么图书馆员、专家、咨询机构的员工都是参与的主体。

本研究认为公共图书馆组织文化诊断的过程是一个动态可调整的过程，没有统一的标准，而是需要根据被诊断方的具体需求而定。本研究以组织文化诊断的三个基本过程为基础，结合公共图书馆的特点，以诊断的开始—执行—完成为主线提出公共图书馆组织文化诊断的基本过程

本研究认为公共图书馆的组织文化是一个复杂的体系，其诊断的内容体系也涉及到多个方面。本研究从组织文化演化的视角，从历史—现状—未来的演化路径提出公共图书馆组织文化的成因诊断、现状诊断和未来发展预期诊断的内容体系。

二、公共图书馆组织文化诊断的模型

本研究在公共图书馆组织文化基础理论研究的基础上，应用专家访谈和专家问卷调查构建了公共图书馆组织文化诊断模型，见图5.1，并且通过在山东省图书馆的组织文化诊断实施验证了模型的适用性和可操作性。

此外，在山东省图书馆组织文化诊断的案例的基础上，对此模型应用过程中容量不足的缺陷，本研究提供了三个辅助诊断检查表，分别是资料收集设计矩阵、诊断进度控制表和诊断内容项目选择表。本研究构建的公共图书馆组织文化诊断模型是一个综合性的整合模型，涵盖了诊断的主体、内容和过程，可以为我国公共图书馆组织文化诊断提供一个从是什么、怎么做到做什么的一套集成工具。

三、公共图书馆组织文化诊断模型的实施策略

本研究通过模型的案例研究发现图书馆员是公共图书馆的组织文化的承载体，许多文化都会体现在图书馆员的日常工作之中，并影响着他们的行为。本研究提出公共图书馆组织文化运行的两个机制，其一是图书馆员个体内化机制，其二是图书馆员个体与文化的匹配机制。并针对两个运行机制提出了应对策略。此外，本研究基于生命周期提出了公共图书馆组织文化诊断策略，用以指导公共图书馆组织文化实践活动，并且指出了公共图书馆进行组织文化诊断应着重考虑的关键要素，包括合理的人员安排、科学的流程设计、严谨的方法选择、易读易懂的诊断报告和诊断结果的落实。

第二节　主要贡献

本文通过理论分析和实证研究，在我国公共图书馆情境下研究公共图书馆组织文化诊断的基本理论、模型和策略，主要贡献如下：

一、提出了公共图书馆组织文化诊断基本理论体系框架

以往的研究，缺乏对组织文化诊断理论层面的研究，而基本理论体系是开展公共图书馆组织文化诊断的基础，本研究在公共图书馆组织文化诊断的基础理论方面做了有益的探索。

二、构建了公共图书馆组织文化诊断模型

本研究构建了涵盖诊断主体、内容和过程的公共图书馆组织文化诊断整合模型，并且通过案例研究对模型进行进一步的验证和修正。这一模型可以作为公共图书馆组织文化诊断的操作性工具，是面向实际应用的一个实用的理论框架。

三、提出了公共图书馆组织文化诊断的策略

本研究从公共图书馆组织文化运行机制、生命周期和关键要素的角度提出了公共图书馆组织文化诊断模型的实施策略，以对公共图书馆开展组织文化诊断实践工作提供决策参考。

第三节　研究局限与未来展望

一、研究局限

（一）样本的局限性

本研究模型构建依据来自于专家访谈和专家问卷调查，专家访谈的样本来自于公共图书馆、高校图书馆和图书馆学专家，而专家问卷调查的样本均来自于公共图书馆，尽管保证了对公共图书馆领域的熟悉度和权威性，但是组织文化是一个复杂的系统，公共图书馆与书商、读者、其他相关机构、上级主管部门等的往来交互所产生的文化现象也很复杂，来自这些利益相关者的意见和态度对组织文化诊断模型的构建也具有一定的参考价值，在这方面具有一定的局限性。

（二）模型的局限性

本研究构建的图书馆组织文化诊断模型是一个综合性的整合模型，涵盖了组织文化诊断主体、内容和过程三个方面。但是，对影响图书馆组织文化诊断的相关影响因素并未纳入其中，尽管影响图书馆组织文化诊断的内外因素颇多，彼此间的关系较为复杂，但在这方面仍具有一定的局限性。

（三）单一案例研究的局限性

本研究采用案例研究法在山东省图书馆的组织文化诊断中应用所构建的模型，进一步验证模型适用性和可操作性。然而这样的单一案例研究存在着

一定的局限性。其一，个体公共图书馆的社会背景因素不同，其组织文化相应地可能会存在差异性，因此，基于不同公共图书馆的模型应用可能也会有所差异。其二，单一案例的研究缺乏对比性，山东省图书馆从未开展过组织文化建设活动，这同开展过组织文化建设的公共图书馆的组织文化现状存在不小的差异。如果是多案例的比较研究，对于模型的适用性和可操作性的验证会有更好的效果。

二、未来展望

本研究构建了公共图书馆组织文化诊断模型，并应用案例研究验证了模型的适用性和可操作性。然而公共图书馆组织文化诊断是一个复杂的过程，还有很多问题有待进一步研究。

（一）对公共图书馆组织文化体系的构成有待深入研究

公共图书馆的组织文化具有很强的特殊性和独立性，每个图书馆所处的内外环境都不相同，由此所形成的组织文化也存在很大的差异。每个公共图书馆都有自身独特的组织文化体系，且体系中有主文化与子文化的存在，它们之间的关系又是怎样的？这一体系的特征、结构和构成维度如何？这些问题都有待于深入的研究。

（二）对公共图书馆组织文化诊断的量化测量有待进一步研究

公共图书馆组织文化诊断中的量化测量可以对定性研究的结果进行补充，量化测量可以确定变量间的相互关系。而在本研究第二章的文献综述中发现，国内关于图书馆组织文化量化研究的文献很少，而以公共图书馆作为研究对象的更为少见。这主要是有两个原因，一是公共图书馆组织文化的独特性，二是公共图书馆组织文化的动态性。因此，很难设计一个统一的研究量表以适合所有公共图书馆使用。但是量化测量的辅助作用仍十分重要，在第五章的案例研究中，应用 Cameron 与 Quinn 的组织文化测量量表收到了很好的效果。今后，应着重开发我国公共图书馆情景下的组织文化测量量表。

（三）公共图书馆组织文化诊断应关注组织文化的多个层面

本研究发现了组织文化的内化和匹配机制，因此本研究提出公共图书馆组织文化诊断应关注组织文化的多个层面。首先，个体层要关注个人的心理与组织文化的关系问题，组织文化对图书馆员心理的影响是在图书馆员与组织的交互中而逐渐产生的。诊断中对个人心理特征的揭示也可以在一定程度上反映出组织文化的某些侧面。其次，应进一步关注组织层面的文化研究。

组织层面的文化研究可以给予图书馆组织文化实践以指导，如组织文化现状的动态发展、组织文化评估、组织文化建设的模式、路径等。再有，还应关注组织文化的社会层面，即组织文化与社会层面的交互问题，如公共图书馆与其他行业文化、地域文化、国家文化间的碰撞与冲突等。

在未来的发展中，我国图书馆文化研究应着重研究图书馆文化的本土化问题，应在我国图书馆情景下开展相关理论研究。图书馆文化是组织发展的“催化剂”，可以促进图书馆的组织变革以适应环境的发展变化，图书馆文化同社会文化、国家文化的相互渗透，国家对文化建设的高度重视必然引起图书馆等文化部门重新定位自身的使命。随着图书馆向网络时代变迁，图书馆需要在制度、技术等方面做出相应的变革以适应“下一代读者”的步伐，图书馆文化的研究与实践任重而道远。

参考文献

[1] 彼得·德鲁克. 管理一任务，责任，实践［M］，北京：中国社会科学出版社，1987.

[2] 毕强. 悖论的价值：关于我国图书馆学教育的思辨［J］. 图书情报工作，2011，(15)：32－36.

[3] 曹树金，陈忆金，杨涛. 基于用户需求的图书馆用户满意实证研究［J］. 中国图书馆学报，2013（05）：60－75.

[4] 陈传夫，王云娣，盛钊，丁宁. 图书馆员去职业化问题、原因及对策研究［J］. 中国图书馆学报，2011（01）4－18.

[5] 陈传夫，吴钢. 图书馆业态的变化与发展趋势［J］. 中国图书馆学报，2007(03)：5－14.

[6] 陈景增. 1996－2002 图书馆文化研究综述［J］. 新世纪图书馆，2003（1）：26－29.

[7] 陈丽华. 现代图书馆文化的结构及建设途径［J］. 理论与当代，2010（6）：36－39.

[8] 程焕文，周旭毓. 权利与道德—关于公共图书馆精神的阐释［J］. 图书馆建设，2005（04）：1－4，42.

[9] 程焕文. 图书馆的价值与使命［J］. 图书馆杂志，2013（03）：4－8.

[10] 程焕文. 图书馆权利的界定［J］. 中国图书馆学报，2010（02）：38－45.

[11] 程亚男. 组织文化与文化塑造——图书馆管理的视角转换［J］. 中国图书馆学报，2004（3）：32－34.

[12] 程远. 试论图书馆文化建设［J］. 图书与情报，2011（4）：122－124.

[13] 迟晨光，陈明，威廉 o 大内，艾兰·威尔金斯. 组织文化［J］. 管理世界，1987(05)：157－171.

[14] 戴龙基，关志英. 构筑图书馆文化，提升图书馆软实力［J］. 大学图书馆学报，2008（5）：6－11.

[15] 戴维民. 图书馆学档案学一体化素质教育的探索［J］. 大学图书馆学报，2000(06)：31－34.

[16] 单宝. 企业诊断行动路线图［J］. 中国商人，2004（01）：58－60.

[17] 邓凤英. 图书馆文化的结构与功能［J］. 国家图书馆学刊，2007（2）：75－77.

[18] 杜慧敏. 图书馆文化的结构及其作用机制［J］. 图书馆杂志，2003（10）：8－10.

[19] 樊耘，邵芳，纪晓鹏. 基于组织文化结构和人格化代表理论的文化诊断及流变研究 [J]. 管理工程学报，2013 (01)：31 -40.

[20] 樊耘，邵芳，张翼. 基于文化差异观的组织文化友好性和一致性对组织变革的影响 [J]. 管理评论，2011 (08)：152 -161.

[21] 范并思，李超平，俞传正，于良芝，肖希明，郭凌辉，初景利，刘炜，黄晨. 在新的信息与技术环境中感受图书馆的律动——2008 年的中外图书馆事业和理论研究 [J]. 中国图书馆学报，2009 (03)：59 -73.

[22] 范鹰. 论图书馆文化 [J]，图书情报论坛，1989 (2)：38 -41.

[23] 方方. 试论图书馆文化的要素构成 [J]. 图书馆理论与实践，2003 (01)：14 -15.

[24] 冯献珍. 试论图书馆文化的管理职能 [J]. 图书情报论坛，1995 (04)：21 -23.

[25] 付立红，吕颖，谢姣. 企业文化全解码：如何提炼核心价值观? [J]. 中外企业文化，2013 (03)：21 -24.

[26] 盖奇文. 图书馆组织文化建设的实践与思考——以抚顺市图书馆为例 [J]. 图书馆学刊，2013 (11)：25 -26，32.

[27] 高波，刘兹恒，于丽凤. 网络环境下我国图书馆信息资源共建共享现状调查报告 [J]. 中国图书馆学报，2001 (04)：48 -52.

[28] 葛鲁嘉，陈若莉. 当代心理学发展的文化学转向 [J]. 吉林大学社会科学学报，1999 (5)：79 -87.

[29] 龚洋冉，陈昊，郑晓明. 变革型领导对组织文化演进的作用研究——以《中国企业家》杂志社的发展历程为例 [J]. 管理案例研究与评论，2013 (03)：178 -191.

[30] 顾烨青. 试论公共图书馆管理体制与管理理念的创新——读《图书馆治理的比较制度分析》[J]. 图书馆，2007 (06)：1 -6，12.

[31] 郭士伊，席酉民，郎淳刚. 组织性格：个体在组织中的同质化现象 [J]. 管理评论，2008 (01)：17 -25，63.

[32] 哈里森，筱红，小山. 组织诊断：方法，模型与过程 [M]. 重庆大学出版社，2007.

[33] 贺培燕. 试论图书馆文化建设 [J]. 河北科技图苑，2004 (4)：18 -20.

[34] 贺霞. 对图书馆文化研究的分析探讨 [J]. 全国新书目，2007：90 -92.

[35] 贺子岳. 图书馆组织文化论 [J]. 中国图书馆学报，2004 (01)：16 -20.

[36] 胡芳. 1997 -2005 年图书馆文化研究综述 [J]. 现代情报，2006 (9)：105 -108.

[37] 华薇娜. 英国公共图书馆产生的背景及其历史意义 [J]. 图书馆杂志，2005 (01)：3 -9，19.

[38] 黄超. 文化管理的关键在于“灵魂附体”——从党的十七届六中全会《决定》说组织文化管理 [J]. 中外企业文化，2011 (12)：49 -51.

[39] 黄和涛，田利民著．企业文化概论（第二版）［M］．中国劳动社会保障出版社，2006.

[40] 黄河，吴能全．组织文化形成途径——我国中小型民营企业的跨案例研究［J］．管理世界，2009：56－64，131－132.

[41] 黄宗忠．服务是图书馆的永恒主题——兼评国外图书馆服务的新理念、新方法［J］．图书馆论坛，2005（06）：22－29.

[42] 纪晓鹏，樊耘，刘人境．组织文化演变驱动力的实证研究［J］．南开管理评论，2011（04）：50－58.

[43] 蒋永福．文化权利：中国图书馆行业的核心价值［J］．图书馆论坛，2007（06）：70－73.

[44] 蒋元芬．略论新时期图书馆文化建设［J］．图书情报知识，2007（3）：103－105.

[45] 焦翠萍．用文化提升组织能力［J］．中外企业文化，2011（10）：62－64.

[46] 景怀斌著．公务员职业压力：组织生态与诊断［M］．北京：中央编译出版社，2011.

[47] 靖继鹏．网络信息资源管理研究论纲［J］．中国图书馆学报，2000（03）：46－48.

[48] 卡梅隆，奎恩著；谢晓龙译．组织文化诊断与变革［M］．北京：中国人民大学出版社，2006.

[49] 柯平，洪秋兰，孙情情．公共文化服务体系中的图书馆与社会合作实证研究［J］．图书情报工作，2009（17）：8－12.

[50] 柯平，贾东琴，何颖芳，张文亮．关于《图书馆战略规划编制指南》的若干问题［J］．图书馆工作与研究，2012（03）：4－10.

[51] 柯平，闫慧．关于图书馆文化的理论研究［J］．图书馆论坛，2005（06）：77－82，93.

[52] 柯平，闫慧．网络阅读文化的基本理论研究［J］．图书馆工作与研究，2007（05）：3－7.

[53] 柯平，尹静．省级公共图书馆在公共文化服务体系中的功能定位［J］．国家图书馆学刊，2008（04）：40－45.

[54] 柯平．从科学管理到文化管理——关于图书馆组织文化的战略思考［J］．大学图书馆学报，2013（3）：44－49.

[55] 柯平．图书馆管理文化三论［J］．图书情报知识，2005（05）：23－27.

[56] 柯平．信息文化论［J］．晋图学刊，2003（01）：1－5.

[57] 赖茂生，屈鹏．大学生信息检索能力调查分析［J］．大学图书馆学报，2010（01）：96－104.

[58] 乐国安主编．社会心理学理论新编［M］．天津：天津人民出版社，2009.

[59] 李超平，李晓轩，时堪．授权的测量及其与员工工作态度的关系［J］．心理学报，

2006, 38 (1): 99 - 106.

[60] 李超平, 刘兹恒. 论公共图书馆事业与城市文化战略的互动关系 [J]. 中国图书馆学报, 2004 (01): 42 - 46.

[61] 李国新. 对“图书馆自由”的理论思考 [J]. 图书馆, 2002 (01): 16 - 21.

[62] 李国新. 图书馆权利的定位、实现与维护 [J]. 图书馆建设, 2005 (01): 1 - 4.

[63] 李静. 图书馆文化及其形象塑造 [J]. 河南图书馆学刊, 1994 (01): 11 - 12, 26.

[64] 李丽. 探析组织文化的功能 [J]. 中外企业家, 2013 (16): 70.

[65] 李晓霞, 仲晓凤. 图书馆文化建设的途径与方法 [J]. 图书馆学刊, 2007 (5): 49 - 50.

[66] 李学奇主编. 诊断学 [M]. 北京: 人民卫生出版社, 2007.

[67] 李月琳, 胡玲玲. 基于环境与情境的信息搜寻与搜索 [J]. 情报科学. 2012 (01): 110 - 114.

[68] 李正祥. 图书馆文化的内涵、功能和特性 [J]. 图书馆理论与实践, 1992 (01): 19 - 22.

[69] 李志义. 图书馆文化研究综述 [J]. 图书馆论坛, 1996 (2): 13 - 15, 36.

[70] 理查德·L·达夫特著, 王凤彬, 张秀萍等译. 组织理论与设计 [M]. 北京: 清华大学出版社, 2003.

[71] 刘崇学. 论大学图书馆文化的基本特征及其构建原则 [J]. 图书馆理论与实践, 2012 (10): 66 - 68.

[72] 刘俊英. 基于 SERVQUAL 的图书馆服务文化评价 [J]. 农业图书情报学刊, 2010 (9): 248 - 250.

[73] 刘理晖, 张德. 组织文化度量: 本土模型的构建与实证研究 [J]. 南开管理评论, 2007 (02): 19 - 24.

[74] 刘勐. 图书馆组织文化评价指标体系优化及其实证分析 [J]. 图书情报工作, 2012: 43 - 47.

[75] 刘善仕, 彭娟, 邝颂文. 人力资源管理系统、组织文化与组织绩效的关系研究 [J]. 管理学报, 2010 (09): 1282 - 1289.

[76] 刘雅琼. 论图书馆多元文化服务 [J]. 图书情报工作, 2009 (15): 92 - 95, 121.

[77] 刘兹恒, 黄红华. 公共图书馆的生存之道—由英国拯救图书馆运动引发的思考 [J]. 图书馆工作与研究, 2011 (7): 4 - 7.

[78] 刘兹恒, 李武. 论公共图书馆精神在数字时代的弘扬和延伸 [J]. 图书馆, 2004 (04): 1 - 4.

[79] 刘兹恒. 图书馆管理思想与模式的变革 [J]. 中国图书馆学报, 2008 (3): 72 - 73.

[80] 吕晓俊. 共享心智模型与组织文化的关系研究 [J]. 科技管理研究, 2008 (05):

177 - 179.

[81] 罗伯塔·史蒂文斯，彭静，陈彦. 21 世纪的公共图书馆：挑战与机遇 [J]. 公共图书馆，2009 (04)：33 - 35.

[82] 马海霞. 公共图书馆 CI 设计的原则与方法 [J]. 图书馆学刊，2011 (12)：22 - 23.

[83] 倪波，吴国材. 澳门的公共图书馆 [J]. 图书馆论坛，1996 (01)：66 - 69.

[84] 欧阳钦等. 临床诊断学 [M]. 北京：人民卫生出版社，2005.

[85] 潘燕桃. 公共图书馆延伸服务实践与展望 [J]. 图书馆工作与研究，2011 (05)：19 - 23.

[86] 裴成发. 图书馆文化论要之二：图书馆文化要素说 [J]. 图书馆理论与实践，1994 (02)：11 - 12.

[87] 裴成发. 图书馆文化论要之三　图书馆文化功能说 [J]. 图书馆理论与实践，1994 (03)：25 - 26.

[88] 裴成发. 图书馆文化论要之一：图书馆文化范畴说 [J]. 图书馆理论与实践，1994 (01)：28 - 29.

[89] 彭斐章，费巍. 阅读的时代性与个性 [J]. 中国图书馆学报，2008 (02)：9 - 15，23

[90] 蒲科，马莎. 图书馆文化的涵义、功能和结构 [J]. 攀枝花学院学报，2009 (2)：76 - 78.

[91] 乔明哲. 社会科学 VS 管理学——企业文化两类观点及实践反思 [J]. 中外企业文化，2011 (05)：53 - 55.

[92] 沈固朝. 民众图书馆的现代意义——读李小缘先生的《民众图书馆学》[J]. 中国图书馆学报，2008 (01)：93 - 95.

[93] 盛小平，吴菁. 知识管理流派浅析 [J]. 国家图书馆学刊，2007 (01)：55 - 61，94.

[94] 石伟主编，组织文化 [M]. 复旦大学出版社，2010.

[95] 时勘，韩晓燕，郑丹辉，时雨，邱孝一. 组织文化图式观的研究述评 [J]. 管理学报，2014 (01)：149 - 156.

[96] 苏东水. 管理心理学（第四版）[M]. 上海：复旦大学出版社，2002.

[97] 苏敬勤，李召敏. 案例研究方法的运用模式及其关键指标 [J]. 管理学报，2011，8 (3)：112 - 120.

[98] 粟慧，何小萍. 图书馆因社会责任而诞生、发展——责任驱动管理 [J]. 图书与情报，2006，(03)：1 - 5.

[99] 索传军. 关于图书馆核心竞争力的认识与思考 [J]. 图书馆，2011 (02)：43 - 45.

[100] 泰勒，连树声译. 原始文化：神话，哲学，宗教，语言，艺术和习俗发展之研究

[M]. 上海：上海文艺出版社，1992.

[101] 谭祥金. 东莞图书馆的崛起［J］. 图书馆论坛，2007（04）：163－166，118.

[102] 谭祥金. 全国文化信息资源共享工程与公共图书馆服务理念［J］. 图书馆建设，2008（02）：13－14，18.

[103] 唐野琛. 新建本科院校图书馆文化建设的实证研究－以广西壮族自治区为例［J］. 图书馆，2012（3）：70－73.

[104] 田瑞华. 行政文化视域下的领导执行力提升［J］. 领导科学，2013（23）：29－30.

[105] 汪凤炎，邓红著. 中国文化心理学［M］. 广州：暨南大学出版社，2005.

[106] 王蓓. 知识经济环境下图书馆组织文化的构建［J］. 图书情报论坛，2012（05）：31－34.

[107] 王超逸，李庆善. 企业文化学原理［M］. 北京：高等教育出版社，2009.

[108] 王刚明，田茂亭，王舰三. 创办流动扶贫书屋——落实文化图书支农的有益探索［J］. 山东图书馆季刊，2007（04）：22－23，30.

[109] 王胜祥. 论图书馆文化［J］. 黑龙江图书馆，1989，（03）：14－16.

[110] 王世伟.《公共图书馆服务规范》的编制及其特点论略［J］. 国家图书馆学刊，2012（02）：6－11.

[111] 王世伟. 关于加强图书馆公共文化服务体系结构与布局的若干思考［J］. 图书馆，2008（02）：5－7，13.

[112] 王世伟. 论创建适应并促进图情事业发展的组织文化［J］. 图书情报工作，2002（05）：87－92.

[113] 王世伟. 论中国大城市图书馆综合文化功能及其开发［J］. 图书馆，1996（02）：18－21，28.

[114] 王世伟. 图书馆精神文化的整合与创新［J］. 图书馆，2004（05）：28－30.

[115] 王世伟. 图书馆文化多样性服务述略——以上海图书馆为例［J］. 深图通讯，2008（02）：2－5.

[116] 王松林. 图书馆组织对象及其层次研究［J］. 中国图书馆学报，2010（01）：40－44.

[117] 王余光，汪琴. 世纪之交读者阅读习惯的变化［J］. 图书情报知识，2005（04）：5－8.

[118] 王知津，樊振佳. 当代中国语境下的图书馆核心价值［J］. 中国图书馆学报. 2007（05）.

[119] 王子舟，吴汉华. 图书馆职业的发展前景［J］. 中国图书馆学报，2008（02）：16－23.

[120] 王子舟. 伟大的力量来自于哪里——解读社会力量办馆助馆［J］. 中国图书馆学报，2010（03）：26－33.

[121] 魏毅. 我国高校图书馆文化建设研究现状综述 [J]. 江西图书馆学刊, 2011 (1): 20-22.

[122] 吴凡. 图书馆文化与大学校园文化的互动建设 [J]. 图书馆, 2006 (05): 91-93.

[123] 吴蕃蕤. 企业诊断基础 [M]. 北京: 清华大学出版社, 2005.

[124] 吴汉华. 图书馆延伸服务的含义与边界 [J]. 大学图书馆学报, 2010 (06): 21-26.

[125] 吴齐, 赵青, 祁宁. 高校图书馆文化建设在构建和谐校园中彰显活力——以沈阳建筑大学图书馆为例 [J]. 图书馆学刊, 2008 (6): 75-78.

[126] 吴慰慈. 图书馆学基础理论研究述评 (1995~2004 年) [J]. 中国图书馆学报, 2005 (02): 15-19.

[127] 吴慰慈主编. 图书馆学概论 [M]. 北京: 北京图书馆出版社, 2008.

[128] 夏义堃. 政府信息资源管理与公共信息资源管理比较分析 [J]. 情报科学, 2006 (04): 531-536.

[129] 萧俊明. 文化的语境与渊源——文化概念解读之一 [J]. 国外社会科学, 1999 (3): 18-25.

[130] 肖珑, 燕今伟, 关志英. 高校人文社科外文资源的布局与保障方法 [J]. 大学图书馆学报, 2008 (06): 2-7.

[131] 肖希明, 张新鹤. 构建数字环境下的图书馆管理文化 [J]. 图书与情报, 2009 (06): 20-23.

[132] 肖希明, 张新兴. 公共图书馆服务体系中文献资源建设探讨 [J]. 中国图书馆学报, 2011 (06): 4-10.

[133] 肖希明. 构建和谐的图书馆服务文化 [J]. 图书馆建设, 2006 (01): 1-3.

[134] 肖希明. 论图书馆职业精神 [J]. 图书馆论坛, 2004 (06): 64-66, 79.

[135] 肖希明. 图书馆管理文化的核心精神 [J]. 图书情报知识, 2005 (05): 20-22, 101.

[136] 谢洪明, 王成, 葛志良. 核心能力: 组织文化和组织学习作用 [J]. 南开管理评论, 2006 (04): 104-110.

[137] 胥可, 张美萍. 图书馆文化刍议 [J]. 图书馆学研究, 1991 (04): 13-15, 111.

[138] 徐长江, 时勘. 领导者组织文化匹配模式的研究构思 [J]. 管理评论, 2003 (07): 45-50, 64.

[139] 徐建华, 崔轲娃. 职业生涯层面的图书馆职业问题——对天津地区高校图书馆两次职业调查的比较分析 [J]. 图书与情报. 2006 (02).

[140] 徐立纲. 以图书馆文化提升图书馆员忠诚度的思考 [J]. 福建图书馆理论与实践, 2012 (1): 39-41.

[141] 徐联仓. 组织行为学 [M]. 北京：中央广播电视大学出社，1993.
[142] 徐双，刘勇. 当前图书馆文化建设的问题、原则及对策 [J]. 图书馆建设，2010 (2)：24 -26.
[143] 徐双，刘勇. 基于 OCQ 模型的图书馆文化评价指标体系的构建 [J]. 图书情报工作，2010 (11)：44 -47.
[144] 许小东. 组织诊断的程序与方法 [J]. 应用心理学，1991 (03)：58 -62.
[145] 许一. 文化管理 - 柔性领导的实践内核 [J]. 领导科学，2010 (11)：11 -13.
[146] 闫敏. 试论高校图书馆文化建设方法 [J]. 图书馆工作与研究，2010 (3)：24 -27.
[147] 燕今伟. 图书馆联盟的构建模式和发展机制研究 [J]. 中国图书馆学报，2005 (04)：24 -29.
[148] 尹波，许茂增，林锋，赵军. 组织文化定量分析方法研究述评和展望 [J]. 管理学报，2013 (03)：463 -467.
[149] 尹波. 组织文化分析方法及应用研究 [D]. 成都：电子科技大学博士学位论文，2009：12.
[150] 尹波. 组织文化一致性单元确定方法研究 [J]. 管理评论，2010 (10)：122 -128.
[151] 于良芝，李晓新，朱艳华，刘煜蕾. 公共图书馆的使命与服务：基于内容分析法的国内外比较研究 [J]. 图书馆论坛. 2007 (06)：21 -28.
[152] 张德主编，企业文化建设（第二版）[M]. 北京：清华大学出版社，2009.
[153] 张广钦. 民营图书馆的界定、类型与研究现状 [J]. 图书情报工作，2007 (01)：6 -10.
[154] 张锦周. 关于图书馆文化建设的思考 [J]. 图书馆论坛，2005 (03)：65 -67.
[155] 张培峰. 从组织文化看员工敬业度 [J]. 中外企业文化，2009，(03)：25 -29.
[156] 张伟. 图书馆文化研究 [J]. 图书与情报，1991 (02)：1 -5.
[157] 张旭，武春友. 组织文化与公司绩效关系的实证研究 [J]. 南开管理评论，2006 (03)：50 -54.
[158] 张学福. 我国公共图书馆文化建设研究现状综述 [J]. 吉林省教育学院学报（中旬），2012 (8)：147 -148.
[159] 张映芳. 大学生对高校图书馆阅读文化评价的实证研究——以广东药学院图书馆为例 [J]. 情报探索，2012 (6)：125 -127.
[160] 章春野. 论图书馆的文化使命 [J]. 图书馆工作与研究，2010 (03)：9 -13.
[161] 赵秀婷. 图书馆文化心态建设浅论 [J]. 图书馆学刊，1995 (02)：3 -4.
[162] 赵益民，詹越，柯平. 基于生态竞争的公共图书馆定位研究 [J]. 国家图书馆学刊，2008 (04)：35 -39.
[163] 郑伯埙. 组织文化与员工效能：上下契合度的效果 [J]. 中华心理学刊，1995

(1)：36－46.

[164] 周海波. 组织文化、管理价值和组织公民行为［J］. 科技管理研究，2007（06）：228－229，242.

[165] 周和平. 建设国图文化促进事业发展［J］. 中国图书馆学报，2001（2）：3－4，10.

[166] 周军. 试论图书馆的服务组合战略［J］. 情报资料工作，2011（01）：82－88.

[167] 周庆山，李瀚瀛，朱建荣，李腾东. 信息生态学研究的概况与术语界定初探［J］. 图书与情报，2006（06）：24－29.

[168] Abbasi E，Zamani－Miandashti N. The role of transformational leadership，organizational culture and organizational learning in improving the performance of Iranian agricultural faculties［J］. Higher Education，2013，66（4）：505－519.

[169] Abiodun O A，Siddiq M S B. Organizational Culture，Leadership and Performance in Nigeria：Moderating Effect of Ethical Decision［J］. PROCEEDIGS OF ARCCIT2013 II INTERNATIONAL，2013：17.

[170] Acar A Z，Acar P. Organizational Culture Types and Their Effects on Organizational Performance in Turkish Hospitals［J］. EMAJ：Emerging Markets Journal，2014，3（3）：18－31.

[171] Aier S. The role of organizational culture for grounding，management，guidance and effectiveness of enterprise architecture principles［J］. Information Systems and E－Business Management，2014，12（1）：43－70.

[172] Banaszak－Holl J，Castle N G，Lin M K，et al. The Role of Organizational Culture in Retaining Nursing Workforce［J］. The Gerontologist，2013：129.

[173] Banaszak－Holl J，Castle N G，Lin M，et al. An assessment of cultural values and resident－centered culture change in US nursing facilities［J］. Health care management review，2013，38（4）：295－305.

[174] Barker J W. Triggering constructive change by managing organizational culture in an academic library［J］. Library acquisitions. Practice and theory，1995，19（1）：9－19.

[175] Brawne，M. Introduction. In Library builders［M］//Brawne，M.，ed.. Toronto：Wiley& Sons，1997：6－9.

[176] Campbell E C，Ross M，Webb K L. Improving the Nutritional Quality of Emergency Food：A Study of Food Bank Organizational Culture，Capacity，and Practices［J］. Journal of Hunger & Environmental Nutrition，2013，8（3）：261－280.

[177] Charmaz K. Constructing grounded theory：A practical guide through qualitative analysis［M］. Pine Forge Press，2006.

[178] Chatman J A，Caldwell D，O'Reilly C，et al. Parsing Organizational Culture：The Joint

Influence of Culture Content and Strength on Performance in High – Technology Firms [J]. University of California, Berkeley, 2013.

[179] Chatman J. Improving interactional organizational research: A model of person organization fit [J]. Academy of Management Review, 1989 (14) : 333 – 349.

[180] Colley S K, Lincolne J, Neal A. An examination of the relationship amongst profiles of perceived organizational values, safety climate and safety outcomes [J]. Safety science, 2013, 51 (1): 69 – 76.

[181] Conger, J. A., and Kanungo, R. N. "Toward a Behavioral Theory of Charismatic Leadership in Organizational Settings." [J] Academy of Management Review, 1987, 12, 637 - 647.

[182] Curteanu D, Constantin I. Organizational culture diagnosis – a new model [J]. Manager (University of Bucharest, Faculty of Business & Administration), 2010 (11): p14 – 21.

[183] Dang N H. The influence of organizational culture – related factors on voluntary turnover in SMEs [D]. AUT University, 2013.

[184] Davis M L, Wehbe – Janek H, Pinto R, et al. The Trauma Center Organizational Culture Survey: Initial Studies on Survey Validation and Assessment of Trauma Centers [J]. Journal of Surgical Research, 2014, 186 (2): 658 – 658.

[185] DeBode J D, Armenakis A A, Feild H S, et al. Assessing Ethical Organizational Culture Refinement of a Scale [J]. The Journal of Applied Behavioral Science, 2013, 49 (4): 460 – 484.

[186] Denison D R, Mishra A K. Toward a theory of organizational culture and effectiveness [J]. Organization science, 1995, 6 (2): 204 – 223.

[187] Denison, D. R. Bringing corporate culture to the bottom line [J]. Organizational Dynamics, 1984, 13 (20): 4 – 22.

[188] Ekwutosi O C, Moses O S. Internalization of Organizational Culture: A Theoretical Perspective [J]. International Journal of Business Tourism and Applied Sciences 2013, 1 (2): 77 – 96

[189] Farkas M G, Hinchliffe L J. Library Faculty and Instructional Assessment: Creating a Culture of Assessment through the High Performance Programming Model of Organizational Transformation [J]. Collaborative Librarianship, 2013, 5 (3).

[190] Fisher R E. Taking a Normative Approach to Organizational Culture Change on Critical Infrasturcture Protection: A Dissertation Submitted in Partial Fulfillment of the Requirements for the Degree of Doctor of Philosophy in Organization Development [D]. Benedictine University., 2013.

[191] Fiske, S., & Taylor, S. Social cognition (2nd ed.) [M]. New York: McGraw –

Hil, 1991.

[192] García – Herrero S, Mariscal M A, Gutiérrez J M, et al. Bayesian network analysis of safety culture and organizational culture in a nuclear power plant [J]. Safety Science, 2013, 53: 82 – 95.

[193] Gimenez – Espin J A, Jiménez – Jiménez D, Martinez – Costa M. Organizational culture for total quality management [J]. Total Quality Management & Business Excellence, 2013, 24 (5 – 6): 678 – 692.

[194] Glaser B G, Strauss A L. The discovery of grounded theory: Strategies for qualitative research [M]. Transaction Books, 2009.

[195] Grey C. An organizational culture of secrecy: the case of Bletchley Park [J]. Management & Organizational History, 2014, 9 (1): 107 – 122.

[196] Jacobs R, Mannion R, Davies H T O, et al. The relationship between organizational culture and performance in acute hospitals [J]. Social Science & Medicine, 2013, 76: 115 – 125.

[197] Jorgensen, Danny L. , ed. Participant observation: A methodology for human studies. [M]. Newbury Park; London; New Delhi: Sage Publications. 1989.

[198] Kaarst – Brown M L, Nicholson S, Von Dran G M, et al. Organizational cultures of libraries as a strategic resource [J]. 2004.

[199] Kalyar M N, Rafi N. 'Organizational learning culture': an ingenious device for promoting firm's innovativeness [J]. The Service Industries Journal, 2013, 33 (12): 1135 – 1147.

[200] Kanungo R N, Hartwick J. An alternative to the intrinsic – extrinsic dichotomy of work rewards [J]. Journal of Management, 1987, 13 (4): 751 – 766.

[201] Kanungo R N. Jaeger. AM. Introduction: The Need for Indigenous Management in Developing Countries [J]. Jaeger. AM and Kanungo, RN (eds) Management in Developing Countries, London: Routledge. 1990.

[202] Kassim N A, Shoid M S M. Organizational learning capabilities and knowledge performance in Universiti Teknologi MARA (UiTM) Library, Malaysia [J]. World Applied Sciences Journal, 2013, 21 (1): 93 – 97.

[203] Kaya N, Ergün E, Kesen M. The Effects of Human Resource Management Practices and Organizational Culture Types on Organizational Cynicism: An empirical study in Turkey [J]. British Journal of Arts & Social Sciences, 2014, 17 (1).

[204] Khalghani A, Reshadatjoo H, Iran – Nejad – Parizi M. A study on organizational culture, structure and information technology as three KM enablers: A case study in five Iranian medical and healthcare research centers [J]. Management Science Letters, 2013, 3 (1).

[205] Kim J. A cross - level study of transformational leadership and organizational affective commitment in the Korean Local Governments: Mediating role of procedural justice and moderating role of culture types based on competing values framework [J]. Leadership, 2013.

[206] Kim S. Cameron and Robert E. Quinn, Diagnosing and Changing Organizational Culture: Based on The Competing Values Framework, [M] Addison Wesley, 1998.

[207] Klein A S. Organizational culture and business strategy: Culture as a source of competitivc advantagc [J]. 2014.

[208] Kristof, A. Person - organization fit: An integrative review of its conceptualizations, measurement, and implications [J]. Personnel Psychology, 1996 (49): 1 -49.

[209] Kroeber A L, Kluckhohn C. Culture: A critical review of concepts and definitions [J]. Papers. Peabody Museum of Archaeology & Ethnology, Harvard University, 1952.

[210] Lewin, K. The conceptual representation and measurement of psychological forces [M]. Durham, NC: Duke University Press, 1938.

[211] Liang C, Liu Y L. The Mediating Roles of Generative Cognition and Organizational Culture between Personality Traits and Student Imagination [J]. IJEP - International Journal of Educational Psychology, 2014, 3 (1): 49 -68.

[212] Lockwood C. Rethinking Organizational Culture as a Toolkit: Implications for Organizational Identity [C] //Academy of Management Proceedings. Academy of Management, 2013, 2013 (1): 10935.

[213] Loewald//Kenneth C. Wallis and James L. Poulton Internalization: The Origins and Construction of Internal Reality [M], Buckingham: Open University Press, 2001.

[214] Lukas B A, Whitwell G J, Heide J B. Why do customers get more than they need? how organizational culture shapes product capability decisions [J]. Journal of Marketing, 2013, 77 (1): 1 -12.

[215] Mai Y. The Influences of Knowledge Mamagement Capability on Organizational Culture Strength and Performances [J]. 2013.

[216] Malinconico S M. Managing Organizational Culture [J]. Library Journal, 1984, 109 (7): 791 -93.

[217] Malinowski B K, Cairns H. A Scientific Theory of Culture and Other Essays: With a Preface by Huntington Cairns [M]. Oxford University Press, 1960.

[218] Mark Mallinger, Ileana Rizescu. Personality Traits and Workplace Culture: Online tests measure the fit between person and organization [DB/OL]. [2013 - 10 - 28]. http: //gbr. pepperdine. edu/2010/08/personality - traits - and - workplace - culture.

[219] Martin, J. Cultures in organizations: Three perspectives [M]. New York, NT: Oxford University Press, 1992.

[220] Mawhinney T C. Organizational Culture Rule – Governed Behavior and Organizational Behavior Management [M]. Routledge, 2013.

[221] Mawhinney T C. Organizational Culture Rule – Governed Behavior and Organizational Behavior Management [M]. Routledge, 2013.

[222] Mierke J. Leadership development to transform a library [J]. Library Management, 2013, 35 (1/2): 6.

[223] Montgomery A, Todorova I, Baban A, et al. Improving quality and safety in the hospital: The link between organizational culture, burnout, and quality of care [J]. British journal of health psychology, 2013, 18 (3): 656 – 662.

[224] Nica E. Organizational Culture in the Public Sector [J]. Economics, Management, and Financial Markets, 2013 (2): 179 – 184.

[225] Nieminen L, Biermeier – Hanson B, Denison D. Aligning leadership and organizational culture: The leader – culture fit framework for coaching organizational leaders [J]. Consulting Psychology Journal: Practice and Research, 2013, 65 (3): 177.

[226] O'Reilly C A, Chatman J, Caldwell D F. People and organizational culture: A profile comparison approach to assessing person – organization fit [J]. Academy of management journal, 1991, 34 (3): 487 – 516.

[227] Ortega A, Sastre M A. Impact of perceived corporate culture on organizational commitment [J]. Management Decision, 2013, 51 (5): 11 – 11.

[228] Ostrow R. Library culture in the electronic age: a case study of organizational change [D]. Rutgers, the State University of New Jersey, 1998: 31 – 33.

[229] Pattison L, Williamson V. Organizational culture, structures and styles: impact of new technologies [J]. Çevrimiçi] Elektronik adres: http: //web. simmons. edu/ ~ chen/nit/NIT, 1992, 92.

[230] Perry C R. Bionix Diagnostics' Organizational Culture and [J]. Case Studies in Organizational Behavior and Theory for Health Care, 2013.

[231] Pettigrew A. M. On Studying organizational cultures [J]. Administrative Science Quarterly, 1979, 24 (4): 570 – 581.

[232] Plakhotnik M S, Rocco T S. Organizational culture: A literature review of the AHRD 1994 – 2005 Proceedings [J]. 2013.

[233] Riggs D E. The crisis and opportunities in library leadership [J]. Journal of Library Administration, 2001, 32 (3 – 4): 5 – 17.

[234] Robbins S P, Judge T A. Organizational Behavior [M]. Pearson Higher Ed, 2014.

[235] Russo G M, Tomei P A, Linhares A B J, et al. Correlation Between Organizational Culture and Compensation Strategies Using Charles Handy's Typology [J]. Performance Improvement, 2013, 52 (7): 13 – 21.

[236] Sagiv L. Personal values, national culture and organizations: Insights applying the Schwartz value framework [J]. The handbook of organizational culture and climate, 2013.

[237] Schein E H. Organizational culture and leadership [J]. Zalpa, G. La cultura en las organizaciones empresariales. Estudios sobre las culturas contemporáneas, 2002, 8: 15.

[238] Schein E H. Organizational culture and leadership [M]. San Francisco, CA: Jossey - Bass: 1992.

[239] Schneider B, Ehrhart M C, Maccy W H. Organizational climate and culture [J]. Annual review of psychology, 2013, 64: 361 - 388.

[240] Schneider, B. The people make the place [J]. Personnel Psychology, 1987 (40), 437 - 453

[241] Shaughnessy T W. Organizational Culture in Libraries: some management perspectives [J]. Journal of library administration, 1988, 9 (3): 5 - 10.

[242] Shaw M A, Chapman D W, Rumyantseva N L. Organizational culture in the adoption of the Bologna process: a study of academic staff at a Ukrainian university [J]. Studies in Higher Education, 2013, 38 (7): 989 - 1003.

[243] Shepstone C, Currie C L. Transforming the academic library: creating an organizational culture that fosters staff success [J]. Available electronically from http://hdl.handle.net/10388/266, 2008.

[244] Simamora B H, Jerry M. Current and Preferred Organizational Culture: A Case Study at Private University in Indonesia [J]. International Business Management, 2013, 7 (4): 353 - 358.

[245] Sofo F, Ammirato S, Berzins M. Leadership as a process to create organizational culture and group learning [J]. The International Journal of Knowledge, Culture, and Change in Organizations, 2013, 12.

[246] Song J H, Kolb J A. Learning Organizational Culture and Firm Performance The Mediating Effects of Knowledge Creation in Korean Firms [J]. Journal of Leadership & Organizational Studies, 2013, 20 (2): 252 - 264.

[247] Soyeon Lee. Organizational culture of an academic libraries [D]. Bell&Howell information and learning company, 2000: 30.

[248] Sue R., Faerman. Organizational Change and Leadership Styles [J]. Journal of Library Administration, 19 (3/4) (1993): 55 - 79.

[249] Taheri M, Mahdian M J, Heydari A, et al. The Relationship between Organizational Culture Factors and Knowledge Sharing [J]. 2013.

[250] The Oxford Handbook of Recruitment [M]. Oxford University Press, 2013.

[251] Thompson L M. A quantitative comparative study of organizational culture and leadership accountability within public and private organizations [D]. UNIVERSITY OF PHOENIX, 2013.

[252] Tichy, N. M., Hornstein, H. A., & Nisberg, J. N. Organization diagnosis and intervention strategies: Developing emergent pragmatic theories of change, Current Issue and Strategies in Organization Development [M]. New York, NY: Human Sciences Press, 1977.

[253] Trice, H. M., and Beyer, J. M. The Cultures of Work Organizations [M]. Upper Saddle River, N. J.: Prentice Hall, 1993.

[254] Trompenaars, Fons Peter and Woolliams. A new framework for managing change across cultures [J]. Journal of Change Management, 2003, 3 (4): 361 - 372

[255] Ulusoy G, Kılıç K, Günday G, et al. Intellectual capital and organizational culture: two major determinants of innovativeness in manufacturing firms [J]. International Journal of Innovative Research and Development, 2013.

[256] Uppal N, Nair N, Roy D. Organizational development in a non - profit organization in India: A cultural perspective [C] //Academy of Management Proceedings. Academy of Management, 2013, 2013 (1): 162.

[257] Valeria SALáNKI. Organizational Culture and Communication in the Library [J]. Philobiblon, 2010 (11): 455 - 523.

[258] Van Muijen J J. Organizational culture [J]. Handbook of work and organizational psychology, 2013, 4: 113 - 131.

[259] Van Slyck, A. A. Managing pleasure: Library architecture and the erotics of reading. In The Library as Place: History, Community and Culture [M] //Leckie, G. J. and Buschman, J. eds. Westport, CT: Libraries Unlimited, 2007.

[260] Varner C H. An examination of an academic library culture using a competing values framework [D]. Illinois State University, 1996.

[261] Wagner, G. S. Public library buildings: A semiotic analysis [J]. Journal of Librarianship and Information Science, 1992, 24 (2), 101 - 8.

[262] Walrond - Skinner//Kenneth C. Wallis and James L. Poulton Internalization: The Origins and Construction of Internal Reality [M], Buckingham: Open University Press, 2001.

[263] Wiewiora A, Trigunarsyah B, Murphy G, et al. Organizational culture and willingness to share knowledge: A competing values perspective in Australian context [J]. International Journal of Project Management, 2013, 31 (8): 1163 - 1174.

[264] Wilson M K. Elements of organizational culture superintendents perceive as important to create and maintain a successful organization in times of crisis [D]. UNIVERSITY OF

LA VERNE, 2013.

[265] Wolf D A P S, Dulmus C N, Maguin E, et al. Do Organizational Culture and Climate Matter for Successful Client Outcomes? [J]. Research on Social Work Practice, 2013.

[266] Wouters K, Maesschalck J. Surveying organizational culture to explore grid – group cultural theory: instrument design and preliminary empirical results [J]. International Journal of Organizational Analysis, 2013.

[267] Xue D, Zhou P, Bundorf M K, et al. The association of strategic group and organizational culture with hospital performance in China [J]. Health care management review, 2013, 38 (3): 258 – 270.

[268] Yin, R. K.. Case study research: Design and methods. [M] Newbury Park: Sage. 2003.

[269] Zhu C, Engels N. Organizational culture and instructional innovations in higher education Perceptions and reactions of teachers and students [J]. Educational Management Administration & Leadership, 2014, 42 (1): 136

附　录

附录 A　专家访谈提纲

尊敬的各位专家：

您好！我是南开大学信息资源管理系柯平教授的博士研究生，目前正在撰写博士论文《我国公共图书馆组织文化诊断研究》。随着社会环境的不断变化，公共图书馆面临着许多发展问题，组织文化作为一种有效的管理手段日益受到重视。组织文化建设的第一步就是要进行组织文化的诊断，以确定问题和变革方向。本研究关注的就是公共图书馆组织文化诊断的相关问题，试图确立公共图书馆组织文化诊断的模型，本访谈用于搜集有关公共图书馆组织文化诊断模型的相关意见，为后续研究提供支持。

访谈内容将被用于学术研究，并严格实行保密原则，请您放心参与。访谈将需要占用您 45 分钟的宝贵时间，非常感谢您的支持与配合！

访谈题目：

1 谈一谈您对组织文化的基本认识？

2 您认为公共图书馆组织文化有什么特殊性吗？

3 您对组织文化的四个层次（物质层、制度层、行为层、精神层）是否熟悉？

4 组织文化诊断是对组织文化的过去、现在和未来的一个整体扫描，发现症结，确定未来发展方向，以您的个人经验而言，您认为在这一过程中，对过去的总结、对现状的分析和对未来的预测三者之间的关系是怎样的？

5 根据网络调查和相关文献的理论分析，本研究构建了公共图书馆组织文化诊断的假设模型，就这一模型您有什么看法或建议？

6 您认为公共图书馆组织文化诊断的影响因素有哪些？比较关键的是哪些？

被访专家个人信息：

1. 性别______；年龄______

2. 所在地区：_____省_____市_____县　单位全称：__________________

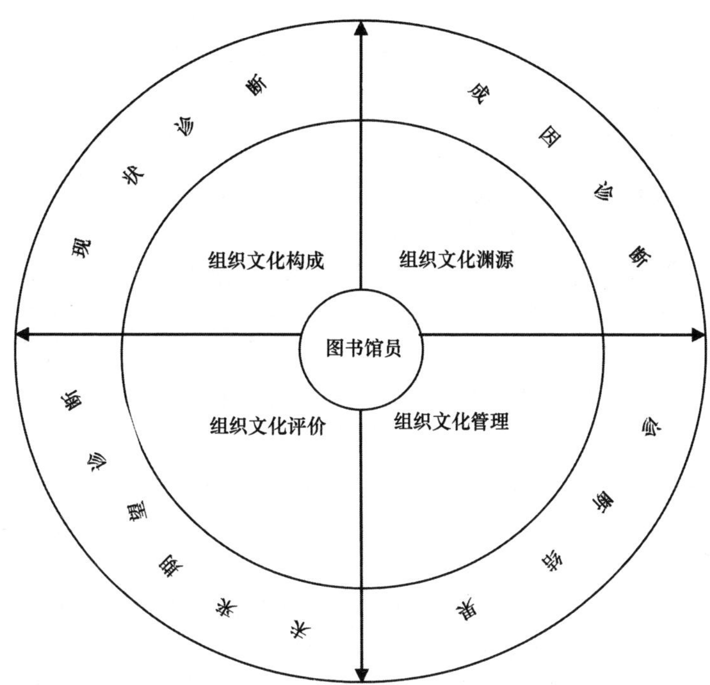

图 A1　公共图书馆组织文化诊断的过程模型初步假设

3. 学 历：□ 大 专　□ 本 科　□ 硕 士　□ 博 士　□ 其他：____________

4. 职称：□研究图书馆员 □副研究图书馆员 □图书馆员 □助理图书馆员 □其他

5. 职务：□馆长　□副馆长　□部门主任　□普通工作人员 □其他

附录B　专家调查问卷

尊敬的图书馆员、领导/专家：

您好！我是南开大学信息资源管理系柯平教授的博士研究生，目前正在撰写博士论文《我国公共图书馆组织文化诊断研究》。近些年，组织文化逐渐成为了组织管理的有效手段。本研究致力于研究公共图书馆组织文化诊断的模型与流程设计。本调查的目的在于了解您对公共图书馆组织文化诊断相关问题的看法。所有问题都没有对与错之分，仅就个人观点或看法选择适当的程度。您的见解和意见对本人的研究至关重要，期望研究成果有助于图书馆管理理论与实践的发展！

本问卷仅供学术研究之用，非常感谢您的积极参与！本问卷共有4页。填答此问卷大约需要45分钟左右，请在您所选择的选项前的“□”内打“√”（纸质版问卷）或将该选项前的“□”或者“√”或者“文字”颜色改为红色（电子版问卷），具体设置方法可以在word中，（见下图中红框处）选择字体颜色更改。同时也可以选中文字或符号后从word菜单栏中选择格式－字体－字体颜色来更改，或选中文字后右键菜单选择字体－字体颜色来更改，在您填答过程中如遇到任何问题，欢迎您随时跟我联系。

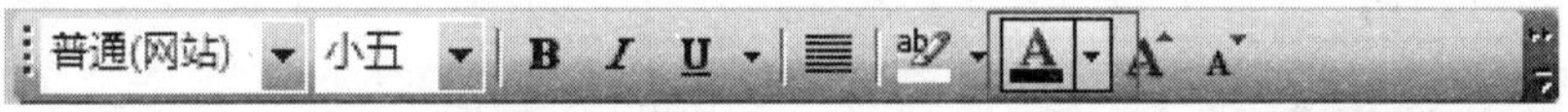

注：（1）图书馆组织文化是指存在于图书馆组织中共同的价值、信念、假设、规范、仪式、人工制品和行为模式等。

（2）图书馆组织文化诊断主要指由相关文化专家和图书馆工作人员对图书馆文化状况进行科学的调查研究工作，以使组织发展同组织文化保持同步。

说明：尽管有的图书馆从未建设过组织文化，但是任何一个组织都有其自己的文化而这一组织文化可能处于孕育阶段，尚未被组织所识别。

第一部分　组织文化的认知

1. 您认为组织文化是?

组织文化是强调以人为本的文化	同意	不同意	不清楚
任何组织都有自己的组织文化	同意	不同意	不清楚
组织文化是组织的核心竞争力	同意	不同意	不清楚
组织文化是组织发展到一定阶段才有的	同意	不同意	不清楚
组织文化就是丰富员工的文化生活	同意	不同意	不清楚

2. 您认为组织文化建设对公共图书馆未来发展影响程度是?

□影响很大 □影响较大 □影响一般 □影响不大 □没有影响

3. 您对组织文化三个层次的熟悉程度?

物质层	非常熟悉	熟悉	一般	不熟悉	非常不熟悉
制度行为层	非常熟悉	熟悉	一般	不熟悉	非常不熟悉
精神层	非常熟悉	熟悉	一般	不熟悉	非常不熟悉

4. 您认为进行公共图书馆组织文化建设的主要困难有哪些?

□缺乏良好的外部环境 □缺乏内部共识 □缺乏动力 □没有完善的公共图书馆管理制度□找不到合适的专业咨询机构 □不想花钱 □不知道怎么做 □不知道有何用 □不清楚组织文化的含义 □其他（请注明：________）

第二部分　图书馆组织文化建设情况调查

1. 贵馆是否进行过图书馆形象设计（CI）

□是（图书馆形象设计是由　□图书馆自己设计　□聘请外部公司设计　□其他_ ）

□否（是否有进行图书馆形象设计的打算　□是　□否）

2. 您认为您所在馆文化活动（包括宣传、文娱、体育等活动）的开展情况如何?

□非常好　□好　□一般　□差　□非常差

3. 您觉得您所在图书馆的工作氛围怎么样?

□非常好 □好 □一般 □差 □非常差

4. 您认为您所在馆的物质文化层面的建设程度是：

□非常完善 □完善 □一般 □不完善 □非常不完善

5 您认为您所在馆的制度文化层面的建设程度是：

□非常完善 □完善 □一般 □不完善 □非常不完善

6. 您认为您所在馆的精神文化层面的建设程度是：

□非常完善 □完善 □一般 □不完善 □非常不完善

第三部分 公共图书馆组织文化诊断的相关理论

1. 您认为有必要进行组织文化诊断吗？

□有必要 □没必要 □不清楚

2. 您认为组织文化诊断的主体应该是：（可多选）

□外部机构（如咨询公司） □外部专家 □上级主管部门 □馆领导 □部门主管 □图书馆员 □读者 □多者参与 □其他（请说明____）

3. 若馆里开展组织文化建设活动，您是否愿意参与决策？

□愿意 □不愿意

4. 假若您是决策者，您更倾向于：

□自我诊断 □联合诊断 □外部诊断

5. 您认为公共图书馆组织文化诊断的内容维度的重要性是：

公共图书馆组织文化诊断的内容维度			完全不重要	不太重要	一般重要	比较重要	非常重要
组织文化环境	外部成因诊断	政治环境影响	1	2	3	4	5
		经济环境影响	1	2	3	4	5
		社会文化影响	1	2	3	4	5
		国际化影响	1	2	3	4	5
		传统文化影响	1	2	3	4	5
		地域文化影响	1	2	3	4	5
		行业文化影响	1	2	3	4	5
	内部成因诊断	馆领导特质分析	1	2	3	4	5
		重大历史事件影响	1	2	3	4	5

续表

<table>
<tr><th colspan="3">公共图书馆组织文化诊断的内容维度</th><th>完全
不重要</th><th>不太
重要</th><th>一般
重要</th><th>比较
重要</th><th>非常
重要</th></tr>
<tr><td rowspan="16">组织文化现状</td><td rowspan="3">总体特征诊断</td><td>组织文化类型判断</td><td>1</td><td>2</td><td>3</td><td>4</td><td>5</td></tr>
<tr><td>组织文化所处的阶段</td><td>1</td><td>2</td><td>3</td><td>4</td><td>5</td></tr>
<tr><td>现有组织文化的测量</td><td>1</td><td>2</td><td>3</td><td>4</td><td>5</td></tr>
<tr><td rowspan="4">物质层诊断</td><td>视觉识别</td><td>1</td><td>2</td><td>3</td><td>4</td><td>5</td></tr>
<tr><td>物质环境</td><td>1</td><td>2</td><td>3</td><td>4</td><td>5</td></tr>
<tr><td>公共图书馆的服务</td><td>1</td><td>2</td><td>3</td><td>4</td><td>5</td></tr>
<tr><td>组织文化的宣传</td><td>1</td><td>2</td><td>3</td><td>4</td><td>5</td></tr>
<tr><td rowspan="3">制度层诊断</td><td>工作制度</td><td>1</td><td>2</td><td>3</td><td>4</td><td>5</td></tr>
<tr><td>责任制度</td><td>1</td><td>2</td><td>3</td><td>4</td><td>5</td></tr>
<tr><td>特殊制度</td><td>1</td><td>2</td><td>3</td><td>4</td><td>5</td></tr>
<tr><td rowspan="3">行为层诊断</td><td>图书馆员个体行为</td><td>1</td><td>2</td><td>3</td><td>4</td><td>5</td></tr>
<tr><td>群体行为</td><td>1</td><td>2</td><td>3</td><td>4</td><td>5</td></tr>
<tr><td>组织行为</td><td>1</td><td>2</td><td>3</td><td>4</td><td>5</td></tr>
<tr><td rowspan="3">精神层诊断
（核心理论分析）</td><td>经营性理念分析</td><td>1</td><td>2</td><td>3</td><td>4</td><td>5</td></tr>
<tr><td>管理型理念分析</td><td>1</td><td>2</td><td>3</td><td>4</td><td>5</td></tr>
<tr><td>体制性理念分析</td><td>1</td><td>2</td><td>3</td><td>4</td><td>5</td></tr>
</table>

6. 公共图书馆组织文化形成文本的必要性：

□有必要　□没有必要　□不清楚

7. 您认为公共图书馆组织文化文本内容应该包括哪些核心要素：（可多选）

□价值观　□图书馆精神　□服务理念　□公共图书馆形象　□战略　□组织结构　□管理方式　□其他（请说明____）

个人基本信息

姓名：	______（若不便透露姓名可以不填，完成下面信息即可）
性别：	□男 □女
年龄：	□30岁及以下 □31－40岁 □41－50岁 □51岁及以上
文化程度：	□初中或以下 □中专、高中 □大专 □大学本科 □硕士 □博士
所学专业：	□文史哲法律 □经济 □管理 □理工农医 □其他
职务：	□馆长 □副馆长 □部门主任 □书记 □其他（请注明：________）
职称：	□研究图书馆员（正高级） □副研究图书馆员（高级） □图书馆员（中级） □助理图书馆员（初级） □无
所在馆级别：	□省级图书馆 □市级图书馆 □县级图书馆 □县级以下图书馆
所在馆类型细分	□少儿图书馆 □社区图书馆 □园区图书馆 □农村图书室 □其他（请注明：________）
贵馆拥有员工数	______________人
贵馆所在省市地区：	______________
贵馆全称为：	______________

您是否愿意在此次专家调查活动的参与名单中公开您的姓名？ □是 □否

如果您希望得到此次专家调查的分析结果，敬请留下邮箱地址，本人将及时呈上。

问卷到此结束，再次感谢您的参与和支持！

附录 C 普通员工访谈提纲

您好！我是南开大学商学院信息资源管理系的博士研究生，目前正在进行我的博士生毕业论文《我国公共图书馆组织文化诊断研究》。本次调研的目的是要了解山东省图书馆组织文化的历史、现状及未来的改进方向，您的见解和意见对于本研究至关重要，您对访谈问题的认真回答将是对木研究的大力支持！非常感谢您的积极参与！

访谈中所涉及的被访者的信息仅供学术研究之用，绝不对外公开您的相关信息。在论文中也会使用代号代替本人的信息，请您放心的回答问题！

您对访谈提纲内容的谈话本身无对错好坏之分，仅表明您对问题的理解、看法和意见。提纲所列题目，仅为您提供一个思考的方向。在具体访谈时，会根据访谈对象的不同，选择相应的题目。

请简单介绍一下您的个人情况与工作经历，并谈一谈您所在部门的情况？您的具体工作是什么？

1. 您认为公共图书馆是一个什么样的组织？

2. 在公共图书馆工作有什么优势？

3. 作为一名图书馆员，工作中最大的困难是？

4. 图书馆员中有没有什么比较传奇的故事？

5. 您认为中国传统文化、地域文化和行业文化中哪些对工作有较大的影响？能举个例子吗？工作中和其他图书馆员相比有没有感觉到什么文化差异？(例如南北地区差异等)

6. 在馆里的工作关系怎么样？(员工间的关系，部门间的关系)

7. 您到图书馆工作有多少年了？自您入馆工作以来，馆里的工作氛围等有没有什么变化？如果有，是什么样的变化？

8. 您认为目前的工作氛围有什么特征？

9. 您觉得目前的上下属关系怎么样？

10. 您觉得优秀的领导关系应该是什么样的？

11. 目前馆里对您的岗位是如何考核的？结果怎么样？是否会及时反馈？

12. 馆里提供哪些支持员工生活的活动和未来职业发展的制度，您参与过哪些？

13. 您主持过或参加过图书馆的哪些重要的管理活动？如战略规划、绩效评估、先进评选等。

14. 您认为目前的工作氛围是否符合未来图书馆发展的需要？如果不符合，您认为应该从哪些方面改进？

附录 D　中层访谈提纲

您好！我是南开大学商学院信息资源管理系的博士研究生，目前正在进行我的博士生毕业论文《公共图书馆组织文化诊断研究》。本次调研的目的是要了解山东省图书馆组织文化的历史、现状及未来的改进方向，您的见解和意见对于本研究至关重要，您对访谈问题的认真回答将是对本研究的大力支持！非常感谢您的积极参与！

访谈中所涉及的被访者的信息仅供学术研究之用，绝不对外公开您的相关信息。在论文中也会使用代号代替本人的信息，请您放心的回答问题！

您对访谈提纲内容的谈话本身无对错好坏之分，仅表明您对问题的理解、看法和意见。提纲所列题目，仅为您提供一个思考的方向。在具体访谈时，会根据访谈对象的不同，选择相应的题目。

1. 您认为公共图书馆是一个什么样的组织？
2. 在公共图书馆工作有什么优势？
3. 工作中最大的困难是？
4. 当前馆内职工的思想状况怎么样？是什么原因？
5. 图书馆员中有没有什么比较传奇的故事？
6. 当前馆内的管理现状有什么优势和不足？如何改进？
7. 您认为中国传统文化、地域文化和行业文化中哪些对工作有较大的影响？能举个例子吗？工作中和其他图书馆员相比有没有感觉到什么文化差异？（例如南北地区差异等）
8. 在馆里的工作关系怎么样？（员工间的关系，部门间的关系）
9. 您认为在过去的十年里，馆里的工作氛围等有没有什么变化？如果有，是什么样的变化？
10. 您觉得目前的上下属关系怎么样？
11. 您觉得优秀的领导关系应该是什么样的？
12. 您认为我们馆的优势有哪些？我馆的发展受到哪些因素的影响？
13. 您主持过或参加过图书馆的哪些重要的管理活动？比如战略规划、绩效评估、先进评选等
14. 您认为目前的工作氛围是否符合未来图书馆发展的需要？如果不符合，您认为应该从哪些方面改进？

15. 您认为我馆目前缺失什么样的精神？需要提倡什么样的文化？

16. 您认为我馆在培育图书馆精神、提高员工素质方面进行了哪些探索？形成了哪些特色的做事原则和优良传统？

17. 请您用一句话概括一下我馆的特征。

附录 E　高层访谈提纲

您好！我是南开大学商学院信息资源管理系的博士研究生，目前正在进行我的博士生毕业论文《公共图书馆组织文化诊断研究》。本次调研的目的是要了解山东省图书馆组织文化的历史、现状及未来的改进方向，您的见解和意见对于本研究至关重要，您对访谈问题的认真回答将是对本研究的大力支持！非常感谢您的积极参与！

访谈中所涉及的被访者的信息仅供学术研究之用，绝不对外公开您的相关信息。在论文中也会使用代号代替本人的信息，请您放心的回答问题！

您对访谈提纲内容的谈话本身无对错好坏之分，仅表明您对问题的理解、看法和意见。提纲所列题目，仅为您提供一个思考的方向。在具体访谈时，会根据访谈对象的不同，选择相应的题目。

1. 您认为公共图书馆是一个什么样的组织？
2. 在公共图书馆工作有什么优势？
3. 图书馆员中有没有什么比较传奇的故事？
4. 从 1909 年至今，山东省图书馆取得了骄人的成绩，您认为主要原因有哪些？
5. 我馆未来的发展目标是什么？这些目标需要什么样的文化做支撑？
6. 您认为我馆在培育图书馆精神、提高员工素质方面进行了哪些探索？形成了哪些特色的做事原则和优良传统？
7. 您认为在过去的十年里，馆里的工作氛围等有没有什么变化？如果有，是什么样的变化？
8. 您主持过或参加过图书馆的哪些重要的管理活动？比如战略规划、绩效评估、先进评选等
9. 您认为目前的工作氛围是否符合未来图书馆发展的需要？如果不符合，您认为应该从哪些方面改进？
10. 您认为公共图书馆的组织文化应该是怎样的？要建成这样的文化需要做哪些努力？
11. 您认为我馆目前缺失什么样的精神？需要提倡什么样的文化？
12. 您对我馆企业文化建设的目的、要求和期望是什么？
13. 您认为该如何看待行业文化和我馆的组织文化之间的关系？
14. 请您用一句话概括一下我馆的特征。

附录 F 山东省图书馆组织文化调查问卷

尊敬的女士/先生：

您好！为进一步了解山东省图书馆组织文化的现状，用群体的智慧和力量，群力群策，共同创建具有我馆特色的组织文化体系，非常希望听取您的宝贵意见和建议，特展开本次问卷调查活动，希望得到您的支持和帮助，并深表谢意！

问卷调查要求与说明：

填答问卷时请仔细审题，认真思考；请选填自己真实的想法，不要与他人商量；

须统一使用墨水笔和圆珠笔填写，不要使用铅笔，不要在问卷上乱涂乱画；

按要求择填选项，在“其它”栏中可填写您的新观点，不受其它选项限制；

每个问题下面都列有若干答案选项，请将您选中的答案选项代码填写在题后的黑线上；

本次调查采取无记名方式，答案无对错之分，请您不必有任何顾虑；

根据国家的统计法，我们将对统计资料保密，所有个人资料只用于我馆组织文化建设的综合性研究。

第一部分 个人基本情况

1. 您的性别：□男 □女

2. 您在图书馆工作的时间：□1 年以内 □1 – 3 年 □3 – 5 年 □5 – 10 年 □10 年以上

3. 您的文化程度：□专科及以下 □本科 □硕士研究生 □博士研究生及以上

4. 您的职务：□一般工作人员 □部门副主任 □部门主任 □副馆长 □馆长

5. 您的职称：□初级及其以下 □中级 □副高级 □高级

6. 所在部门：

第二部分　山东省图书馆组织发展的影响因素

第二部分 山东省图书馆组织发展的影响因素						
组织发展的影响因素		重要性 不重要——→重要				
		完全不重要	不太重要	一般重要	比较重要	非常重要
外部因素	政治环境影响	1	2	3	4	5
	经济环境影响	1	2	3	4	5
	社会文化影响	1	2	3	4	5
	国际化影响	1	2	3	4	5
	传统文化影响	1	2	3	4	5
	地域文化影响	1	2	3	4	5
	行业文化影响	1	2	3	4	5
内部因素	建筑与设备	1	2	3	4	5
	资源	1	2	3	4	5
	管理	1	2	3	4	5
	人员	1	2	3	4	5
	制度	1	2	3	4	5
	服务水平	1	2	3	4	5
	沟通与交流	1	2	3	4	5
	宣传与推广	1	2	3	4	5

第三部分　山东省图书馆组织文化现状认知

一、图书馆综合概况

1. 您对本馆发展历史的了解程度如何？

□非常了解　□了解　□一般　□模糊　□完全不了解

2. 您认为本馆文化活动（包括宣传、文娱、体育等活动）的开展情况如何？

□非常好 □好 □一般 □差 □非常差

3. 您觉得您所在图书馆的工作氛围怎么样？

□非常好 □好 □一般 □差 □非常差

4. 您认为本馆的组织文化体系的完善程度如何？

□非常完善 □完善 □有待提升 □模糊不清 □根本没有

二、现状认知

1. 您认为本馆的建筑是否表达了图书馆目前的文化积淀？

□可以充分表达，符合图书馆未来发展的需要 □可以表达，满足图书馆当前发展需要 □部分表达，不完全 □不能表达图书馆的文化积淀 □不清楚

2. 您认为本馆的设备与同行业相比处于什么样的水平：

□领先于其他图书馆 □优于一般的图书馆 □处于中游水平 □落后于先进的图书馆 □处于下游水平

3. 您认为本馆的资源与同行业相比处于什么水平：

□领先于其他图书馆 □优于一般的图书馆 □处于中游水平 □落后于先进的图书馆 □处于下游水平

4. 您认为本馆的读者服务与同行业相比处于什么水平：

□领先于其他图书馆 □优于一般的图书馆 □处于中游水平 □落后于先进的图书馆 □处于下游水平

5. 您对本馆现任高层的信任和尊重情况：

□一直很信任 □逐步加强信任 □逐步减少信任 □没信任过 □弃权

6 您认为本馆各部门对下发的各项指令的执行情况如何？

□非常好 □好 □一般 □差 □非常差

7. 您认为本馆以什么标准来选用人才？

□德才兼备 □人情关系 □注重能力 □注重学历 □其他________

8. 您认为本馆在人尽其才、才尽其用方面能够做到什么程度？

□非常好 □好 □一般 □差 □非常差

9. 您选择并坚持在公共图书馆工作的原因是：

□稳定 □压力小 □适合个人的性格 □离家比较近 □专业对口 □喜欢 □图书馆有丰富的资源，文化氛围浓厚 □社会地位高，受人尊重 □其他____________

10. 在本馆工作，您个人认为：

□很有前途　□有发展机会　□说不清楚　□令人悲观　□其他______

11. 您感觉现在的工作压力大吗?

□非常大　□大　□一般　□小　□非常小

12. 您是否愿意把您的知识、经验与您的同事分享?

□非常愿意　□愿意　□一般　□不愿意　□非常不愿意

13. 如果您对上级或同事的言行有不同看法或不满，您会：

□向本部门同事抱怨　□向本部门领导抱怨　□向家人抱怨　□不抱怨　□向馆里情感比较好的同事抱怨　□向其他部门领导抱怨　□向馆长抱怨　□其他______

14. 您认为要想在馆里很好的发展主要是依靠：

□工作得到领导认可　□专业水平高　□工作态度好　□和同事搞好关系　□其他__

15. 您认为图书馆未来的发展方向应该是：

□争做国内一流图书馆　□做好基本服务　□整合资源，开创服务品牌　□开展延伸服务，服务多类型的读者　□引进先进的 IT 技术，提高图书馆的自动化水平　□重视数字阅读，开发数字图书馆

16. 您的工作是完全遵照相关的管理制度开展吗?

□完全遵照　□基本遵照　□不完全遵照　□经常不遵照　□基本不遵照

17. “不按照制度办事”在本馆的普遍程度是?

□非常普遍　□比较普遍　□普遍　□较少　□几乎没有

18. 本馆有没有能够代表本馆精神的模范员工?

□有　□不清楚　□没有

19. 您喜欢团队协作，还是独立单干?

□团队协作　□独立单干　□不清楚

第四部分　山东省图书馆组织文化现状评价与未来预期

本部分的题目旨在了解您所在图书馆组织文化的现状和您对未来的预期，共 6 个题目，每个题目有 4 个选项，每个选项之间没有对与错之分，仅对每个选项的认可程度按照 100 分制进行打分即可，保证四个选项之和为 100。

	1. 主要特征	现状	预期
A	我们馆是一个非常人性化的地方。就像是家庭的延伸，图书馆员们不分彼此。		
B	我们馆具有很高的活性和创业精神。图书馆员勇于冒险和承担责任。		
C	我们馆的功利性很强。图书馆员们期望完成工作，能力很高并且期望成功。		
D	我们馆的管理严格，组织严明。员工们按照条例办事。		
	2 领导能力	现状	预期
A	馆领导通常被视为体现了导师、推动者或培育者的作用。		
B	馆领导风格主要是创业、创新和尝试冒险。		
C	馆领导风格主要是“没有废话”，具有进取性和高功利性。		
D	馆领导风格主要是有条理、有组织性、运作顺畅且充满效率。		
	3 员工的管理	现状	预期
A	管理风格是团队合作、少数服从多数以及参与性强。		
B	管理风格是个人英雄主义、喜欢冒险、勇于创新、崇尚自由和展现自我。		
C	管理风格具有很强的竞争性，要求和标准都非常严格。		
D	管理风格主要是确保雇佣关系，人们的关系是可以预见、稳定和一致的。		
	4 组织的黏合力	现状	预期
A	组织靠忠诚、互信黏合在一起。人们都具有承担义务的责任感。		
B	人们靠创新和发展结合在一起，走在时代的前端是重点。		
C	成功和完成目标把人们联系在一起。进取和取得胜利是共同的目标。		
D	人们靠正规的制度和政策在一起工作，维持顺畅运作的组织是非常重要的。		
	5 战略重点	现状	预期
A	我们馆重视人力资源发展、互信、开诚布公和员工持续的参与。		
B	我们馆主要寻求新的资源和迎接新的挑战。尝试新的事物和寻求机遇是员工价值的体现。		
C	我们馆追求成功，在区域的读者服务中获取读者的认同是组织的主要战略。		
D	组织希望看到持久和稳定，效率、控制和顺畅的运作是工作重点。		
	6 成功的标准	现状	预期
A	组织对成功的定义是人力资源、团队合作、员工的贡献和对员工的关怀上的成功。		
B	组织对成功的定义是组织是否具有最特别和最新的服务产品，组织是否是服务产品的领导者和创新者。		

续表

	6 成功的标准	现状	预期
C	组织对成功的定义是获取区域服务的成功，获得读者的认可，成为区域图书馆发展的领导者。		
D	组织视效率为成功的基础。平稳的工作安排和低成本是至关重要的。		
	总分	100	100

问卷结束 谢谢您的积极参与！

附录G 山东省图书馆组织文化发展纲要（草案）

一、组织文化发展纲要概述

山东省位于我国东部沿海地区，地处黄河下游，总面积15.67万平方公里。山东省以山地、丘陵为主，平原盆地交错环列的地势。三面环海，海岸线长度位居全国第二位。山东省辖区17个市，其省会是济南。山东省人口众多，2010年的人口普查结果显示共有人口9579万人，位于全国第二位。山东省经济发达，人均GDP水平一直位于我国前列。山东是齐鲁文化的发祥地，具有悠久的历史文化。山东省图书馆位于省会城市济南，创建于1909年（清宣统元年），至今已有106年的历史了。清光绪三十四年（公元1908年）底，山东提学史罗正钧上书巡抚袁树勋，力陈创办图书馆的必要性并提出了可行性方案。宣统元年（1909年），山东提学史罗正钧主持在明湖西南隅（今大明湖公园暇园）依宁波天一阁旧制兴建图书馆。同年，图书馆落成，抚宪孙宝琦题写馆名“山东图书馆”。与省馆有直接隶属关系的有大明湖分馆和少儿馆，其他市级馆和县级馆归属各地文化部门主管。其中，少儿馆和大明湖分馆是属于少儿主题、国学主题分馆。

山东省图书馆的历史弥久，从成立至今已逾百年。在几代图书馆人的艰苦奋斗、锐意进取下，正朝着争创国内一流，国际知名图书馆的目标迈进。

为了山东省图书馆的未来发展，成为行业领先的国内一流公共图书馆；为了继承山东省图书馆优秀的管理文化传统，创新管理理念，提炼山东省图书馆的发展经验，整合山东省图书馆的发展理念，明晰未来战略定位，提升组织凝聚力，优化组织执行力，特制定本纲要。

本纲要在我国公共文化服务体系建设的宏观背景下，以图书馆管理改革为契机作为现实背景，以制度创新、服务创新为主题，以组织文化提炼为核心，确定图书馆未来发展的重大文化战略选择、运行机制、管理制度变革的基本思路；主要阐明山东省图书馆的核心价值和文化取向。

本纲要在组织文化理论的指导下，为山东省图书馆管理人员和员工的理念和行为提供指导，是图书馆管理的基本准则，是统领其他管理制度、政策、规范、战略的基础法则。

二、理论框架

组织文化的概念肇始于 20 世纪 70 年代末，短暂的几十年中，已经发展成为继经验管理、科学管理的又一文化管理流派，是由“人治”到“法治”再到“文治”的管理转向过程。组织中的文化被认为是组织成员的共同信念、价值观、行为准则等的集合体，是通过日积月累而逐渐形成的，它所产生的作用在社会和组织中是至关重要的。无论对于个人、组织还是国家，文化通过在社会与组织中的渗透而不断演变，逐渐作用到个体，进而影响到个人和组织的行为。在管理学的视域下，文化管理作为一种软管理方式已经成为组织管理的有效手段，许多研究发现组织文化对组织绩效具有重大意义。

组织文化可以帮助组织营造良好的组织氛围，诸多成功的企业都已形成独具特色的组织文化。例如，瑞典宜家的组织文化是“平等和容忍”、美国沃尔玛的组织文化是“尊重每一个人”、海尔集团的组织文化的核心是“创新”等。近些年，我国公共图书馆事业发展迅速，经历着新技术、新制度、新管理方式等的重大变革。本研究以组织文化理论为基础，提出了山东省图书馆的组织文化理论发展设计的框架模式，具体内容如图 1 所示。

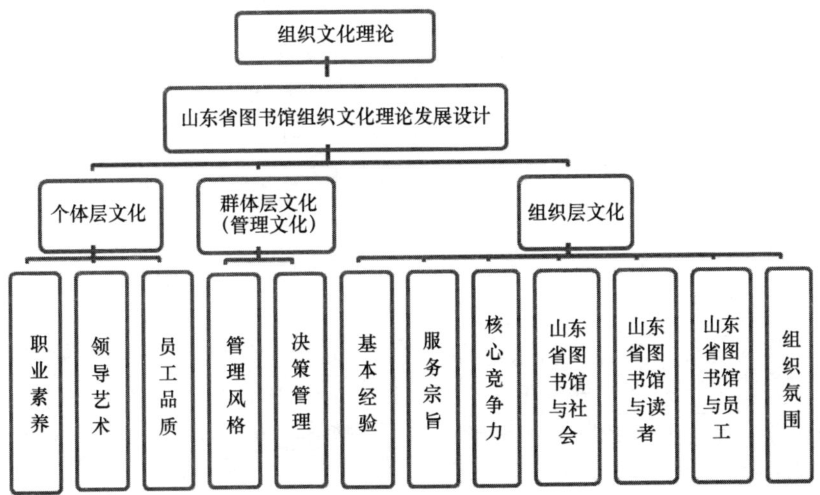

图 1　山东省图书馆组织文化理论发展构架

三、组织层文化

1. 组织定位

山东省图书馆是具有独立法人地位的公益性文化事业单位，是由政府机关代表、社会各界知名人士、业务领域高层次专家成立理事会来共同参与图书馆管理。山东省图书馆是一家综合性的省级公共图书馆，不仅承担着作为公共图书馆为读者提供服务的职能，还承担着省级图书馆对外辅导与业务培训、搜集并开发本省信息资源的职责。一方面，秉承公益性原则为读者提供基本公共文化服务，让读者享受公共图书馆免费开放的权利。另一方面，通过研究利用本省的古籍、民国文献、地方文献资源，开发有价值的资源。山东省图书馆按照图书馆行业规范、遵循公共图书馆法规对图书馆进行管理与运营。

2. 基本经验

山东省图书馆成立 106 年以来，经历了辟荒初创期、建设成长期、战乱离散期、恢复探索期、文革停滞期、转折新生期、全面发展期等阶段。目前，在国家加强公共文化服务体系建设的利好政策下，山东省图书馆引进先进设备与人才，拓展服务领域，正处于强势发展壮大的阶段。以往的成功管理经验是未来图书馆发展的值得继承与弘扬的优秀传统。

核心价值观与战略定位。长期的经营管理实践中山东省图书馆树立了“一切为了读者”、“以人为本，读者第一”、“国内一流，国际知名”的核心价值观与战略发展方向，是山东省图书馆能够取得今天优异成绩的关键因素之一。

国家宏观政策下的运营管理。在国家宏观公共文化服务体系建设政策的导引下和山东省地方财政支持下，山东省图书馆率先落实了免费开放政策，成为了法人治理结构的试点单位，山东省图书馆对自身的服务不断进行调整，满足读者的需求，服务地方经济发展。对国家政策导向的把握与读者需求的结合是山东省图书馆取得今天成绩的关键要素之一，也是山东省图书馆未来仍会遵循的长期运营方针。

山东省图书馆服务品牌的培育。经过多年的探索，山东省图书馆形成了独具特色的“大众讲坛”、“尼山书院”、“阅读推广活动”、“书海灯谜会”、“读书夏令营”、“册府琳琅艺术展览”、“周末 100 分”、“百姓健康讲座”、“数字阅读”等品牌。吸引读者进入图书馆阅读，并且吸引了社会力量参与其中，形成了具有山东省图书馆特色的品牌系列活动。今后，坚持整合优势资源，持续品牌服务创新，来维持山东省图书馆服务品牌形象和影响力。

人员的多样性。山东省图书馆的馆员来自不同地区，并拥有不同的教育背景，在多样化思想的交融下，孕育了充满创造力和朝气的组织文化。今后，每一个成员都会公正、平等的享有个人在组织中发展的权利，倡导科学研究、勤勉独立的馆员个人岗位成才机制，唯贤是用，引进大师、精英等致力于公共图书馆发展的人才加入到山东省图书馆的大家庭之列。

3. 服务宗旨

山东省图书馆致力于周边居民阅读服务的体验与改善、让读者享受便捷的图书馆服务、为本馆员工提供职业发展空间、为地区社会文化发展贡献一份力量。“读者第一，服务至上”是山东省图书馆对读者的承诺。

发展目标：

不断提升服务能力，创新服务方式，充分运用高新技术，建设“国内一流，国际知名”的现代化图书馆，提高文献信息保障能力，推动公共文化服务体系建设。

——进一步提升文献保障能力。优化文献信息资源建设，不断扩大文献收集范围，推进馆藏资源结构合理化建设，文献缴送率不断提高，缺藏文献得到实质性补充。

——构建多层次服务体系。进一步提升服务水平，继续坚持“读者第一，服务至上”的宗旨，加强规范化建设，构建多层次服务网络，面向用户需求的服务体系进一步完善，充分发挥在公共文化服务体系建设中的作用。

——完善公共数字文化服务体系。文化共享工程基层服务点全部建有公共电子阅览室，覆盖率达到100%，推动示范县和基层服务点规范化建设，加快“进村入户”工程。完善覆盖全省的数字图书馆服务网络，形成海量分布式数字资源库群，建立满足不同需求的全媒体服务平台。

——继续推进文献保护工作。进一步完善“四位一体”的古籍保护体系，加强文献开发利用和展示，推进古籍重点修复项目的选题和实施。全面启动民国文献保护工程，完成《山东省图书馆革命历史文献书目提要》等出版项目。

——加强人才队伍建设，提高人才学术化水平。健全人才选拔、任用机制、通过“大师引进工程”等手段，培养优秀人才，推动人才队伍建设。

——增强活力，深化体制机制改革。建立健全以绩效考核为基础的岗位管理机制，探索和建立与公共文化服务体系相适应的、充满生机和活力的管理体制，为事业发展提供坚实保障。

4. 核心竞争力

资源：山东省图书馆经过 106 年的沉淀，搜集、整理了大量文献资料，类型。形成了丰富的馆藏资源。古籍，地方特色文献，具有竞争力。

服务：山东省图书馆将通过变革体制、特色鲜明的文化环境、独具吸引力的机制和政策，提升服务水平，以持续提供高水平的服务为目标，提炼经营理念，构建组织架构，建设员工队伍，形成相对于竞争对手的持续服务优势。“顾客思考时我们已准备妥当”是我们的服务努力方向。提倡“标准化 + 温情”服务。提供更周到、更便捷、更人性的服务是山东省图书馆核心竞争力的关键。

创新：创新能力是山东省图书馆的又一核心竞争力，包括管理创新能力和业务创新能力。前者具体表现为组织的学习能力，决策能力、创造具有市场优势的动作模式和业绩的经营能力。山东省图书馆在发展中将不断提高管理能力，持续进行管理创新和改革，使山东省图书馆管理水平日益提高，成为高效率的国家一流的公共图书馆。山东省图书馆将不断创新，提供新业务，保持山东省图书馆的发展后劲，实现持续运营。运营市场经济的规则是企业停步不前就意味着被淘汰，要生存要发展，要发展就要有持续不断的创新。“鲶鱼效应”在我们的山东省图书馆将得到充分体现。

5. 山东省图书馆与社会

山东省图书馆是山东省龙头馆，在与外部环境进行各种资源和信息的交换时，必然要作为主体存在。在中国现代化经济飞速发展的今天，公共图书馆也是社会经济发展不可或缺的一股动力，担负着优化地区信息资源的配置、满足社会对信息服务的需求，促进地区经济的进步、社会的发展和居民文化品质提高的神圣使命。山东省图书馆的生存和发展离不开社会，山东省图书馆所需的物质资源、人力资源、信息资源都依托于外部环境，并在一定的社会制度下良好运转。山东省图书馆作为一个公益服务机构，最主要的职能即为社会人群提供最佳的服务，以人为本的服务理念。从社会公共利益出发，有利于山东省图书馆的长远发展。

发展现状：

为顺应社会发展的大趋势与社会群体的服务需求，山东省图书馆实行了社会化服务、社会阅读，满足社会大众休闲娱乐和文化需求。与此同时，推出的惠民项目在基层中也引起了较好的反响。

社会服务。山东省文化共享工程取得了显著的社会成效，近几年中全省共举办各种活动使3.5亿人次免费享受到文化信息资源，大大满足了乡村、城市社区、学校、部队、企事业单位民众的文化娱乐需求、致富信息需求和生活信息需求，对传播先进文化、保障基层群众的文化权益、提升群众的科学文化素质起到了重要的作用。

文化惠民。积极推进数字文化惠民项目，“进村入户”取得显著成绩。几年来，“文化共享工程广场电影放映活动”、“公共电子阅览室走进青少年宫”、“文化方舟·山东省文化信息资源共享工程有线电视平台”的开通，面向农民工的专项培训服务活动、“万里海疆·万里书香”军民共建项目的启动、与省计生委、省科协、大众网搭便车合作开展专项服务等，都标志着我省文化共享工程“进企业”、“进军营”、“进社区”、“进村入户”工作取得了实质性进展。

社会阅读。社会阅读是在全社会营造一种学习的氛围，鼓励国民借助各种阅读平台积极阅读。它不同于一般意义上的阅读，并非简单的书本阅读，它是一种阅读理念的创新，是学习型社会下的必然选择。

山东省图书馆作为一个地区性的信息中心，承担着为这个地区的人们提供信息服务的职能。图书馆也是公民终身学习和接受继续教育的学校，被誉为“没有围墙的大学”。提倡社会阅读，开展读书活动是山东省图书馆为进行继续教育的一个主要方面。山东省图书馆开展社会阅读也是必然之趋。山东省图书馆作为公共性、公益性的文化设施，它对公众无条件开放、无偿服务。与出版社、书店、媒体等相比较，在开展大众阅读中，图书馆具有得天独厚的优势。同时，山东省图书馆有着丰富的文献信息资源，在文献更新周期越来越短的今天，公共图书馆能保证大众阅读的连续性，同时满足读者的不同需求，是开展社会大众阅读的重要平台。第三，为读者提供社会阅读指导是开展社会阅读的重要方面，阅读指导是图书馆的职能之一，开展社会阅读活动深化了这项职能。因此，山东省图书馆开展社会阅读活动不仅服务群众，也是自身发展的需要。

山东省图书馆推动社会阅读的意义主要在于开展社会阅读活动，改变了传统的服务模式，由用户自愿到馆变为吸引用户到馆，从而扩大了山东省图书馆的社会影响力。

发展趋势：

社会教育。社会教育秉持“平等、免费、开放”理念和服务方式。山东省图书馆已推出的各项服务都是面向所有人群开放的，每位用户都有平等享受服务的权利，这使得人们利用图书馆进行社会教育也成为可能。从文化角度分析，山东省图书馆是公益性的组织，教育的职能连接着文化的发展和传承。在山东省图书馆发展进程中，应该将传承文化、承担社会责任联系在一起，使我国的传统文化和优良品质深入到人们的生活中，并在适应社会发展的同时，实现社会环境文化的有效提升。

社会公共资源合作。争创一流服务，应该是山东省图书馆发展的目标，单靠一己之力和简单的服务形式是无法实现的，采取多种服务形式，利用公众文化资源合作共赢，可以作为其未来发展的一种可能或手段。山东省图书馆可以积极寻求合作机会，形成立体式服务，为探索服务新模式进行有益尝试，诸如与博物馆、艺术文化机构合作联盟等。

从客观上来说，公共图书馆与社会公共资源开展合作，具有先天优势，至于如何更好地开展与社会各界的合作，充分发挥山东省图书馆在用户阅读、使用中的积极作用，是应该考虑的重点问题。

6. 山东省图书馆与读者

以创新为动力，以发展为目标，做好读者服务工作。山东省图书馆始终坚持“以人为本，读者第一”的办馆理念和“读者第一，服务至上”的服务宗旨，坚持公益性、开放性的原则，积极探索新的服务模式，大力开发文献信息资源，开展丰富多彩的读者活动，为各层次的读者提供优质、高效的服务。

免费开放工作。2008 年，山东省图书馆就已经逐步免除了阅览费、文献检索费等经省物价局核定的 15 个收费项目。2011 年，根据文化部、财政部共同出台的《关于推进全国美术馆、公共图书馆、文化馆（站）免费开放工作的意见》及财政部《关于加强美术馆、公共图书馆、文化馆（站）免费开放经费保障工作的通知》等文件，结合山东省图书馆实际情况制定了《山东省图书馆免费开放实施方案》，免除了读者证办理费和验证费、电子阅览室上网费、自修费、外文工美会员费、村保费、流动站服务费等 7 项，实现了基本服务的免费开放。

多年来，山东省图书馆坚持全年开放，每周开放时间达 80.5 小时。免费开放的施行，更是受到广大读者的好评，读者接待量、开借册次、网站点击率都有较大提高。照例打造“共享剧场”、“读书亮度大赛”、“网上展厅”等多个服务品牌，取得良好社会效益。2012 年到馆人次 186 万人次，人均年到馆次数达26.28次。

普通服务工作。自2002年新馆开放以来，山东省图书馆实行中外文书刊的全部开架借阅，至2012年，全馆开架借阅书刊达到154万余册（件）。2012年书刊外借达930339册次（其中馆内外借871668册次，流通站外借58671册次）。同时，积极推进馆际互借工作，2009至2012年，先后与国家图书馆、省内市级公共图书馆、山东省高校图工委等多家单位开展了馆际互借业务，馆际互借书刊10249册。

在做好阵地服务的同时，山东省图书馆非常重视开展流动服务。2009年以来，山东省图书馆在省第二女子戒毒所、历城区交警大队、省府幼儿园等机构建立流通站，在省武警总队等机构建立分馆，截至2012年底，已先后在部队、农村、学校等单位建成分馆和流通服务站点76个。几年来，馆外流动服务站点书刊借阅年均51560册次。

长期以来，山东省图书馆十分重视书刊宣传工作，在“4.23世界读书日”、“图书馆服务宣传周”、“全民读书月”及节假日期间，通过多种方式进行书刊宣传，引导社会阅读。如山东省图书馆设置的莫言图书专架和莫言图书展，在读者中引起强烈反响。2012年，山东省图书馆共向读者推介书刊3780种。

参考咨询和信息服务。山东省图书馆通过科技查新、文献提供、定题服务、信息咨询及二、三次文献编制等方式，积极为山东省重点教育、科研和企事业单位服务，为社会公众提供专题服务。建设数字参考咨询平台，为用户提供包括在线咨询和文献传递在内的网络咨询服务。山东省图书馆从1999年开始培养科技查新人员，到2012年，已有4名工作人员取得科技查新资格证书。2012年，山东省图书馆提供科技查新26项，提供文献21万余篇（页），定题服务25项，信息咨询193项，编制二次文献4册，撰写三次文献3篇。

2008年以来，山东省图书馆设立政府公开信息查询服务中心，配备政务信息查阅专用机和山东省各级政府公报等文献信息资料，并在山东省图书馆网站设立“中国政府公开信息整合服务平台”山东分站专栏，面向社会免费提供“政府公开信息服务”。

经过多年不懈努力，目前山东省图书馆已编印《决策信息参考》、《纪检信息》、《议政信息》、《文化动态》、《两会专题资料》、《全国公共图书馆微博监测月报》、《山东省政务微博监测月报》等7种信息服务产品共395期，向省内各级党政领导同志，各政府部门、调研系统业务人员等1600余家机构和个人发行，已成为参政议政的重要参考资料，得到了服务对象的高度认可。

“两会”服务是山东省图书馆12年来长期坚持的一项服务，每年“两会”期间，都会派专人到会议驻地开展书刊借阅、数据库检索、文献信息查询、专题资料发放等服务。山东省图书馆编制的《两会专题资料》深受委员们欢迎，如编制的《生态山东》、《海洋经济》、《农业科技创新》、《保障性住房》、《地方两会热点》等9个专题资料，受到政协领导高度重视，给予充分肯定，在委员们中间引起强烈反响。

关爱特殊群体，营造和谐氛围。山东省图书馆以“普遍均等，惠及全民，弱势群体优先”为服务原则，从1999年开始逐步推出向特殊群体提供知识援助的服务项目，将少年儿童、老年人、残障人士、进城务工人员以及劳教、在监服刑人员作为主要服务对象，形成了一套较为完善的特殊群体服务机制。阵地服务方面，设有老年人阅览室、青少年电子阅览室，提供针对性服务。在“康复阅览室”和“进城务工人员文化中心”基础上，增加视障数字化服务内容，成立“光明之家·视障数字阅览室”，服务对象更为广泛。延伸服务方面，目前已建立以未成年人为服务对象的流通站41个，以劳教、服刑人员为服务对象的流通站6个。数字化服务方面，以文化共享工程、公共电子阅览室为依托，大力推进文化共享工程进企业、进农村、进学校，为农民工、留守儿童、未成年人提供服务，如启动的“文化共享工程·公共电子阅览室走进青少年宫”活动，致力于为未成年人打造绿色上网空间，为青少年提供公益性互联网服务。

2009年以来，山东省图书馆针对特殊群体积极开展“动漫学习培训班”、“小记者夏令营”、“中小学英语朗诵大赛”等系列主题活动，“全省读书朗诵大赛”等大型活动每年都设立未成年人组，引导少儿阅读，同时吸引老年人、残障人士等积极参与，为读者创造平等交流的机会。

数字资源服务，满足多元化需求。2009年，山东省图书馆对网站进行了第三次改版，网站结构设置以方便读者获取资源为原则，结构层次更为合理，更具有实用性和操作性。为方便读者，将数字资源整合在首页，包括“在线读书”、“电子资源”、“自建资源”、“网络会展”、“齐鲁人文”、“专题信息”等特色资源栏目，为读者提供了更广阔的阅读空间。

通过山东省图书馆网站，向读者提供馆藏书目查询、网上预约及续借、虚拟参考咨询等服务，在网站的“信息公告”、“馆情动态”、“媒体看省图”等栏目，及时对外发布服务信息。充分利用局域网提供的数字资源，借助电子阅览室、电子阅报机、触摸屏等介质，为读者提供现代化数字阅读和查询方式。2009－2012年，山东省图书馆网站总访问量31，966，864次，年平均达到7，991，716次。

目前山东省图书馆已发布33个数字资源，其中27个资源实现了远程访问。2012年山东省图书馆各类数据库总计访问1，918，680次，检索4，047，865次，浏览4，220，794次，下载2，939，182次，数字资源得到充分利用。

全民阅读。2010年以来，山东省图书馆积极开展“书香齐鲁全民阅读”活动，“全省读书朗诵大赛”、“书海灯谜会”的共享工程、公益电影等各类品牌活动都取得圆满成功，社会品牌效应进一步增强。2012年与全省17市图书馆成立山东公共图书馆讲座联盟，实现讲座资源的互补共享；承办了首届国际《论语》知识大赛，吸引了全省各行各业大批群众包括国际友人参加，充分体现了大赛的广泛参与性和国际性。同时，在世界读书日、服务宣传周、全民读书月及节假日期间，都组织各类读者活动，增强了图书馆与读者之间的良性互动。

2012年，山东省图书馆共举办讲座、用户培训、社会培训等136场次，各类展览34次，阅读推广活动31次，参与读者共82万余人次，每万人年均参与活动次数达85.2次。

山东省图书馆紧紧抓住2013年十艺节在山东省举办的契机，积极响应文化厅的号召，举办了以“喜迎十艺节”为主题的一系列读者活动，宣传十艺节，服务十艺节，进一步调动了广大读者的参与热情，充分营造了喜迎十艺节的欢庆气氛。

加强服务宣传，提高社会影响力。山东省图书馆十分重视服务宣传工作，在图书馆服务宣传周、全民读书月、世界图书与版权日以及节假日期间，都组织策划讲座、展览、读书朗诵大赛、图书专架、新书推介等各种活动，并充分利用报纸、电视、网络等媒介以及LED电子屏、海报、易拉宝等方式，对基础服务、读者活动等进行广泛宣传，尤其注重加强对服务创新、业务创新、重点文化工程、文献保护等工作的宣传力度，山东省图书馆社会影响力和美誉度不断提高。近几年来，通过报纸、网络、电视等媒体对山东省图书馆的宣传报道年均达到200余次。

服务措施进一步完善，读者满意率不断提高。为更好地服务读者，山东省图书馆采取了一系列措施。尤其是免费开放后，及时更新、维护了各种设备设施，调整服务布局，创新服务手段，增加文献资源种类和数量，增设便民服务处，进一步满足了读者的各类需求。定期开展“读者意见调查”活动，通过召开读者座谈会、网络在线咨询、电话、读者意见薄等多种方式征询读者意见和建议，有针对性地改善图书馆的服务。根据《公共图书馆服务规范》和山东省图书馆《借阅服务规范》、《文明服务公约》等制度，加强督查，进行“规范服务示范岗”和“服务之星”评选，开展服务礼仪培训，全面提升职工服务意识，读者满意率不断提高。

7. 山东省图书馆与员工

图书馆职工是图书馆在业务工作、发展创新过程中必不可少的一部分，对于职工的选拔、管理、培训、发展等方面山东省图书馆也形成了特定的方式。

岗位化管理：2001年以来，山东省图书馆先后出台了《中层干部竞聘办法》、《中层干部管理办法》、《专业技术职务岗位设置方案》、《专业技术评聘分开竞争上岗实施办法》、《山东省图书馆考核办法》、《关于奖励先进的规定（试行）》等一系列人事管理制度，逐步形成了科学的人事管理机制。积极推行岗位管理，按需设岗，竞争上岗，择优聘用，执行岗位责任制，于2012年顺利完成首次竞聘工作，充分调动了广大职工的积极性，为推动岗位化管理奠定了坚实基础。

培训辅导。山东省图书馆定期深入全省各级公共图书馆开展业务辅导和调研工作，统计、分析全省业务发展情况，编辑《山东图书馆信息》，宣传、推广、总结全省图书馆先进经验，至2012年底，已编印58期。每年开展各类业务研讨等辅导活动20多次，尤其注重图书馆自动化管理的指导，多次到地方图书馆举办Interlib、ILAS等应用系统的培训，效果良好。2009－2012年，面向全省各系统、各级图书馆开展各类培训班11次，累计培训全省图书馆员929人次。山东省图书馆坚持组织全省业务竞赛，已连续举办了六届，是全国唯一没有中断的省份。

自数字图书馆推广工程启动以来，业务培训工作更放在重要地位，于2011年制定《山东省数字图书馆推广工程人才队伍培训计划》。多次举办数字文化建设研讨会、培训班，如“县级数字图书馆推广计划培训班”等，较大程度地提升了从业人员的技术素质和服务技能。面向文化系统从业人员提供在线学习、培训、考试的“山东省公共文化学习网”目前已上线试运行。

职工发展：山东省图书馆对于职工的发展态度是机会面前人人平等，所有晋级、晋升和获得荣誉的判断标准都建立在职业态度和业务工作中展现出来的晋升潜力的基础上。山东省图书馆为每位员工提供培训和获得发展的机会。山东省图书馆希望员工永不停步，员工对图书馆做出的贡献，山东省图书馆会及时给予充分的奖励和认同。山东省图书馆也会给予员工公平的发展机会，不断提拔学习型人才、创造性人才。

目标是：职工愿意——长期——充满动力——在山东省图书馆工作。劳动合同是法律约束，它是表面化而且笼统的，是图书馆和职工行为的最低约束标准；心理契约是指导山东省图书馆和职工行为的最高准则，也是图书馆和职工达成默契的基础。认同和符合发展要求的人才能得到永久合作。

图书馆是职工实现价值的舞台。山东省图书馆首先提供职工生存和发展的舞台，兼而开展业务活动，职工是山东省图书馆创造价值的主要源泉，每位职工都是山东省图书馆的一部分，山东省图书馆为每一个人都提供一种实现个人价值目标的氛围，并使职工在图书馆工作具有安全感和家庭温暖感。

山东省图书馆坚信“满意的职工会带来满意的用户”。要想达到用户满意，首先要实现职工满意，而实现职工满意的前提是满足职工各种层次的需要和愿望。

持续创新。山东省图书馆鼓励创新，赞赏变革的推动者，允许失败。职工的任何创新活动，只要为了提高用户的满意度和推进图书馆的发展，在山东省图书馆都会得到赞赏并获得所需机会和条件，创新成功的职工是图书馆的英雄，创新失败的职工决不会受到指责。没有创新，就没有发展。山东省图书馆在业务创新方面，立足于两个方面，一是服务的创新——开发、增加山东省图书馆服务项目、内容，尤其是开发具有独特吸引力的用户服务；二是山东省图书馆管理的创新——以有益于“物为我用”、以资源配置为出发点，创立或导入新的山东省图书馆管理模式。

创新是由职工的创新意识和创新能力协同产生的成果。对这两方面要素，山东省图书馆时刻给予关注，并从各个角度，进行合理的改善和提升，促使创新项目层出不穷。

管理创新是重要的创新活动。山东省图书馆强调制度的刚性原则，即以制度规制人，制度面前人人平等，制度的执行力度永不打折。但是，这并不意味着制度是僵化、一成不变的；制度创新始终是山东省图书馆发展历程中极具变革意义之举，以保证山东省图书馆制度在执行中的适用性、可操作性和与山东省图书馆战略发展相适应的匹配性。因此，山东省图书馆鼓励职工对现有制度大胆提出改善或废除的建议，并实行“小建议，大奖励；大建议，只鼓励”。对山东省图书馆制度中不利于山东省图书馆发展和顺应环境变化的部分将大胆废旧立新，以保证制度的效率与效益性。

人本主义。山东省图书馆工作团队是由人组成的集合体，山东省图书馆运行与发展无“人”则“止”。山东省图书馆以人为本，始终把人的因素放在中心位置，时刻把调动人的积极性放在主导地位。在工作业务实践过程中，尽可能地发挥人的聪明才智，使职工得到全面发展。“山东省图书馆”正常运作必须依靠全体职工的智慧和力量。人的潜力极大，关键在于开发。

8. 组织氛围

山东省图书馆致力于营造正义、民主、平等、和谐、友爱、互助的组织氛围，提倡相互尊重、人员平等的人际关系准则，创造内部沟通交流的体制和组织环境，形成馆员之间纵向、横向融洽配合的良性互动。

四、群体层文化——管理文化

管理文化的建立，对山东省图书馆的业务和发展起到动力作用。管理文化增强山东省图书馆管理的能力；同时也为其带来核心竞争力和创新能力，而创新能力可以算作管理文化的生命力。山东省图书馆对管理方式进行多层次细化，以促进更快更好的发展。

1. 管理风格

不同的管理风格，反映着不同图书馆的管理理念、服务理念及其未来的发展。山东省图书馆具有独特的管理体制，以确保其稳定及不可撼动的地位。

合理放权。山东省图书馆倡导员工工作中主动性与灵活性，员工在承担工作责任的同时也可以拥有一部分权力，权利范围内职工可自主提出决策方案。但权力是有限范围的，不存在不受限制的权力，各层权利之间相互制约。山东省图书馆鼓励层层授权机制，鼓励每一层职工提出适用决策，共同参与到管理活动中。权力也是一种工作资源，运用好这种资源是促进山东省图书馆管理的一个重要内容。

管理者角色。“管理者的最重要的任务是帮助职工认识和挖掘自身的潜力，而不是永远干预、指导他们工作”。山东省图书馆管理的基本目的即最大限度地发挥每个人的才能，使每个人的才能都能实现和发展。

承诺导向。山东省图书馆对于职工的工作要求，并不是要把事情做完，而是把事情做好。对领导布置的工作，反馈内容应尽量全面、立体。不能要求领导布置的工作，每次都能做到面面俱到，但决不能敷衍了事。当工作中出现任何问题时，管理者与职工之间应该及时沟通，相互信赖、共同进步。

倾听不同意见。“一分钟的倾听胜于一个小时滔滔不绝的灌输”。民主管理不是仅挂在口头上的辞令，而应确确实实体现在日常工作之中。管理者应该多听少谈，“听”是一种艺术，业务员工掌握的信息往往比管理层更多，管理者应该鼓励员工发表不同看法，而不强迫员工接受，赋予员工一定的权利和责任，促使员工主动参与管理、自主管理。

精确管理。有三个方面的含义。一是“制度是山东省图书馆的管理规定”，一经制定即坚决地执行，从馆长到普通馆员无一例外。“在制度面前没有客观原因”，违规即进行相应处罚；即使管理者，也不能例外，管理者在对自己的行为负责外，还要对其员工的行为负责。三是为实现精确的管理，对每一项制度在制定得尽可能细致，对要求做出明确的界定。“建立和完善制度是管理人员的第一任务。”

快速应变。事物是变化的，当陈旧的管理制度已经不再适宜现在社会的发展需求时，理应做出及时的调整。图书馆管理制度内容的合理性是山东省图书馆管理层经常应该思考的问题，是否应该根据社会的大趋势、员工的反馈做出细微调整。同时，山东省图书馆也强调管理制度的严肃性，不鼓励朝令夕改，管理制度不能是一成不变的，但也不能说变就变，要结合实际情况具体考虑。

冲突缓解。在山东省图书馆快速发展过程中，必然导致内部冲突和矛盾，通过相关手段及时有效地制止矛盾的恶化，用疏导和有效沟通的方式尽可能化解各类冲突和矛盾。

危机处置。“千里之堤，溃于蚁穴”。每一个小的事件都要防范，认真对待，防止风险扩大。山东省图书馆应当更加重视风险的及时预警、危机的即时处理。以确保图书馆的各项工作能够正常进行。

稳定的管理层。管理层的稳定是降低、消除单位和部门风险的重要条件。管理层的稳定首要的含义是要求管理层能力与山东省图书馆的发展需求相适应，在管理层与山东省图书馆管理要求之间形成对称。山东省图书馆坚决杜绝个人因素影响管理层的稳定，通过严格的晋升制度保证管理层成员任职合法性，任何个人的主观认识不能成为影响管理层任免因素。

2. 决策管理

决策 + 管理的目的在于保证决策过程的科学性和决策结果的有效性，山东省图书馆主要遵循以下原则：

民主与集中决策。决策中多体现民主，决策后要体现集中。对决策过程、汇总情况及实施结果要进行制度化的监控。

科学全面的决策。每一项决策应广泛汲取山东省图书馆内外部各方面的智慧，尤其对专家的意见应给予重视。

信息管理。信息管理是山东省图书馆未来发展必须跟进的核心内容。山东省图书馆重视应用计算机和网络新技术，以提高山东省图书馆创新能力和业务水平，不断改进管理手段。

价值分配管理。山东省图书馆通过赋予职权、提供发展机会、培训学习机会等形式，满足职工多元化需求，并以此调节山东省图书馆内部利益关系，形成正向激励。

山东省图书馆的管理制度是一个多类别、多层次的体系。根据不同员工的工作表现，给予不同程度的奖惩。山东省图书馆重视对人力资本的投资，为各级职工创造、提供学习和训练的机会，以便其日后为用户提供更好的服务。全体职工也不断强化学习意识，提高自身素质和技能。山东省图书馆对于甘于奉献、精通业务的骨干职工和业务能手会尽可能地提供晋升、发展等机会。

山东省图书馆将培育出新世纪的图书馆界的管理人才，保证图书馆未来的发展壮大。

五、个体层文化

1. 职业素养

（1）敬业精神。“最优秀的员工是能够把信带给加西亚的员工”。美西战争爆发后，美国总统急需获得西班牙反抗军首领加西亚的合作，当总统把一封写给加西亚的信交给罗文时——加西亚在古巴丛林的山里，没有人知道确切的地点——罗文并没有问“他在什么地方”，而是静静地把信拿去，费尽千辛万苦，不顾一切地把信送到。山东省图书馆倡导职工成为“能够把信带给加西亚”的职工：对于任何工作任务，都能全心全意投入具有高度的进取精神，能够进行自我管理，自发学习，而不依靠监督、控制来完成任务，把工作当成事业看待的职业素质和精神。

（2）服务意识。山东省图书馆倡导以人为本的服务意识，图书馆各部门之间通过密切配合，以满足用户的切实需要。“读者第一，服务至上”是山东省图书馆的服务宗旨。

（3）创新意识。山东省图书馆倡导每一位员工都在工作中积极地思考问题，提出创新建议。能够运用多种方法完成计划工作，能够不断从新角度看待工作问题，提出可行性方案。

（4）质量意识。工作质量反映在图书馆日常工作中的每一项活动，而不仅仅反映在为用户服务的环节。

（5）时间观念。今天能完成的工作决不拖到明天。每一项工作的完成均有时间里程碑要求，“按时完成任务”是良好的工作习惯，也是工作本身的要求。

（6）准确意识。每一项工作都要保证毫无偏差，精益求精。在工作中始终注意准确无差错。勇于正确性承担责任。差错发生时，及时采取措施纠正。在具体工作中不出现关键性过失。即将完成工作时，仔细检查。不断从新的角度看待工作问题。

（7）效率意识。员工的工作是为了创造价值，在有限的资源下创造更多的价值就是效率。尽量避免被不重要的事务性工作缠身、办事拖拉、花费时间在感兴趣而非重要的事情上等问题。

2. 领导艺术

（1）公正的评估。每一位管理者在管理下属时，首要的是正确地评估下级的工作能力和工作态度。知人才能善用。

通过山东省图书馆员工的评估办法，准确地判断员工的能力。对有问题的地方寻找潜在原因。允许个人间的差异。观察员工的表现，找出需要改进或可以强化的地方。不让那些临时性问题过分影响判断。评价员工时抛开个人偏好和偏见。

（2）及时反馈与培训。每一位管理者对员工要及时进行信息的沟通，给予培训和指导，促进能力提高。良好的反馈和培训方式即认识到应优先考虑员工的发展，并提供有益的发展建议。帮助员工制定并执行个人发展计划。激励员工不断进步。

（3）合理授权。优秀的管理者是善于分配权力资源的人。“一个时钟不用每一秒都报一次时”。

通过授权合理地分配工作，监督分配的工作的进程并及时反馈。令员工为自己的工作负责。对已分配的工作不过多干预，提供必要的资源和支持以确保成功。避免不考虑员工的能力和意愿就分配工作；过分控制工作或控制不足。

（4）即时激励。山东省图书馆管理者应善于对员工的行为及时进行激励，鼓励进步，鞭策后进。尽量倾听员工的声音，为员工未来的发展提出参考意见。能够认识到批评和表扬的效果。培养员工的自尊和信心，能够运用各种正面反馈表扬员工和工作表现。在言语之中，表示对员工的支持。

3. 员工品质

（1）充满自信。山东省图书馆需要自信的员工，自信的员工才能勇于承担责任。

具有自信表现在：遇事镇静，不慌乱。勇于承认错误，倾听他人意见。具有独立思考能力。即使在压力下也能始终保持关注焦点。不给他人消极的反馈。始终保持积极的人生态度。

缺乏自信表现在：过度的自我批评。面对最后期限和压力时不知所措。面对杂乱的情形，感觉无从下手。只看到失败的处罚而忽略成功的奖励。对于应该由自己决策的事情总是试图推给他人，逃避责任。

（2）适度的灵活性。没有一成不变的事物，要求员工在制度范围内具有灵活性，处理每一项工作。“用大脑去执行，而不仅仅用手。”

具有灵活性表现在：能够及时意识到事情轻重缓急的变化。能够及时应对突发性事件。积极提出有效的解决措施。适应环境能力强。必须懂得折中。面对挫折，解决恰当，没有过敏反应。理解变化是生活的本质之一。

缺乏灵活性表现在：僵化处理问题，阻碍问题的解决。过度批评新思想。很难适应新形势和意外事件发生。偏爱可预见结果的、一成不变的政策。僵化顽固坚持某观点。不愿让步。过于具体地看问题。

（3）追求发展。山东省图书馆鼓励追求发展的员工。只有不断进步，才能适应山东省图书馆的未来发展，同时促进山东省图书馆的不断发展。

后 记

坚持是一种力量，坚持是一种信仰。从本科、硕士到博士 9 年的图书馆学教育，使我对图书馆学这一领域从最初的懵懂到坚持至今已经变得难以割舍。这份坚持让我对图书馆学有了信心、也产生了兴趣。选择这段漫长求学之路，是我青春无悔的记忆。

在南开读博的日子，有幸跟随著名的图书馆学专家我的导师柯平教授从事学术研究，让我受益良多。从他的身上我学到了孜孜不倦、一丝不苟、严谨的治学之道，也学到了乐观豁达、积极向上、拼搏进取的生活态度。同时，还要感谢我的师母徐美莲老师，在生活上给予我很多关照。

南开园里有太多美好而珍贵的记忆，感谢曾经为我传道、授业和解惑的于良芝教授、徐建华教授、王知津教授、刘玉照教授、王芳教授、李月琳教授、李颖副教授等。感谢赵益民、陈昊琳、杨溢、李廷翰、贾东琴、宋志强、叶飞、周鹏、陆晓红、陈全平等师兄师姐，无论是科研项目、学术研究还是生活娱乐等方面的交流都给予了我很大的帮助。感谢一同考入南开大学的何颖芳、苏超、纪雪梅、王芳、景璟。和你们在一起欢歌笑语的日子，缓解了不少学术科研的压力。感谢朱明、闫娜、陈信、宫平、齐亚双等师弟师妹，曾经给予我很多帮助。

本书是在我博士论文的基础上完成的，在我博士论文的选题、研究和写作的整个过程中，很多师长、同学、师弟师妹、家人等给予了我很多帮助。我博士论文的选题、研究和写作倾注了恩师的辛苦和汗水，此外要感谢在论文开题中提出宝贵意见的徐建华教授、于良芝教授、王知津教授和李月琳教授。感谢为论文调研提供宝贵意见的南开大学的闫慧副教授、武汉大学的肖希明教授、上海科技情报所的王世伟教授等。感谢我的硕士生导师东北师范大学计算机科学与信息技术学院的徐跃权教授给我提出了很多建设性意见，感谢您给予我莫大的鼓励和关怀。感谢母校辽宁师范大学的李赖志教授、张秀兰教授、田丽教授、贾玉文教授、高春玲副教授在大连调研中为我提供很多帮助。感谢国家社科基金项目“基于管理沟通的图书馆组织文化研究”项目小组的唐承秀馆长、赵良英副馆长、闫娜、周佳贵、范佳佳等为我提出了宝贵意见。感谢山东省图书馆的李西宁馆长、吴金敦主任、刘耀潭主任、张海梅、鹿贺、王增增等对案例研究的大力支持，感谢山东省图书馆的全体员工，对访谈和问卷调查的积极配合。同时感谢我的学生彭媛媛、尚奋宇、王海娇、唐姗姗和杨岳在书稿格式和审校方面所付出的辛苦。

最想感谢的是我的家人。在论文的最后写作之际，父亲患了癌症去世，平凡而伟大的母亲在这一时期承担了照顾父亲的重担，并鼓励我完成学业。与癌症抗争的坚强的父亲和平凡而伟大的母亲是我学习的榜样，是他们给了我继续向前的勇气。

在本书出版之际，特别感谢中国科学院大学的初景利教授、天津财经大学图书馆的唐承秀馆长和海洋出版社的杨海萍编辑为本书的出版付出的所有努力，感谢杨海萍和张欣编辑不辞辛苦的联系和细心的校对，表示衷心的感谢！

十年一梦，度过了我的青葱岁月，割舍了一段亲情，收获了师生情。如今站在三尺讲台，不禁感慨一路走来的酸甜苦辣，五味杂陈。人生的每段路程结果并不是最重要的，而每段路程所有的经历都是弥足珍贵的。曾经迷茫过、彷徨过、哭过、笑过，珍藏所有美好的回忆，与坚持理想和梦想的人共勉。

张文亮

2015 年 5 月 29 日于 辽宁师范大学管理学院